北京市京师（深圳）律师事务所 | 系列丛书
BEIJING JINGSH LAW FIRM SHENZHEN OFFICE

数据合规全攻略

COMPREHENSIVE
GUIDE TO
DATA COMPLIANCE

王岩飞　樊思琪　聂雯珺／著

法规解析·实践应用·
数据资产探索

法律出版社 | LAW PRESS
北京

图书在版编目（CIP）数据

数据合规全攻略：法规解析·实践应用·数据资产探索 / 王岩飞，樊思琪，聂雯珺著. -- 北京：法律出版社，2025. -- ISBN 978-7-5244-0128-5

I. D922.174

中国国家版本馆CIP数据核字第2025P58E57号

数据合规全攻略：法规解析·实践应用·数据资产探索	王岩飞
SHUJU HEGUI QUAN GONGLÜE: FAGUI JIEXI · SHIJIAN YINGYONG ·	樊思琪　著
SHUJU ZICHAN TANSUO	聂雯珺

		策划编辑	邢艳萍
		责任编辑	邢艳萍
		装帧设计	鲍龙卉

出版发行	法律出版社	开本	710毫米×1000毫米 1/16
编辑统筹	法律应用出版分社	印张 21.5　字数 380千
责任校对	朱海波	版本	2025年5月第1版
责任印制	刘晓伟	印次	2025年5月第1次印刷
经　　销	新华书店	印刷	固安华明印业有限公司

地址:北京市丰台区莲花池西里7号(100073)

网址：www.lawpress.com.cn　　　销售电话:010-83938349

投稿邮箱：info@lawpress.com.cn　　客服电话:010-83938350

举报盗版邮箱：jbwq@lawpress.com.cn　咨询电话:010-63939796

版权所有·侵权必究

书号:ISBN 978-7-5244-0128-5　　　　　定价:80.00元

凡购买本社图书，如有印装错误，我社负责退换。电话:010-83938349

自　序

数字经济时代浪潮奔涌,技术创新与产业变革交织前行。近年来,我国数字经济蓬勃发展,已成为经济增长的核心引擎。互联网的普及、大数据与人工智能技术的深度应用,正深刻重塑社会生产、生活方式;数字基础设施的全面升级,新质生产力的加速崛起,推动着生产关系的深刻变革;数据要素市场体系的日趋完善,更使企业对数据资产价值的认知与挖掘能力显著提升。

在国家战略层面,《数字中国建设整体布局规划》构建起"2522"整体框架,打通了从数据基础设施到技术创新、应用场景、安全治理的全链条;《"数据要素×"三年行动计划(2024—2026年)》聚焦十二大重点行业,推动数据与人工智能协同赋能实体经济。作为这一伟大进程的亲历者,我们每个市场主体都在共享数字中国建设的时代红利。

然而,发展必然伴随挑战。在这个充满变革的时代,AI与数据主权的国际竞争日趋激烈,网络违法犯罪屡禁不止,数据安全与隐私泄露事件频发。如何为数字经济高速发展制定规则?如何以规则引导创新发展?如何化解技术进步带来的负面效应?如何平衡发展过程中的各种社会矛盾?这些不仅是时代赋予法律人的重大课题,更是我们不容回避的历史使命。

我们坚信,合规与发展应当并驾齐驱。我国数据合规法律体系经历了从无到有、从零散到系统的演进过程,现已形成以《网络安全法》《数据安全法》《个人信息保护法》"三驾马车"为引领,涵盖法规、部门规章、地方性法规、规范性文件及技术标准的完整监管体系。《中共中央、国务院关于构建数据基础制度更好发挥数据要素作用的意见》更是明确回答了安全与发展的平衡之问:在保障国家数据安全、保护个人信息和商业秘密的前提下,促进数据合规高效流通使用,赋能实体经济发展。

作为法律从业者,我们深感荣幸能够见证并参与这场数字革命。2021年起,面对蓬勃发展的数据合规需求与尚在完善中的法律体系,我们团队就萌生了撰写数据合规专著的构想。但出于对专业严谨性的坚持,我们并未急于动笔。随着近年来数据领域立法进程的加速、行业监管框架日趋完善、新型业态不断涌现,我们的实务经验也日益丰富。同时,在实践中我们发现许多企业乃至政府机构在数据处理活动中仍存在大量认知盲区,这促使我们重启本书的撰写工作,既为系统梳理自身知识体系,更希望以实务经验为企业提供切实可行的合规指引。

本书力求法规解读与实务经验并重。在体系设计上,我们摒弃了过于理论化的内容,聚焦中国法律语境下的实操指引。全书共分十章:开篇两章系统梳理数据领域核心概念、行业监管现状及法律规范体系;第三～五章分别从主体资质、数据处理活动及特定场景三个维度阐述合规要求;第六～七章从宏观体系建设与微观义务履行两个层面提供解决方案;第八章解析网络安全审查、算法备案等外部监管应对策略;第九章探讨数据流通场景下的合规挑战与机遇;最后一章通过司法实践中的典型案例分析,探索企业合规边界与责任承担。

至此,我们要向所有同行者致以诚挚谢意。感谢团队成员的深耕不辍,愿我们勤有所获;感谢行业"弄潮儿"的开拓精神,在规范未明时仍勇毅前行;感谢客户的信任,让我们得以参与前沿实践;感谢深圳数据交易所、深圳市大数据研究与应用协会、武汉东湖大数据科技股份有限公司等生态合作方的鼎力支持;感谢武汉大学、深圳大学、中南财经政法大学专家学者们的悉心指导;感谢京师深圳数字经济法律服务中心的蒋杰、韩菲、孙伟、刘元、徐之桓等各位同事的专业协作。

诚然,本书难免存在不足之处,实践场景的局限性可能导致某些观点失之偏颇,理论深度也有待加强,我们诚挚期待读者的批评指正。在这个瞬息万变的时代,今日的规则解析或将于明日迭代更新——而这,恰恰是我们继续探索的动力源泉。

目 录

第一章 数据与数据合规 … 1

第一节 "数据"及相关概念 … 2
一、数据和信息 … 2
二、个人信息与敏感个人信息 … 4
三、重要数据 … 9
四、行业数据 … 11
五、数据与国家秘密 … 17
六、数据与知识产权 … 20

第二节 开展数据合规工作的必要性 … 22
一、数据安全关乎国家安全 … 23
二、数据要素市场化的发展 … 24
三、立法逐步完善细化,执法力度加大 … 25
四、企业经营发展需要 … 27

第三节 开展数据合规工作的主要流程 … 28
一、确定合规工作的责任主体 … 28
二、识别合规主体和合规义务 … 29
三、开展合规调查及合规风险评估工作 … 30
四、制订合规改进计划 … 31
五、落实合规改进措施 … 32
六、定期核查,不断完善 … 32

第二章 数据合规监管洞察 ………………………………………… 33
第一节 产业发展政策指引 ………………………………………… 33
一、国家层面的政策指引 ……………………………………… 33
二、地方数据发展政策及立法情况 …………………………… 36
第二节 立法体系 …………………………………………………… 37
一、基础性法律及司法解释 …………………………………… 37
二、重点配套法规及规范性文件 ……………………………… 40
三、主要国家及行业标准 ……………………………………… 47
第三节 行政监管部门及执法动态 ………………………………… 54
一、数据合规领域行政执法动态概览 ………………………… 54
二、主要监管部门及其执法行动 ……………………………… 60

第三章 主体身份与业务牌照合规 ………………………………… 70
第一节 主体身份识别 ……………………………………………… 70
一、主体基本情况 ……………………………………………… 70
二、特殊主体身份识别 ………………………………………… 73
第二节 业务牌照合规 ……………………………………………… 78
一、增值电信业务许可证 ……………………………………… 78
二、从事线上提供"文化内容"类服务业务的资质要求 …… 81
三、利用互联网开展金融类业务需具备的资质 ……………… 83
四、从事互联网医疗相关业务需要具备的资质 ……………… 85
五、知识产权相关资质 ………………………………………… 85
六、信息系统安全类资质：信息系统安全等级保护 ………… 86

第四章 数据全生命周期处理活动合规 …………………………… 87
第一节 数据收集及使用 …………………………………………… 87
一、数据收集 …………………………………………………… 87
二、加工使用 …………………………………………………… 88

第二节 数据存储 · 89
一、数据存储期限 · 89
二、数据存储安全保护措施 · 91
三、数据存储地域 · 91

第三节 数据传输及提供 · 92
一、数据传输 · 92
二、数据提供 · 92

第四节 数据删除与销毁 · 94
一、一般合规性要求 · 94
二、特殊合规要求 · 94

第五章 数据应用场景合规 · 96

第一节 人力资源管理 · 96
一、招聘和入职阶段 · 97
二、劳动关系存续阶段 · 98
三、劳动关系终止阶段 · 101

第二节 商业交易 · 102
一、大数据杀熟 · 102
二、用户画像 · 105
三、自动化决策 · 106

第三节 公共场所安全管理 · 107
一、收集个人信息的基本要求 · 107
二、应用人脸识别技术的合规要求 · 110

第四节 互联网应用的合规 · 111
一、App 隐私政策合规 · 112
二、设备权限调用 · 115
三、Cookie 技术的使用及 SDK 接入 · 116
四、广告管理 · 120

五、互联网信息内容合规 ………………………………………… 121

第六章 数据合规管理体系构建 ………………………………………… 123
第一节 完善组织架构 ………………………………………… 123
一、法律要求 ………………………………………… 124
二、工作职责 ………………………………………… 125
第二节 制定合规管理制度 ………………………………………… 126
第三节 建立主体权利请求响应机制 ………………………………………… 128
一、权利行使的主体和内容 ………………………………………… 128
二、响应机制的设置 ………………………………………… 130
三、权利的实现方式 ………………………………………… 132

第七章 内部合规管理措施 ………………………………………… 135
第一节 数据分类分级 ………………………………………… 135
一、数据分类分级的法律依据 ………………………………………… 135
二、数据分类分级的含义 ………………………………………… 137
三、数据分类分级的原则 ………………………………………… 138
四、数据分类分级的方法 ………………………………………… 139
五、数据分类分级的实施步骤 ………………………………………… 143
第二节 个人信息安全影响评估 ………………………………………… 145
一、个人信息安全影响评估概述 ………………………………………… 145
二、个人信息安全影响评估的适用场景 ………………………………………… 146
三、个人信息安全影响评估的开展 ………………………………………… 148
第三节 个人信息保护合规审计 ………………………………………… 152
一、个人信息保护合规审计的政策背景及规范文件 ………………………………………… 152
二、开展合规审计的主要情形 ………………………………………… 153
三、个人信息保护合规审计的流程 ………………………………………… 156
四、企业如何开展个人信息保护安全审计 ………………………………………… 158

第四节　数据安全技术措施 …………………………………… 164
　　　一、数据安全技术的法律规制 ………………………………… 164
　　　二、常见数据安全技术措施 …………………………………… 165

第八章　外部监管与审查 …………………………………………… 172
　　第一节　网络安全审查制度 …………………………………… 172
　　　一、审查的法律基础 …………………………………………… 173
　　　二、审查对象 …………………………………………………… 174
　　　三、审查要素 …………………………………………………… 176
　　　四、审查程序 …………………………………………………… 176
　　　五、企业的合规应对 …………………………………………… 177
　　第二节　算法备案与安全评估 ………………………………… 180
　　　一、算法治理监管概览 ………………………………………… 181
　　　二、算法备案 …………………………………………………… 187
　　　三、算法安全评估 ……………………………………………… 190
　　　四、合规启示 …………………………………………………… 192
　　第三节　生成式人工智能合规及备案 ………………………… 193
　　　一、合规问题 …………………………………………………… 193
　　　二、大模型备案 ………………………………………………… 196
　　第四节　科技伦理审查 ………………………………………… 198
　　　一、科技伦理治理及监管体系的发展脉络 …………………… 199
　　　二、科技伦理审查制度 ………………………………………… 200
　　　三、数据领域相关企业的科技伦理审查合规应对 …………… 208

第九章　数据流通应用中的合规问题 …………………………… 210
　　第一节　企业上市数据合规监管趋势与审核要点 …………… 210
　　　一、企业上市数据合规监管趋势 ……………………………… 210
　　　二、企业上市数据合规审核要点 ……………………………… 213

第二节 投资并购交易中的数据合规尽职调查与风险防控 …… 219
一、数据合规对投资并购交易的影响 …… 220
二、如何进行数据合规法律尽职调查 …… 222
三、如何在交易过程中防控数据合规风险 …… 225

第三节 数据出境监管规则及合规应对 …… 229
一、监管规则概述 …… 230
二、数据出境的主要路径 …… 237
三、个人信息出境的必要合规工作 …… 244

第四节 公共数据授权运营 …… 246
一、公共数据授权运营的相关规范 …… 247
二、公共数据授权运营的模式 …… 248
三、公共数据的运营机构 …… 251
四、公共数据授权运营协议 …… 253
五、公共数据资源登记 …… 254

第五节 数据交易合规问题 …… 256
一、数据交易发展情况概述 …… 256
二、数据交易的构成要素 …… 258
三、数据交易的合规审查 …… 260

第六节 数据资产入表实践观察与分析 …… 265
一、数据资产入表相关法律规定 …… 266
二、数据资产的形成与入表条件 …… 267
三、数据资产入表流程 …… 270
四、数据资产入表实践案例盘点与分析 …… 273
五、结语 …… 279

第十章 数据及个人信息权益保护的司法实践 …… 281
第一节 个人信息权益保护的典型模式 …… 281
一、个人信息保护公益诉讼 …… 281

二、个人信息权益的私法保护 …………………………………… 288

第二节　企业数据权益保护的基本路径 ……………………………… 293

　　一、通过著作权保护 ……………………………………………… 294

　　二、通过商业秘密保护 …………………………………………… 295

　　三、通过竞争性权益保护 ………………………………………… 300

第三节　网络和数据犯罪 ……………………………………………… 307

　　一、网络犯罪 ……………………………………………………… 307

　　二、数据犯罪 ……………………………………………………… 318

第一章　数据与数据合规

我国《"十四五"数字经济发展规划》将"数字经济"定义为,继农业经济、工业经济之后的主要经济形态,是以数据资源为关键要素,以现代信息网络为主要载体,以信息通信技术融合应用、全要素数字化转型为重要推动力,促进公平与效率更加统一的新经济形态。数字经济已经成为我国重要战略发展方向和经济增长的新引擎,数字经济的内容既包括传统产业的数字经济化,也包括新兴的数字化产业,而无论是哪一种,数据都已经成为数字经济中新的、关键的生产要素。

数据作为数字经济时代的重要资源,其价值不言而喻,因此,数据安全与合规问题至关重要。数据安全是指采取必要保障措施,确保数据处于有效保护和合法利用的状态,以具备持续安全状态的能力,从而能够确保数据被合法合规地处理、利用、流通,以实现对数据价值的挖掘。传统的信息安全理论重点关注数据的保密性、完整性和可用性,而数据从静态安全到动态流程、利用的转变,使数据安全从"保障数据与主体关系的稳定"扩张至"防范数据行为对现实安全秩序的破坏"。[1]

企业作为数字经济时代最活跃的主体,对于数字经济的发展具有直接影响力,数据资源的竞争逐渐成为企业重要的竞争要素,企业数据保护及数据合规对于数据高效流通与应用、数据价值挖掘以及推动数字经济的快速发展具有重要意义。如果企业自身数据管理和安全保障能力低,数据应用方式存在合法合

---

[1] 黄道丽编著:《数据安全法国际观察、中国方案与合规指引》,华中科技大学出版社2023年版,第5页。

规问题,导致发生违法违规事件,不仅可能丧失市场竞争力,甚至还需要承担相关法律责任,因此,数据保护合规正成为各个企业必须去面对也迫切要解决的问题,数据合规能力也将逐渐成为企业的核心竞争力之一。

企业开展数据合规工作,需要清晰地认识什么是法律层面保护的数据和信息,为什么要开展数据合规工作以及开展数据合规工作的基本思路和流程。

第一节 "数据"及相关概念

长期以来,理论研究和司法实践中对于数据、信息、个人信息、个人数据、个人隐私等概念混同使用,上述不同的概念可能被用于指向同一对象,法律术语使用混乱。从目前立法来看,数据、信息、个人信息、个人隐私等都具有相对明确的定义,对应的法律权利义务也不尽相同,因此,本节将先对相关概念进行梳理和厘清。

一、数据和信息

当"数据"这个词已经被广为人知的时候,人们往往会忽略其基本概念的理解。提到数据,我们首先想到的可能是具体的数字以及包含数字的文档、表格和图表。然而,"大数据"的兴起,又让数据显得更加抽象,表现形式也更加多元化。

有研究认为,数据和信息的关系可以理解为载体和本体的关系,犹如纸张之于文字。其区别是,在传统的纸张、文字符号与文字内容三层关系中,纸张与文字符号一体化为文字内容的载体,而在电子存储介质、数据代码和信息内容的三层关系中,电子存储介质体现出一定的独立性,数据代码和信息内容则难以明确分割。可见,在自然科学意义上,一般将数据理解为代码符号,经过"读取"的数据则为信息,两者有相对明确的界限。但在社会科学中,因数据与信息的高度一体化特征,常将两者混同使用。[1]

在早期的研究中,不少学者认为数据和信息没有太多区分的必要,认为数据和信息具有一体和共生的技术属性,数据通常是由0和1二进制数组成的代码符号,这些代码符号是信息内容的形式载体,数据与信息即形式载体和实质内容的关系。

随着研究的深入,尤其是《数据安全法》以立法形式对"数据"进行了定义,大家逐渐意识到区分数据和信息的必要性。为进一步理解数据和信息的区别,可以将数据作广义和狭义之分,广义的数据包括数据代码和信息内容,在《数据安全法》中,对"数据"的定义为"本法所称数据,是指任何以电子或者其他方式对信息的记录"。该定义中的数据可以理解为广义的数据,在一般情况下,数据表现的和信息是一体化,数据是对信息的记载,由此可见,数据是信息的载体,可以体现为电子形式,也可以体现为非电子形式;狭义上的数据主要指已被读取的信息内容,关注的是从数据代码符号到已读取的信息内容,如个人信息,当数据代码符号被赋予"个人"的限定时,数据作为载体的形式意义被弱化,这里的信息更多关注的是该项代码符号所体现的与个人以及个人生活相关的信息内容,因此,《个人信息保护法》需要对个人信息进行特殊保护。

欧盟《通用数据保护条例》(General Data Protection Regulation,GDPR)中使用的是"个人数据"(personal data),定义为"与已识别或可识别的自然人(数据主体)相关的任何数据"。然而在我国,目前主要使用的是"个人信息"这一概念。我国《民法典》将个人信息保护条款规定在人格权编,且对数据价值的挖掘主要体现财产权益方面,因此,个人信息承载着对个人人格权益以及财产权益的保护,而这些权益都需要基于对数字代码符号的读取,而未获得信息内容的数字代码符号则主要可被纳入数据范围进行保护。个人信息是数据所记载的重要内容,个人信息的保护是数据合法合规应用和流通的基础,对"个人信息"单独地界定和立法能够直接体现出对个人有价值信息的更强保护力度。

---

[1] 参见苏青:《数据犯罪的规制困境及其对策完善——基于非法获取计算机信息系统数据罪的展开》,载《法学》2022年第7期。

二、个人信息与敏感个人信息

(一) 个人信息

个人信息是数据安全保护的重要内容,《个人信息保护法》单独对此进行立法保护。2021年1月生效的《民法典》第四编第六章标题即为"隐私权和个人信息保护",其中,第1034条第2款规定,"个人信息是以电子或者其他方式记录的能够单独或者与其他信息结合识别特定自然人的各种信息,包括自然人的姓名、出生日期、身份证件号码、生物识别信息、住址、电话号码、电子邮箱、健康信息、行踪信息等"。

尽管《民法典》和《个人信息保护法》对于"个人信息"的定义有所不同,但实际差别并不大,所界定的个人信息范围也基本是一致的,具体法律文件中对于"个人信息"的定义差异如表1-1所示。

表1-1 个人信息定义差异

法律法规	个人信息定义	法条
《个人信息保护法》	以电子或其他方式记录的与已识别或者可识别的自然人有关的各种信息,不包括匿名化处理后的信息	第4条
《民法典》	以电子或者其他方式记录的能够单独或与其他信息结合识别特定自然人的各种信息	第1034条
《网络安全法》	以电子或者其他方式记录的能够单独或者与其他信息结合识别自然人个人身份的各种信息,包括但不限于自然人的姓名、出生日期、身份证件号码、个人生物识别信息、住址、电话号码等	第76条
《信息安全技术 个人信息安全规范》(GB/T 35273-2020)	以电子或者其他方式记录的能够单独或者与其他信息结合识别特定自然人身份或者反映特定自然人活动情况的各种信息	第3.1条

续表

法律法规	个人信息定义	法条
《最高人民法院、最高人民检察院关于办理侵犯公民个人信息刑事案件适用法律若干问题的解释》	指以电子或者其他方式记录的能够单独或者与其他信息结合识别特定自然人身份或者反映特定自然人活动情况的各种信息	第1条

个人信息的内涵具有以下特点。(1)记录方式的多样性:既包括以电子方式记录的信息,也包括以其他方式记录的信息。(2)已识别或可识别:所谓"已识别"或"可识别",是从特定自然人是否已经被识别进行的区分。已识别指的是特定的自然人已经被识别出来,而可识别是指识别出特定的自然人的可能性,至于究竟是通过直接识别还是间接识别而产生的此种可能性,在所不问。[1] 已识别,是指个人信息处理者已经控制了相关自然人的识别信息,从而可以直接识别到特定自然人;而可识别是指虽然不能直接识别到特定自然人,但依据已经掌握的信息,足以识别到特定自然人。(3)范围的广泛性。法律对于"有关"的关联性强弱程度并未界定,意味着个人信息的范围具有广泛性,应当结合该信息的内容、目的和效果等多种因素综合判断信息是否与该自然人有关。

《信息安全技术 个人信息安全规范》(GB/T 35273-2020)附录 A 中,对个人信息进行了详细列举,具体如表1-2所示。

表1-2 个人信息类型及示例

类型	示例
个人基本资料	个人姓名、生日、性别、民族、国籍、家庭关系、住址、个人电话号码、电子邮件地址等
个人身份信息	身份证、军官证、护照、驾驶证、工作证、出入证、社保卡、居住证等
个人生物识别信息	个人基因、指纹、声纹、掌纹、耳廓、虹膜、面部识别特征等

---

[1] 参见程啸:《个人信息保护法理解与适用》,中国法制出版社2021年版,第63页。

续表

类型	示例
网络身份标识信息	个人信息主体账号、IP地址、个人数字证书等
个人健康生理信息	个人因生病医治等产生的相关记录,如病症、住院志、医嘱单、检验报告、手术及麻醉记录、护理记录、用药记录、药物食物过敏信息、生育信息、以往病史、诊治情况、家族病史、现病史、传染病史等,以及与个人身体健康状况相关的信息,如体重、身高、肺活量等
个人教育工作信息	个人职业、职位、工作单位、学历、学位、教育经历、工作经历、培训记录、成绩单等
个人财产信息	银行账户、鉴别信息(口令)、存款信息(包括资金数量、支付收款记录等)、房产信息、信贷记录、征信信息、交易和消费记录、流水记录等,以及虚拟货币、虚拟交易、游戏类兑换码等虚拟财产信息
个人通信信息	通信记录和内容、短信、彩信、电子邮件,以及描述个人通信的数据(通常称为元数据)等
联系人信息	通讯录、好友列表、群列表、电子邮件地址列表等
个人上网记录	通过日志储存的个人信息主体操作记录,包括网站浏览记录、软件使用记录、点击记录、收藏列表等
个人常用设备信息	包括硬件序列号、设备MAC地址、软件列表、唯一设备识别码(如IMEI/Android ID/IDFA/OpenUDID/GUID/SIM卡IMSI信息等)等在内的描述个人常用设备基本情况的信息
个人位置信息	包括行踪轨迹、精准定位信息、住宿信息、经纬度等
其他信息	婚史、宗教信仰、性取向、未公开的违法犯罪记录等

(二)敏感个人信息

《个人信息保护法》将"敏感个人信息"定义为"是一旦泄露或者非法使用,容易导致自然人的人格尊严受到侵害或者人身、财产安全受到危害的个人信息,包括生物识别、宗教信仰、特定身份、医疗健康、金融账户、行踪轨迹等信息,以及不满十四周岁未成年人的个人信息",该定义采用了概况加列举的方式对敏感个人信息进行释义。

如何理解"敏感性"?此处的敏感主要是指给个人造成侵害或受到伤害的

容易性,描述的是该信息的泄露对信息主体造成伤害或影响的程度。这种侵害或者危害主要体现在:(1)人格尊严方面,如某些个人的种族、民族、疾病、性取向等信息被泄露,该自然人可能受到歧视或者不公平待遇;(2)人身或财产安全方面,如个人的银行账户信息和密码信息遭到泄露,可能导致个人的财产遭受损失。上述定义中也明确列举了典型的敏感个人信息内容,如生物识别、宗教信仰、特定身份、医疗健康、金融账户、行踪轨迹等信息,以及不满14周岁未成年人的个人信息。

如何理解"泄露"和"非法使用"?个人信息一旦泄露,将导致个人信息主体及收集、使用个人信息的组织和机构对个人信息扩散范围和用途不可控,一旦这些个人信息以违背个人信息主体意愿的方式直接使用或与其他信息进行关联分析,可能对个人信息主体权益带来重大风险,例如,个人信息主体的电话号码、身份证号码以及相关信息被泄露,用于电信网络诈骗等。

非法使用则包括非法提供和滥用,非法提供是指某些个人信息未经个人信息主体的授权同意被非法扩散,即可对个人信息主体权益带来重大风险,例如,性取向、存款信息、传染病史等。滥用主要是指某些个人信息在被超出授权合理界限时使用(如变更处理目的、扩大处理范围等),可能对个人信息主体权益带来重大风险,例如,在未取得个人信息主体授权时,将社保信息/征信信息用于银行贷款。

《信息安全技术 个人信息安全规范》(GB/T 35273-2020)中,对敏感个人信息的类型进行了详细列举,具体如表1-3所示。

表1-3 敏感个人信息的类型

类型	示例
个人财产信息	银行账户、鉴别信息(口令)、存款信息(包括资金数量、支付收款记录等)、房产信息、信贷记录、征信信息、交易和消费记录、流水记录等,以及虚拟货币、虚拟交易、游戏类兑换码等虚拟财产信息
个人健康生理信息	个人因生病医治等产生的相关记录,如病症、住院志、医嘱单、检验报告、手术及麻醉记录、护理记录、用药记录、药物食物过敏信息、生育信息、以往病史、诊治情况、家族病史、现病史、传染病史等

续表

类型	示例
个人生物识别信息	个人基因、指纹、声纹、掌纹、耳廓、虹膜、面部识别特征等
个人身份信息	身份证、军官证、护照、驾驶证、工作证、社保卡、居住证等
其他信息	性取向、婚史、宗教信仰、未公开的违法犯罪记录、通信记录和内容、通讯录、好友列表、群组列表、行踪轨迹、网页浏览记录、住宿信息、精准定位信息等

(三) 个人隐私

个人信息和个人隐私具有一定的重合之处。隐私权具有两个典型的特征：私密性和主观性。私密性与公开性相对，且涉及的是与公共利益和群体利益无关的私人领域；而主观性则体现出当事人"不愿他人知晓或不愿他人干涉"的主观意愿，在不损害他人和社会公共利益的情况下，当事人有权自主决定是否属于个人隐私，是否愿意对外披露和公布。

在《民法典》人格权编中，专门就"隐私权和个人信息保护"作出规定。自然人享有隐私权，隐私是自然人生活安宁和不愿为他人知晓的私密空间、私密活动、私密信息。而个人信息权益也被列入该章，两者都属于人格权，都体现着人格尊严和个人自由。对私密空间和私密活动而言，并不必然适用个人信息的保护规定，如侵入他人住宅、偷窥他人日常活动等行为，侵犯了个人隐私权，但并不适用违反个人信息保护的法律规定。

隐私和个人信息界限模糊的主要地带则是私密信息，《民法典》规定了隐私包含自然人的私密信息，而私密信息也属于个人信息的范畴，但同时也规定，个人信息中的私密信息适用有关隐私权的规定，但又未对私密信息的具体内涵进行界定。立法赋予个人信息和隐私不同的概念，同时赋予其不同的保护规则，也是基于两者还是有明确的区别的：对于隐私权而言，主要强调个人独处不被他人所干扰，私人生活享有安宁的权利，不期待将私密信息商业化，不强调隐私带来的财产性权益，未规制私密信息的使用行为；但是个人信息不同，个人信息蕴藏着丰富的商业价值，尤其是在大数据时代，个人信息的汇聚、分析和处理将产生大数据分析结果,从而发挥更大的商业价值,因此,《个人信息保护法》所规制的主要是个人信息的处理行为,法律所保障的是个人信息权益,核心是个人对其个人信息处理享有的知情权和决定权,以及相关的其他权能,实现个人主体具有信息决策的主动权,通过加强保护鼓励信息安全流通。

三、重要数据

"重要数据"一词早在《网络安全法》中就已经出现,但《网络安全法》并未对重要数据作出界定,此后陆续出台的相关法律法规和国家标准对于"重要数据"都做了概念界定,如表1-4所示。

表1-4 "重要数据"概念界定

文件名称	概念界定	发布时间
《数据安全法》	第21条 根据数据在经济社会发展中的重要程度,以及一旦遭到篡改、破坏、泄露或者非法获取、非法利用,对国家安全、公共利益或者个人、组织合法权益造成的危害程度,对数据实行分类分级保护。国家数据安全工作协调机制统筹协调有关部门制定重要数据目录,加强对重要数据的保护	2021年6月10日
《网络数据安全管理条例》	重要数据是指特定领域、特定群体、特定区域或者达到一定精度和规模,一旦遭到篡改、破坏、泄露或者非法获取、非法利用,可能直接危害国家安全、经济运行、社会稳定、公共健康和安全的数据	2024年9月24日
《工业和信息化领域数据安全管理办法(试行)》	危害程度符合下列条件之一的数据为重要数据:(1)对政治、国土、军事、经济、文化、社会、科技、电磁、网络、生态、资源、核安全等构成威胁,影响海外利益、生物、太空、极地、深海、人工智能等与国家安全相关的重点领域;(2)对工业和信息化领域发展、生产、运行和经济利益等造成严重影响;(3)造成重大数据安全事件或生产安全事故,对公共利益或者个人、组织合法权益造成严重影响,社会负面影响大;(4)引发的级联效应明显,影响范围涉及多个行业、区域或者行业内多个企业,或者影响持续时间长,对行业发展、技术进步和产业生态等造成严重影响;(5)经工业和信息化部评估确定的其他重要数据	2022年12月13日

续表

文件名称	概念界定	发布时间
《数据安全管理办法(征求意见稿)》	重要数据,是指一旦泄露可能直接影响国家安全、经济安全、社会稳定、公共健康和安全的数据,如未公开的政府信息,大面积人口、基因健康、地理、矿产资源等。重要数据一般不包括企业生产经营和内部管理信息、个人信息等	2019年5月28日
《信息安全技术 重要数据识别指南(征求意见稿)》	3.1 重要数据 以电子方式存在的,一旦遭到篡改、破坏、泄露或者非法获取、非法利用,可能危害国家安全、公共利益的数据。 注:重要数据不包括国家秘密和个人信息,但基于海量个人信息形成的统计数据、衍生数据有可能属于重要数据	2022年1月13日
《信息安全技术 重要数据处理安全要求(征求意见稿)》	3.1 重要数据 特定领域、特定群体、特定区域或达到一定精度和规模的数据,一旦被泄露或篡改、损毁,可能直接危害国家安全、经济运行、社会稳定、公共健康和安全	2023年8月25日
《数据安全技术 数据分类分级规则》(GB/T 43697-2024)	3.2 重要数据 特定领域、特定群体、特定区域或达到一定精度和规模的,一旦被泄露或篡改、损毁,可能直接危害国家安全、经济运行、社会稳定、公共健康和安全的数据。 注:仅影响组织自身或公民个体的数据一般不作为重要数据	2024年3月15日

除上述规定之外,目前很多行业也已经出台了所属领域的重要数据识别规则或相关规定,例如,《基础电信企业重要数据识别指南》(YD/T 3867-2021)、《金融数据安全 数据安全分级指南》(JR/T 0197-2020)、《汽车数据安全管理若干规定(试行)》等。数据处理者参考上述规定,结合处理数据的场景、数据规模、数据类型以及安全风险等因素综合判断是否属于重要数据。

四、行业数据

结合行业性质以及行业数据类型和特点,部分行业的主管部门对于其行业内的数据类型有特别的定义,也对数据安全及保护有特殊的要求。

（一）金融数据与个人金融信息

2020年9月23日,中国人民银行发布《金融数据安全 数据安全分级指南》(JR/T 0197-2020),明确定义"金融数据"是指"金融业机构开展金融业务、提供金融服务以及日常经营管理所需或产生的各类数据"。[1]

2023年7月24日,中国人民银行发布《中国人民银行业务领域数据安全管理办法(征求意见稿)》,其中,第2条对于"中国人民银行业务领域数据"进行定义,是指"根据法律、行政法规、国务院决定和中国人民银行规章,开展中国人民银行承担监督管理职责的各类业务活动时,所产生和收集的不涉及国家秘密的网络数据"。该管理办法对于支付清算、征信、反洗钱、银行间各类市场交易等人民银行主管业务范围网络数据处理者的安全组织架构、数据分类分级、全生命周期保护措施提出详尽要求。

对金融机构而言,个人金融信息保护也是金融数据合规必不可少的内容,这也是金融消费者权益保护的重要义务。在2020年发布的《金融消费者权益保护实施办法》,将"消费者金融信息"定义为"银行、支付机构通过开展业务或者其他合法渠道处理的消费者信息,包括个人身份信息、财产信息、账户信息、信用信息、金融交易信息及其他与特定消费者购买、使用金融产品或者服务相关的信息"。

根据中国人民银行发布的《个人金融信息保护技术规范》(JR/T 0171-2020)的规定,"个人金融信息"是指"金融业机构通过提供金融产品和服务或者其他渠道获取、加工和保存的个人信息",包括账户信息、鉴别信息、金融交易信息、个人身份信息、财产信息、借贷信息及其他反映特定个人某些情况的信息。该规范将个人金融信息按照敏感程度从高到低分为C1、C2、C3三个类别:

---

[1] 注:该类数据可用传统数据处理技术或大数据技术进行组织、存储、计算、分析和管理。

C3 类别信息主要为用户鉴别信息,如账户(包括但不限于支付账号、证券账户、保险账户)登录密码、交易密码、查询密码及个人生物识别信息;C2 类别信息主要为可识别特定个人金融信息主体身份与金融状况的个人金融信息,以及用于金融产品与服务的关键信息,如账户信息、个人财产信息等;C1 类别信息主要为机构内部的信息资产,主要指供金融业机构内部使用的个人金融信息,如账户开立时间、开户机构等。

(二)健康医疗数据

2018 年 7 月,国家卫生健康委员会发布《国家健康医疗大数据标准、安全和服务管理办法(试行)》,第 4 条规定,"健康医疗大数据,是指在人们疾病防治、健康管理等过程中产生的与健康医疗相关的数据"。

2020 年 12 月 14 日,国家标准化管理委员会及原国家质量监督检验检疫总局发布《信息安全技术 健康医疗数据安全指南》(GB/T 39725 - 2020)(以下简称《安全指南》),并于 2021 年 7 月 1 日正式实施。《安全指南》对"个人健康医疗数据"以及"健康医疗数据"进行了定义:"个人健康医疗数据"是指"单独或者与其他信息结合后能够识别特定自然人或者反映特定自然人生理或心理健康的相关电子数据"[1]。"健康医疗数据"是指"个人健康医疗数据以及由个人健康医疗数据加工处理之后得到的健康医疗相关电子数据"。结合上述相关定义可以看出,个人健康医疗数据也属于个人信息的范畴,甚至可能属于敏感个人信息,因此,除应当遵循《个人信息保护法》的相关规定外,还应当结合行业监管规定,以更高的合规标准执行。

《安全指南》对于健康医疗数据类别与范围进行了列示,如表 1 - 5 所示。

---

[1] 注:个人健康医疗数据涉及个人过去、现在或将来的身体或精神健康状况、接受的医疗保健服务和支付的医疗保健服务费用等。

表 1-5 健康医疗数据类别及范围

数据类别	范围
个人属性数据	人口统计信息,包括姓名、出生日期、性别、民族、国籍、职业、住址、工作单位、家庭成员信息、联系人信息、收入、婚姻状态等; 个人身份信息,包括姓名、身份证、工作证、居住证、社保卡、可识别个人的影像图像、健康卡号、住院号、各类检查检验相关单号等; 个人通讯信息,包括个人电话号码、邮箱、账号及关联信息等; 个人生物识别信息,包括基因、指纹、声纹、掌纹、耳廓、虹膜、面部特征等; 个人健康监测传感设备 ID 等
健康状况数据	主诉、现病史、既往病史、体格检查(体征)、家族史、症状、检验检查数据、遗传咨询数据、可穿戴设备采集的健康相关数据、生活方式、基因测序、转录产物测序、蛋白质分析测定、代谢小分子检测、人体微生物检测等
医疗应用数据	门(急)诊病历、住院医嘱、检查检验报告、用药信息、病程记录、手术记录、麻醉记录、输血记录、护理记录、入院记录、出院小结、转诊(院)记录、知情告知信息等
医疗支付数据	医疗交易信息,包括医保支付信息、交易金额、交易记录等; 保险信息,包括保险状态、保险金额等
卫生资源数据	医院基本数据、医院运营数据等
公共卫生数据	环境卫生数据、传染病疫情数据、疾病监测数据、疾病预防数据、出生死亡数据等

健康医疗数据涉及的细分种类较多除上述健康医疗数据的定义外,相关的数据类型还包括药品医疗器械数据、人类遗传资源信息等,如表 1-6 所示。

表 1-6 健康医疗领域相关数据类型

概念	定义	依据	生效时间
人口健康信息	依据国家法律法规和工作职责,各级各类医疗卫生计生服务机构在服务和管理过程中产生的人口基本信息、医疗卫生服务信息等人口健康信息	《人口健康信息管理办法(试行)》	2014 年 5 月 5 日

续表

概念	定义	依据	生效时间
临床数据	在有关文献或者医疗器械的临床使用中获得的安全性、性能的信息	《医疗器械临床试验质量管理规范》	2022年5月1日
人类遗传资源	包括人类遗传资源材料和人类遗传资源信息。 （1）人类遗传资源材料是指含有人体基因组、基因等遗传物质的器官、组织、细胞等遗传材料。 （2）人类遗传资源信息是指利用人类遗传资源材料产生的数据等信息资料	《中华人民共和国人类遗传资源管理条例》（2024年修订）	2024年5月1日
药品数据	在药品研制、生产、经营、使用活动中产生的反映活动执行情况的信息，包括文字、数值、符号、影像、音频、图片、图谱、条码等	《药品记录与数据管理要求（试行）》	2020年12月7日
医疗器械相关数据	医疗器械相关数据可分为医疗数据和设备数据。 医疗数据是指医疗器械所产生的、使用的与医疗活动相关的数据（含日志），从个人信息保护角度又可分为敏感医疗数据、非敏感医疗数据，其中敏感医疗数据是指含有个人信息的医疗数据；反之即为非敏感医疗数据。个人信息是指以电子或者其他方式记录的能够单独或与其他信息结合识别自然人个人身份的各种信息，如自然人的姓名、出生日期、身份证件号码、个人生物识别信息（含容貌信息）、住址、电话号码等。 设备数据是指记录医疗器械运行状况的数据（含日志），用于监视、控制医疗器械运行或者医疗器械的维护与升级，不得含有个人信息	《医疗器械网络安全注册审查指导原则》（2022年修订版）	2022年3月9日

(三)汽车数据

2021年8月,国家互联网信息办公室(以下简称国家网信办)等五部门发布《汽车数据安全管理若干规定(试行)》(以下简称《汽车数据规定》),作为汽车行业数据安全方面的部门规章,系统性地对汽车数据安全进行了规范。"汽车数据"包括汽车设计、生产、销售、使用、运维等过程中的涉及个人信息数据和重要数据。

《汽车数据规定》从行业角度划分出"个人信息"和"重要数据",一方面,符合当下对个人信息保护加强监管的趋势;另一方面,也明确了在汽车行业内可能被认为属于影响国家安全和重大社会利益的"重要数据"的范围。

总体来看,汽车数据主要包括两大类:一类是关于车辆本身的数据,如与车辆基础属性相关的数据、车辆工况类数据、环境感知数据等;另一类则是与个人相关的信息,如驾驶人的身份信息、个人生物识别信息以及与车联网交易相关的账号信息、交易信息等,如表1-7所示。

表1-7 汽车数据概览

文件名称	数据类型	内容	发布单位和时间
《信息安全技术汽车采集数据的安全要求(征求意见稿)》	汽车采集数据	通过汽车传感设备、控制单元采集的数据,以及对其进行加工后产生的数据,包括:a)车外数据:通过摄像头、雷达等传感器从汽车外部环境采集的道路、建筑、地形、交通参与者等数据,以及对其进行加工后产生的数据;b)座舱数据:通过摄像头、红外传感器、指纹传感器、麦克风等传感器从汽车座舱采集的数据,以及对其进行加工后产生的数据;c)运行数据:通过车速传感器、温度传感器、轴转速传感器、压力传感器等从动力系统、底盘系统、车身系统、舒适系统等电子电气系统采集的数据;d)位置轨迹数据:基于卫星定位、通信网络等各种方式获取的汽车定位和途经路径相关的数据	国家市场监督管理总局、国家标准化管理委员会 2021年10月18日

续表

文件名称	数据类型	内容	发布单位和时间
《车联网信息服务用户个人信息保护要求》（YD/T 3746－2020）	车联网信息服务用户个人信息	车联网信息服务用户个人信息（subscriber personal information of Internet of vehicle informationservice） 车联网产业相关的汽车厂商、零部件和元器件提供商、软件提供商、数据和内容提供商和服务提供商在提供服务过程中收集的能够单独或与其他信息结合识别用户和涉及用户个人隐私的信息。 注：用户个人信息经处理去除用户身份和个人隐私属性后，不纳入本标准规定的车联网信息服务用户个人信息保护范围。例如，车联网信息服务订阅业务的规模统计信息等	工业和信息化部 2020年8月31日
《车联网信息服务数据安全技术要求》（YD/T3751－2020）	车联网信息服务相关的数据	基础属性类数据：是指车联网信息服务相关主体的基础属性数据，可细分为车辆基础属性数据、车联网移动终端应用软件基础属性数据和车联网服务平台基础属性数据等； 车辆工况类数据是从车联网信息服务的角度出发，与车辆实际运行特征或车辆实际系统操作有关的数据； 环境感知类数据，是与车辆所处外部环境相关，包括车联网信息服务中与车辆进行通信或交互的外部设备、终端、行人等相关数据信息； 车控类数据是指车联网信息服务过程中与对车辆操控直接相关的指令数据； 应用服务类数据是指除基础属性类数据、车辆自身状态类数据、环境感知类数据、控制类数据和用户个人数据之外，与车联网信息服务相关的数据，包括但不限于信息娱乐类数据、交通安全管控类数据，以及涉车服务类数据等。 用户个人信息：参考《车联网信息服务 用户个人信息保护》执行	工业和信息化部 2020年8月31日

对于汽车数据的网络安全与数据安全合规要求方面,工业和信息化部(以下简称工信部)于2021年9月发布的《工业和信息化部关于加强车联网网络安全和数据安全工作的通知》在数据安全保护方面从以下四个方面提出了要求:(1)加强数据分类分级管理;(2)提升数据安全技术保障能力;(3)规范数据开发利用和共享使用;(4)强化数据出境安全管理。

2022年2月,工信部发布《车联网网络安全和数据安全标准体系建设指南》,对于汽车数据合规标准体系的建设从六个方面进行了具体的规划,包括:总体与基础共性、终端与设施网络安全、网联通信安全、数据安全、应用服务安全、安全保障与支撑,提出了共计103项标准的编制,为汽车行业数据合规体系构建提供了详尽和细致的参考。

五、数据与国家秘密

随着数字经济时代到来,数据已经成为国家重要的战略之一,全球各国对于数据资源的争夺也日趋激烈,数据领域所面临的国家安全风险也日益突出。国家基础信息、核心数据、重要数据以及一些虽不直接指向国家基础信息但与其他信息相结合或经推演分析后可以得到与国家安全和利益相关的信息,都成为境外情报窃取的重要目标。

根据《保守国家秘密法》(2024年修订)第2条的规定,国家秘密是关系国家安全和利益,依照法定程序确定,在一定时间内只限一定范围的人员知悉的事项。国家秘密的密级分为绝密、机密、秘密三级。第36条明确规定,开展国家秘密的数据处理活动及其安全监管应当符合国家保密规定,国家保密行政管理部门和省、自治区、直辖市保密行政管理部门会同有关主管部门建立安全保密防控机制,采取安全保密防控措施,防范数据汇聚、关联引发的泄密风险。机关、单位应当对汇聚、关联后属于国家秘密事项的数据依法加强安全管理。

在大数据时代,数据安全不仅仅要保障企业和个人的合法权益,其更高的合规价值在于保障国家利益和国家安全,数据和国家秘密息息相关。

1. 随着信息技术的发展，很多国家秘密是以数据的形式体现

最高人民检察院 2011 年通报了两起泄露涉密经济数据案件查办情况，[1] 犯罪嫌疑人孙某，于 2009 年 6 月至 2011 年 1 月，违反《保守国家秘密法》的规定，先后多次将国家统计局尚未对外公布的涉密统计数据共计 27 项，泄露给证券行业从业人员付某、张某等人；犯罪嫌疑人伍某明违反国家保密法规定，将其在价格监测分析行外专家咨询会上合法获悉的、尚未正式公布的涉密统计数据 25 项，向证券行业从业人员魏某、刘某、伍某等 15 人故意泄露。在上述案件中，两名犯罪嫌疑人所泄露的均为国家宏观经济数据，国家宏观经济数据的提前违法泄露，可能危害经济运行秩序，从而使国家、社会及人民利益遭受重大损失。当国家秘密以数据形式体现时，企业以及个人所应遵从的就不仅仅是数据保护的义务，更是需要贯彻国家安全观，遵守国家保密义务。

2. 国家秘密泄露渠道增多，窃密手段更加隐蔽，保密工作难度增加

据央视新闻报道，2019 年 8 月，辽宁大连的海参养殖户张先生向国家安全机关举报称，两个月前，他的养殖场迎来了几名"不速之客"。黄某带领数名外籍人员，以"免费安装海水质量监测设备"为名，在张先生的海参养殖场安装了海洋水文监测设备和海空监控摄录设备。之后，张先生逐渐发现，水文监测设备的数据被源源不断地传输至境外，且很多数据与海参养殖并无关系，那些海空监控摄录设备对海参养殖更是毫无意义。张先生感觉情况可疑，便拨打"12339"向国家安全机关进行了举报。经鉴定，境外人员在我国海域非法安装的监测设备，观测范围涉及我国空中军事行动区域，可以对我国非开放海域潮汐、海流等重要敏感数据进行实时监测，对我国海洋权益及军事安全构成严重威胁。根据举报信息，辽宁省国家安全机关对黄某及数名外籍人员依法采取强制措施，并收缴了监测设备。黄某等人如实交代了非法窃取我国海洋水文数据和海空军事影像的违法犯罪事实。[2] 随着大数据相关技术的发展，国家秘密

---

[1] 参见《最高检通报两起泄露涉密经济数据案件查办情况》，载中国政府网，https://www.gov.cn/jrzg/2011-10/24/content_1977038.htm。

[2] 参见央视新闻:《警惕危害国家安全行为,6 个案例令人警醒》，载中工网，https://www.workercn.cn/c/2023-04-14/7803618.shtml。

的获取渠道不仅限于通过某些国家机构和涉密单位,不法分子获取国家秘密的渠道更多且获得国家秘密的方式也更多样化,其手段也更加隐蔽,除传统的一些网络直接攻击手段之外,还可能采取这种收集看似与国家秘密无关的数据,来掩盖窃取国家秘密的真实目的的方式。这对于国家安全工作而言无疑是更大的挑战。

3. 数据流通聚合产生的数据风险,国家秘密的外延可能扩大

数据安全强调的不仅是数据静态的完整、保密和安全,更重要的是在数据流通、交易甚至是跨境过程中的安全利用。海量数据聚合、融合成为常态化,但当数据流通聚合达到一定体量后,经数据分析和数据挖掘后,可能会获得关乎国家安全的重要信息,这也使国家秘密的外延可能会被扩大。"滴滴出行"赴美上市,"滴滴出行"掌握大量的用户个人信息、出行信息等,看似与国家秘密无关,但大量的数据聚合后,通过进一步的分析推演和挖掘,可以反映我国的人口信息、人口流通状况,甚至是一些基础设施、主要政府场所等关键部门的地域布局情况,从而影响行业发展以及国家安全。不同类型的数据之间相互结合相互印证,聚合数据经分析挖掘后获得的信息,往往可能对国家安全造成潜在的危害。

4. 数据分析能力的提升,能够获取更多涉密信息

2023 年 7 月 26 日,湖北省武汉市公安局江汉分局发布警情通报称,武汉市地震监测中心部分地震速报数据前端台站采集点网络设备遭受网络攻击,相关的地震烈度数据极有可能被窃取,严重威胁我国国家安全。[1] 为什么黑客组织要攻击地震监测中心的数据呢?有专家表示,作为地震的相关单位,拥有地表相关的研究数据,如果窃取到这些重要数据,则可以通过数据分析推测出某些地方的地质、水源等情况适不适合布置军事设施。从数据分析技术的发展来看,一方面,部分数据可能与国家秘密不直接相关,但经数据分析和挖掘,以及经与其他类型的数据相结合后,可能推测或推演出的信息会涉及国家秘密;另

---

[1] 参见武汉市应急管理局:《公开声明》,载微信公众号"武汉市应急管理局"2023 年 7 月 26 日, https://mp.weixin.qq.com/s/dRjAWQdpbLsCbyz_0H_-7A。

一方面,数据分析的能力在不断提升,目前没有价值的数据或者分析困难较大的数据,未来可能会被进一步研究从而提取到涉及国家秘密的信息。

5. 没有意识到风险就是最大的风险

数据并非当然都是国家秘密,但当国家秘密以数据形式体现时,就不仅仅是数据安全与合规的问题,更是国家安全和国家利益的问题。同时,在大数据的时代背景下,多元化、多维度、多渠道的数据聚合后经过数据分析和推演,可能获知涉及国家安全的信息,从而影响国家利益,因此,在当下数据时代背景下,对于数据的保护和利用应当具有国家安全观。

六、数据与知识产权

数据价值被高度重视,但迄今为止,我国法律尚未对数据产权作出明确规定。尽管《民法典》第 127 条规定,"法律对数据、网络虚拟财产的保护有规定的,依照其规定",但并未明确权利内容以及权属性质,不少司法实践案例从侵权、不正当竞争等角度对数据进行了保护,但数据产权制度依然缺失,这将不利于数据流通、交易。如何在现有法律框架下实现新领域新业态的数据权益保护,成为当前数字经济时代背景下的关键问题。

对此,有专家提出可以借鉴知识产权建立数据产权规则,2023 年时任国家知识产权局副局长何志敏在接受专访时认为,"数据产权制度的缺失成为数据要素市场培育的重大掣肘。从数据的无形性、非竞争性的本质特性出发,可以借鉴以无形资产为保护客体的知识产权法律制度,厘清数据知识产权所有权与公共数据持有权的界限,明确保护客体范围、授权确权程序,从而建立适应数字经济发展需要的数据知识产权保护规则"[1]。

(一)政策依据

2021 年 10 月 9 日,国务院发布《"十四五"国家知识产权保护和运用规

---

[1] 王俊:《专访国家知产局副局长何志敏:建立数据知识产权制度 加快培育数据要素市场》,载 21 世纪经济报道 2023 年 3 月 7 日,https://www.21jingji.com/article/20230307/herald/006d1b55261f109e5d647884114b7bb1.html。

划》，明确提出研究构建数据知识产权保护规则。

2022年11月，国家知识产权局发布《国家知识产权局办公室关于确定数据知识产权工作试点地方的通知》，确定北京市、上海市、江苏省、浙江省、福建省、山东省、广东省、深圳市8个地方作为开展数据知识产权工作的试点地方。数据知识产权地方试点工作期限为2022年11月至2023年12月。

在2022年发布的《中共中央、国务院关于构建数据基础制度更好发挥数据要素作用的意见》（以下简称"数据二十条"）中，明确规定要"探索建立数据产权制度，推动数据产权结构性分置和有序流通，结合数据要素特性强化高质量数据要素供给；在国家数据分类分级保护制度下，推进数据分类分级确权授权使用和市场化流通交易，健全数据要素权益保护制度，逐步形成具有中国特色的数据产权制度体系"。

2023年2月，《最高人民法院、国家知识产权局关于强化知识产权协同保护的意见》发布，该意见明确指出"统筹推进数据知识产权保护相关制度研究，健全数据要素权益保护制度，推动数据基础制度体系的建设"。

由此可以看到，数据知识产权制度逐渐受到关注，相关法律制度的构建也在探索中。各地有关数据知识产权的试点工作也正在进行中，多地将数据知识产权保护写入地方性法规中。

(二) 数据知识产权的实践探索

在相关政策的指导和支持下，各地都大力进行数据知识产权的相关实践探索，从地方立法以及数据知识产权登记等方面探索制度落地。

2022年3月，《北京市知识产权保护条例》公布，其第19条规定，应当依法保护数据收集、存储、使用、加工、传输、提供、公开等活动中形成的知识产权。

2022年9月，浙江省人民代表大会常务委员会发布《浙江省知识产权保护和促进条例》，其第16条规定，"省知识产权主管部门应当会同省有关部门依法对经过一定算法加工、具有实用价值和智力成果属性的数据进行保护，探索建立数据相关知识产权保护和运用制度"；并提出建立公共存证登记平台，提供数据登记服务。2023年5月，《浙江省数据知识产权登记办法（试行）》发布，确定数据知识产权登记服务通过浙江省数据知识产权登记平台开展，由浙江省知识产权研究与服务中心具体承担。

登记是数据知识产权保护的基础环节,以深圳市为例,深圳市在全国率先提出并构建了数据知识产权存证登记程序完整流程,面向社会提供数据知识产权登记公共服务。

2022年11月29日,由深圳市标准技术研究院开发建设的国内首个专注数据知识产权登记的信息化系统数据知识产权登记系统(https://sjdj.sist.org.cn/)正式上线,12月9日,在经过审核与公示后,深圳市前海数据服务有限公司、广东省坤舆数聚科技有限公司首批获颁"数据知识产权登记证书"。数据知识产权登记证书的颁发,是借鉴知识产权制度构建数据产权制度的关键一环,对促进企业数据要素交易流转、进一步推动数据要素市场化具有重要意义。根据其官网的介绍,数据知识产权登记的流程为"数据存证—登记申请—材料审核—公示—发放证书"五个步骤,对于已发放的数据知识产权登记证书,可在数据知识产权登记系统主页"证书查询"一栏进行查询。

2023年4月,杭州市市场监督管理局发布了《数据知识产权交易指南》地方标准,该指南对于"数据知识产权"的定义为"权利人对经过一定算法加工、具有实用价值和智力成果属性的数据,依法享有的专有的权利"。[1] 此外,该指南对于数据知识产权交易的基本原则、交易主体、交易流程、评价和改进建议等内容都作出了相关要求。

第二节 开展数据合规工作的必要性

数据经常被类比为数字经济时代的"石油",证明数据的开发利用将产生极大的社会经济价值,为什么要强调"数据合规"?其本质在于,我们认可数据的价值,因此,数据合规最大的驱动力在于进一步开发利用数据,实现数据价值的

---

[1] 新闻链接:《全省首个!杭州出台〈数据知识产权交易指南〉地方标准》,载杭州日报,https://hzdaily.hangzhou.com.cn/hzrb/2023/04/27/article_detail_1_20230427A028.html。

挖掘。本部分将会从时代背景、立法进程、执法力度以及企业刚需四个方面阐述为什么要开展数据合规工作。

一、数据安全关乎国家安全

近年来，有关网络空间以及数据资源方面的战略博弈和争夺日益激烈，数据被我国视为基础性战略资源，数据的安全已经上升到国家安全的层面。从近期的不少案例可以看出，数据合规问题已经不仅仅涉及企业的商业利益，更牵涉国家安全以及国家利益。

据相关媒体报道，2023年5月，上海警方在上海凯盛融英信息科技上海股份有限公司（以下简称凯盛融英）逮捕了从事间谍活动的违法犯罪嫌疑人40多人。据国家安全机关调查掌握，凯盛融英大量接受境外公司对我国敏感行业的咨询项目，其中一些企业与外国政府、军方、情报机关关系密切，仅2017年至2020年，凯盛融英就接受上百家境外公司汇款2000多次，金额高达7000多万美元。报道称，该公司通过聘请重点领域的专家为大量境外机构提供咨询服务，在咨询过程中隐瞒境外客户真实信息并鼓励专家泄密以促成合作；并在承担境外咨询项目过程中，频繁联系接触国内党政机关、重要国防科工等涉密人员，以高额报酬咨询专家非法获取国家各类敏感数据，对国家安全构成重大风险隐患。[1]

2022年4月，国家安全机关公布破获一起为境外刺探、非法提供高铁数据的重要案件。该案是自《数据安全法》实施，首例涉案数据被鉴定为情报的案件，也是中国首例涉及高铁运行安全的危害国家安全类案件。某境外公司以"为进入中国市场，需对中国的铁路网络进行调研"为由，委托上海某信息科技公司采集中国铁路信号数据包括物联网、蜂窝和铁路移动通信系统标准（Global System for Mobile Communications-Railway，GSM-R）等轨道使用的频谱等数据。在合作过程中，该公司将中国铁路信号数据等关键数据信息转移到境外，

---

[1] 参见央视新闻：《沦为境外情报机构帮凶，知名公司被查！》，载微信公众号"央视新闻"2023年5月9日，https://mp.weixin.qq.com/s/x5LR0c5ThLOYA4kb8uBhYQ。

仅一个月采集的信号数据就已经达到500G。该案件已被国家安全机关侦查,调查显示,该境外公司从事国际通信服务,长期合作的客户包括某西方大国间谍情报机关、国防军事单位以及多个政府部门。[1]

上述两个案例足以说明,数据资源是各国争夺的焦点,数据合规工作的开展要具备国家安全观,尤其是在数据出境的场景下,数据的合规审查维度还应当包括是否危害国家安全以及国家利益。2023年4月26日,第十四届全国人民代表大会常务委员会第二次会议通过了《反间谍法》的修订,新《反间谍法》将于2023年7月1日正式生效,从《反间谍法》的修订内容看,窃密对象范围已从国家秘密扩大到"其他关系国家安全和利益的文件、数据、资料、物品",反间谍行为与数据安全保护合规义务重叠,数据安全已经上升到国家安全。

二、数据要素市场化的发展

2019年10月,党的十九届四中全会提出了健全劳动、资本、土地、知识、技术、管理、数据等生产要素由市场评价贡献、按贡献决定报酬的机制。2020年,《中共中央、国务院关于构建更加完善的要素市场化配置体制机制的意见》正式公布,这是中央第一份关于要素市场化配置的文件,分类提出了土地、劳动力、资本、技术、数据五个要素领域改革的方向,明确了完善要素市场化配置的具体举措。2020年11月,《中共中央关于制定国民经济和社会发展第十四个五年规划和二〇三五年远景目标的建议》,明确提出"建立数据资源产权、交易流通、跨境传输和安全保护等基础制度和标准规范,推动数据资源开发利用",对数据要素市场培训工作作出更加明确的战略性部署。数据已经从生产的辅助手段发展成为生产的重要资源,当数据成为生产要素后,数据的价值将得到突出保护以及进一步挖掘,数据流通与交易逐渐成为社会财富创造的重要源泉。

随着数据要素市场的建设,数据交易和数据资产入表目前已经成为具有大量数据资源企业进一步提升市场竞争力的重要抓手:各地数据交易所是推动企

---

[1] 参见网易新闻:《上海一公司向境外出售高铁数据:1个月采集数据500个G》,载微信公众号"网易新闻"2022年4月5日,https://mp.weixin.qq.com/s/qJDTtJzc1f2Ezix1l1Rw6g。

业数据合规的重要助力,零壹财经于2023年7月发布的《数据交易2.0时代——全国44家数据交易所规模、股权、标的、模式分析》显示,截至2023年6月底,全国各地由政府发起、主导或批复的数据交易所达到44家,头部数据交易所交易规模已达到亿元至十亿元级别,且呈现爆发式增长趋势;在数据交易所数量增长之外,交易所内数商生态日趋完善,数据产品更加丰富,交易规模也迎来爆发式增长。[1] 各数据交易为保障数据交易的安全性,一般都会对交易主体提出一定的准入条件及合规标准,如《深圳市数据交易管理暂行办法》第13条明确规定,数据交易标的在数据交易所上市前应提交第三方服务机构出具的数据合规评估报告;上海数据交易所提出"不合规不挂牌,无场景不交易"的品牌特色。由此可见,在数据流通和交易的趋势下,企业想参进行场内的数据交易,那么合规是需要跨越的第一关。

除数据产品的交易外,数据资产入表也是企业数据资源价值挖掘的重要工作,尽管并无明确规定要求企业数据资源入表需要外部法律意见,但业内普遍认为,数据合法合规是入表的前提条件。

三、立法逐步完善细化,执法力度加大

(一)立法层面

2017年《网络安全法》施行,对网络数据安全的法律规范进行了原则性规定,2021年《数据安全法》和《个人信息保护法》相继生效实施,三法共同构成了我国网络安全与数据合规领域的基本法律规则框架。

随着顶层数据合规法律依据的"三驾马车"构建完成,中央网络安全和信息化委员会办公室(以下简称中央网信办)、工信部等多个监管部门针对重点领域、特定主体、热点问题制定了配套细化规则和标准,各个行业主管部门也陆续出台了大量规范性文件。此外,还有更加具体的国家标准、行业标准、团体自律标准、行业倡议等,这些规范和标准的出台,使数据合规有规可依,企业开展数

---

[1] 参见零壹财经:《数据交易2.0时代——全国44家数据交易所规模、股权、标的、模式分析》,载百家号2023年7月5日,https://baijiahao.baidu.com/s?id=1770594355401626523&wfr=spider&for=pc。

据合规工作的目标和内容也更加明确。

立法进程的加快以及法律体系的完善，对促进企业开展数据合规工作起到了很大推动作用：一方面，这些规范和标准让企业的数据合规有合规依据，让企业能够明确具体合规工作的开展方向，确保合规管理体系能够实现法律法规在企业的落地；另一方面，其也为企业设定了合规义务，如果企业未履行相关的合规义务，可能会受到相应的处罚。

(二) 执法层面

如今，数据合规已成为世界各国关注的热点问题，很多国家和地区都在持续不断地加大数据方面的执法力度。

从国际监管环境来看，国外多家知名企业都曾因数据合规问题受到监管部门的巨额处罚：2023年5月12日，爱尔兰数据保护委员会根据欧洲数据保护委员会（European Data Protection Board，EDPB）的决定，对Meta公司向美国非法转移个人数据的调查案作出最终决定：要求Meta公司应当在6个月内停止非法处理个人数据，包括存储于美国的欧盟用户个人数据；并对Meta公司处以12亿欧元的巨额罚款。[1] 除上述公司外，苹果、微软、推特、亚马逊等多家海外知名互联网企业都曾因数据合规问题受到过有关监管部门作出的行政处罚。

从国内监管环境来看，近年来，与数据合规问题相关的典型刑事案件与行政处罚案例不断增加，执法监管力度不断加强。除处罚力度增大外，数据合规领域"一案双查"趋势凸显。在南昌网信办公布的某行政处罚案例中，江西某股份有限公司运营的网络智能办公系统疑似遭黑客组织攻击并植入木马病毒，主机存在受控的风险。经调查，该公司办公自动化（Office Automation，OA）系统和服务器内存储了大量敏感数据，但该公司履行数据安全保护义务不到位，且开展数据处理活动未加强风险监测，在发现数据安全漏洞风险和事件时未采取补救措施。因此，南昌市网信办依据《数据安全法》对该公司进行了行政

---

[1] 参见数据安全域：《91亿元！因非法向美国转移用户数据，Meta被欧盟重罚！》，载微信公众号"数据安全域"2023年5月23日，https://mp.weixin.qq.com/s/qcDxOEOvGTO-orajIbbjag。

处罚。[1] 从这个案例可以看出,当企业作为网络攻击或数据泄露等安全事件的受害者,监管部门不仅会对该安全事件进行调查,还会对企业是否履行数据安全及合规义务进行调查,如果企业自身的合规工作不到位,即便企业是受害者,也一样要受到相关处罚。

四、企业经营发展需要

企业的数据处理行为和业务行为密切相关,出于自身业务发展以及持续经营的目的,企业也应当积极主动地拥抱合规。

(一)企业上市及投融资并购

大部分企业将上市作为重要的经营目标,而在企业上市的情况下,合规是拟上市公司必须面对的。目前,中国证券监督管理委员会(以下简称证监会)和证券交易所对于拟上市公司以及已上市公司在数据合规层面的审查和监管越来越严格,涉及数据合规的被问询拟上市公司越来越多,拟上市公司所处行业类型更加广泛,主营业务种类也更加丰富。在数字经济时代背景下,大量企业在日常经营活动中会通过互联网平台开展业务,必然涉及收集和处理各类数据及个人信息,这使企业在上市面临的合规课题中,数据合规是必不可少的内容。

除上市外,债权及股权融资也是企业经营活动的常态工作,在一般情况下,投资方无论是债权投资还股权投资,都会对投资标的进行尽职调查。以往投资方尽职调查的重要内容是标的企业的主要业务情况,但对于数据驱动型企业或者已经拥有大量数据资源的企业,投资方在投资前会加强对该类投资标的企业的数据合规性审查。此外,在数据资产入表的趋势下,数据资产的合规性甚至与本次交易的估值乃至未来标的资产能够创造的价值直接相关。

在数字经济产业中,很多企业的核心竞争力在于他们所拥有的数据资源以及数据分析处理能力,因此,如果这些企业的数据来源不合法,数据处理或交易

---

[1] 参见安全圈:《数据安全保护义务不到位,罚款50万元!南昌网信办依法对某股份有限公司行政处罚》,载网易2023年6月8日,https://www.163.com/dy/article/I6NVHG500511A5GF.html。

行为存在合规性风险,那么数据资产的价值,甚至是企业的主营业务都会受到极大的影响,对于融资及上市都会造成实质性障碍。

(二)业务开展的外部监管

除事后处罚之外,在大量的监管前置审查和备案工作中,也需要考虑数据合规问题。比如,企业出于业务需要,需要将数据传输出境,那么应当按照我国数据出境监管的相关要求执行,满足出境安全评估条件的数据处理者,需在事先开展数据出境风险自评估,并申请数据出境安全评估。在这种情况下,如果企业未进行评估工作或未通过相关审查,那么数据传输行为就存在合法性风险,从而也会导致业务开展严重受阻。类似的外部监管包括网络安全审查、算法备案和评估工作等,这些审核内容均包括数据安全要求,如未履行相关合规义务,就会从实质上对企业业务活动的持续开展造成阻碍。

第三节 开展数据合规工作的主要流程

数据合规工作是系统性的,既包括宏观合规管理体系的建立,也包括微观层面具体岗位处理数据的行为的合规性,乃至某份授权文件的合法性、完备性。因此,需要制定科学的、有效的、完善的数据合规计划。概括而言,数据合规工作开展的主要流程包括以下几个方面。

一、确定合规工作的责任主体

开展合规工作之前,企业管理层需要明确,谁来负责,谁来主导,参与人员包括哪些,企业必须指定相关的合规工作责任主体,由该主体负责制定全部数据合规工作开展的流程、统筹相关合规调查评估及改进工作,以及监督改进工作的实施以及持续合规工作的开展。企业数据合规工作的责任主体具有以下特点。

1. 企业内部人员为佳。责任主体最好是企业内部人员:一方面,他们对企业的了解更深也更全面,更能够协调各方进行工作;另一方面,任何合规工作都不是一次性的,需要在实践中不断地修正、完善,是持续的过程,内部人员可以在企业后续的经营管理中持续改进合规体系。在实践中,很多企业会聘请外部专家顾问或律师辅助企业开展合规工作,这些人员可以作为合规团队的成员配合企业数据合规责任主体一起开展工作,但无论合规工作团队组成人员是否包括外部的第三方咨询机构或律师,主要的合规义务和合规责任还是需要由企业来落实和承担。在实践中,很多企业认为外聘了咨询机构或律师,合规工作就可以完全由专业机构完成,这是一个很大的误区,企业的主导和参与程度越高,合规体系的构建越符合企业自身的情况,合规工作的效果才会更好。

2. 责任主体应当具有一定独立性,不受被评估和检查对象的影响。为确保合规调查及风险的评估具有公正性,责任主体需要具备一定独立性,否则,难以客观看待企业存在的风险或者企业员工存在的不合规行为。

3. 需明确责任主体在本次合规工作中的职责与权限。数据合规工作的开展可能涉及多个主体的配合,需明确其职权范围是什么,是否有权力调查相关部门和人员,是否有能力调动其他部门的人员配合合规工作的开展;以及后续在改进计划中,能否直接给相关人员安排改进工作;等等。

4. 责任主体可以是一个人,也可以是一个部门或专门的团队。在实践中,很多企业已经设立了专门的数据合规部门或者合规管理部门,那可以由该部门牵头组织开展;有些企业设立了个人信息保护负责人,那么这个负责人也可以牵头来开展个人信息保护相关的合规工作;如果企业在开展合规工作前并没有相关的岗位和人员,那么就需要在工作开展前明确指定人员或团队综合负责。

二、识别合规主体和合规义务

在对企业合规现状进行调查前,应对企业自身的主体性质进行分析,从而有针对性地对其合规义务进行梳理,从而确定合规标准及合规依据。

(一)主体的识别

主体的识别包括资质与特殊主体类型两个方面。

第一,特殊主体类型的识别。所谓"特殊主体",主要是指负有特殊合规义务的主体,比如,法律明确规定的"超大型互联网平台""关键信息基础设施运营者"，或者"重要数据/核心数据运营者"等负有特殊义务的主体，对于这类主体将实施更严格的监管要求。

第二，业务牌照的识别。具有相应的业务资质是合规的基础，除企业经营注册所必需的营业执照等基础证照外，不同的行业或者根据开展业务种类的不同，需履行不同的审批或备案手续。在数据产业内，常见的一些前置审批资质如增值电信业务许可证（Internet Content Provider，ICP）、在线数据处理与交易业务许可证（Electronic Data Interchange，EDI）等，此外，还有一些是需要进行备案的，如算法备案、区块链信息服务备案等。

（二）合规义务的识别

由于目前数据合规领域相关的规范纷繁复杂，有一些是法律明确规定必须履行的义务，有一些属于行业监管建议或国家、地方、行业团体标准，未形成强制性义务，这就要求企业能有效地识别自身的合规义务，以及判断这些合规依据的法律效力及违规后果。企业需要遵守的合规依据包括以下内容。

第一，一般性的合规义务。这主要是指一般性法律、司法解释、行政法规等法律文件中所确定的法定义务。

第二，主体所处行业特殊的合规义务。从行业角度来看，金融行业、汽车行业、物流行业、互联网行业、游戏行业等相关行业的主管部门均出台了大量有关数据安全及保护方面的行业性规定，且行业主管部门也具有数据合规的执法权限，因此，企业除基本法律之外，还要关注行业的具体合规要求。

第三，国家标准、地方标准、行业标准、团体标准等。由于很多标准属于推荐性质的，如果不遵守也不必然会承受不利法律后果，但各类标准规定会更细节、可操作性更强，也可以作为企业合规工作开展的重要参考和指引。

第四，国际条约、公约、境外国家或地区的相关法规等。如企业涉及数据出入境，可能还需要遵守他国的法律规定，以及符合相关国际条约和公约的规定。

三、开展合规调查及合规风险评估工作

全面的合规调查以及在调查基础上准确地评估风险，是整个数据合规工作的关键内容。

1. 明确数据合规调查目的和范围。开展合规工作的目的,有时是出于满足监管要求,有时也是出于企业自身防范风险而主动开展,根据合规调查的目的可以有针对性地确定调查范围以及调查重点。比如,在开展数据合规工作前,明确是调查企业某个产品的数据合规状况,还是调查某个数据处理行为的合规状况,或是调查企业整体合规管理制度的完备性状况等。

2. 明确需要调查的内容。全面细致的调查是企业及时发现风险的有效手段。数据应用贯穿业务开展活动中,因此,需要结合业务流程确定需要调查的具体内容,包括但不限于企业处理数据的类型、处理数据的具体行为、数据应用场景的商业模式、企业所运营App、小程序、网页的情况、组织架构、制度体系等。

3. 形成调查结果。调查结果包括:(1)对现状的客观描述:可梳理企业相关的数据清单、数据流程图等,清晰展示业务流、数据流、技术流以及法律关系;(2)合规调查过程也是不断发现风险的过程,合规人员在调查现状的基础上,还应将企业的合规现状与前期识别的合规义务进行比对,找到合规差距,找到未完全履行的合规义务,找到可能会导致安全事件发生的漏洞,从而评估合规风险。

调查和评估过程会使用到复合型的学科工具,包括但不限于法律、技术、密码、审计、数据资产管理、会计等,企业应当调动各方面的资源进行全面的风险评估才能达到最好的效果。

四、制订合规改进计划

根据合规调查和评估的结果,企业可发现在数据处理活动以及整体合规管理体系方面存在的不足和漏洞,在此基础上需制订合规改进计划,进一步处置风险。

合规改进计划是企业实施合规体系构建的纲领性文件,是合规改进措施的整体实施方案,根据合规风险或合规差距的不同,合规改进措施可以分为两个方面。第一,针对具体数据处理行为的改进措施。如经调查,企业存在违法利用数据爬虫技术采集数据,或非法买卖个人信息的行为,该行为可能触犯《刑法》,属于高风险行为,需采取有效措施及时停止并防止此类行为再次发生。第二,对于合规体系的改进措施,比如,企业未明确相关的访问控制权限,可能导致数据被不当利用或批量导出、泄露等风险,该情形属于合规体系不完善导致可能存在潜在的数据安全风险,针对这些问题,应当加强管控,明确合规流程,制定完善的问责制度并加强合规审计。

针对不同类型和不同等级的风险项,应制订适宜的改进计划,保障改进计划实施的有效性。此外,合规改进计划往往牵涉多个部门,甚至会适用于不同的分子公司,改进措施出台还需要注意程序问题,需要依据企业内部相关的决策机制,确保该计划出台的程序合法且后续能够有效推动。

五、落实合规改进措施

合规改进计划确定后,需要有效落实,主要有三个关键点。第一,谁来落实。合规改进计划的制定以及改进措施的落实,往往牵扯企业的多个部门,还会存在企业内部的利益权衡和博弈,因此,在改进计划制订时,应当确定不同合规措施的具体落实和执行主体,避免改进计划形同虚设。第二,何时落实。部分改进措施的落实可能需要一定时间才能完成整改,如部分技术设备的更新工作或者新增合规制度的制定及宣贯,并不是一个短期可以马上落地的工作,应根据工作量大小,设置合理的落实时限,同时督促改进措施的执行主体在时限内抓紧实施落地工作。第三,谁来核查。对合规改进计划的落实情况应进行核查,是否按照计划落实,如果未落实,困难是什么,替代改进方案是什么,从而对执行主体进行监督。

六、定期核查,不断完善

数据合规工作是持续的、动态的,不是简单的建章立制,更不是一劳永逸的。通过前述工作,企业已经对自身数据合规情况作出全面的调查及风险评估,且已经制定和完善了数据合规管理体系。此后,企业应持续关注数据合规体系是否有效,是否还存在漏洞,是否能适用新的产品、新的业务或新的数据处理行为,需持续识别风险,持续改进数据合规体系,以使该体系能够长久、有效地运转,从而降低及防控企业的数据合规风险。

第二章 数据合规监管洞察

第一节 产业发展政策指引

一、国家层面的政策指引

自2015年起,大数据产业及数据要素的重要性逐渐突出,从2015年后出台的各项国家政策文件中也不难看出国家对发展数字经济及数据要素的重视程度。

2015年8月国务院印发《促进大数据发展行动纲要》的通知(国发〔2015〕50号),明确提出数据已成为国家基础性战略资源,但我国在大数据发展及应用方面仍存在政府数据开放共享不足、产业基础薄弱、缺乏顶层设计、法律法规建设滞后等问题亟待解决。为全面推进大数据发展和应用,加快建设数据强国,该行动纲要以推动公共数据开放共享,促进数据产业创新发展,完善法规制度及标准体系,切实保障数据安全为指导思想的要点内容,并就此提出三项主要任务:一是加快政府数据开放共享,推动资源整合;二是推动产业创新发展,助力经济转型;三是强化安全保障,提高管理水平。该行动纲要的出台,意味着在国家层面首次针对大数据发展进行整体统筹布局,数据的重要价值开始受到重视。

2016年3月,中共中央办公厅、国务院办公厅印发《中华人民共和国国民经济和社会发展第十三个五年规划纲要》(以下简称《"十三五"规划纲要》),其中第二十七章专章规定"实施国家大数据战略",明确指出:"把大数据作为基础性战略资源,全面实施促进大数据发展行动,加快推动数据资源共享开放和开发应用,助力产业转型升级和社会治理创新。"第二十八章则对信息安全保障提出要求:"统筹网络安全和信息化发展,完善国家网络安全保障体系,强化重要信息系统和数据资源保护,提高网络治理能力,保障国家信息安全"。

2017年10月,党的十九大报告提出深化供给侧结构性改革,并明确其要点之一为加快建设制造强国,加快发展先进制造业,推动互联网、大数据、人工智能和实体经济深度融合。

2020年3月,《中共中央、国务院关于构建更加完善的要素市场化配置体制机制的意见》发布,正式将数据列为新型生产要素,并明确指出加快培育数据要素市场,推进政府数据开放共享;提升社会数据资源价值;加强数据资源整合和安全保护;引导培育大数据交易市场,依法合规开展数据交易。

2021年,《中华人民共和国国民经济和社会发展第十四个五年规划和2035年远景目标纲要》(以下简称《"十四五"规划纲要》)发布,相较于《"十三五"规划纲要》,《"十四五"规划纲要》进一步强调发展数字经济的重要性,明确指出"十四五"时期建设数字中国的工作重点之一为营造数字化发展新生态:一是建立健全数据要素市场规则;二是营造规范有序的政策环境;三是加强网络安全防护;四是推动构建网络空间命运共同体。

2021年12月,国务院办公厅印发的《要素市场化配置综合改革试点总体方案》重点强调探索建立数据要素流通规则。要求完善公共数据开放共享、数据流通交易的相关机制规则,拓展规范化数据开发利用场景,推动人工智能、区块链、车联网等领域的数据采集规范化及应用创新;同时,加强数据安全保护,强化网络安全等级保护、数据分级分类以及数据出境安全管理等制度要求。

2022年12月,为不断解放和发展数字生产力,中共中央、国务院发布"数据二十条",围绕坚持促进数据合规高效流通使用、赋能实体经济这一主线,提出建立健全数据产权、数据产权结构性分置、数据流通交易及数据要素收益分配四个制度,进一步激发数据要素的价值。

2023年1月印发的《工业和信息化部等十六部门关于促进数据安全产业发展的指导意见》为数据安全产业的顶层政策文件,其出台的主要目的在于贯彻《数据安全法》和落实国家数据安全工作协调机制工作部署;明确数据安全产业发展任务;营造数据安全发展生态。该指导意见的发布对发展数据安全产业,提高各行业各领域数据安全保障能力,加速数据要素市场培育和价值释放,夯实数字中国建设和数字经济发展基础有着重要意义。

2023年2月,中共中央、国务院印发了《数字中国建设整体布局规划》,该规划指出,建设数字中国要夯实数字基础设施建设和数据资源体系"两大基础",推进数字技术与经济、政治、文化、社会、生态文明建设"五位一体"深度融合,强化数字技术创新体系和数字安全屏障"两大能力",优化数字化发展国内国际"两个环境"。在强化数字中国关键能力层面,该规划特别强调,筑牢可信可控的数字安全屏障,需要完善网络安全法律法规和政策体系,增强数据安全保障能力,建立数据分类分级保护制度;在优化数字化发展环境层面,更要完善法律法规体系,加强立法统筹协调,研究制定数字领域立法规划,法律制度应适应数字化的发展,同时要统筹谋划数字领域的国际合作,积极参与数据跨境流动等国际规则的构建。

2023年12月31日,国家数据局会同中央网信办、科技部、工业和信息化部、交通运输部、农业农村部、商务部、文化和旅游部、国家卫生健康委、应急管理部、中国人民银行、金融监管总局、国家医保局、中国科学院、中国气象局、国家文物局、国家中医药局等部门联合印发《"数据要素×"三年行动计划(2024—2026年)》(以下简称《行动计划》),明确了未来三年通过"数据要素"推动各产业发展的主要任务目标及发展方向。《行动计划》指出:"随着新一轮科技革命和产业变革深入发展,数据作为关键生产要素的价值日益凸显。发挥数据要素报酬递增、低成本复用等特点,可优化资源配置,赋能实体经济,发展新质生产力,推动生产生活、经济发展和社会治理方式深刻变革,对推动高质量发展具有重要意义。"

2024年12月28日,《国家发展和改革委员会、国家数据局、教育部、财政部、国家金融监督管理总局、中国证券监督管理委员会关于促进数据产业高质量发展的指导意见》发布,对数据产业发展提出建议,核心要点包括加强数据产业规划布局、培训多元经营主体、加快数据技术创新、提高数据资源开发利用水平、发展数据流通交易、强化基础设施支撑、提高数据领域动态安全保障能力、优化产业发展环境。《关于促进数据产业高质量发展的指导意见》通过系统性布局,旨在构建数据要素市场化配置的长效机制,推动数据产业从基础制度完善到应用场景落地的全链条发展,最终实现数据赋能实体经济、促进经济高质量发展的目标。

综合国家层面的主要数据发展政策来看,促进公共数据的开放共享,优化数据要素的交易流通,加快数字经济发展创新,已经越来越成为国家发展的重点。在国家政策的指引下,为配合数字经济的快速发展,近年来,网络安全、数据安全、个人信息保障、公共数据开放、数据交易等相关领域的各项法律法规及制度规范文件也不断涌现,我国数据合规法律法规体系也不断发展完善。

二、地方数据发展政策及立法情况

在国家层面的各项政策指引下,地方层面也针对数字经济发展出台了相应的支持和促进政策。近年来,北京、上海、广东、浙江、贵州、山东等多地纷纷出台地方数据立法,不同于国家层面的指引性政策文件,地方层面大多通过立法的方式实现对数字经济的产业促进、制度规范以及监管保障。目前,我国的地方数据立法按照内容划分,可归纳为三种典型数据立法类型。

一是以促进数字经济发展、数字基础设施建设、数据资源开发及保护、数字产业化、智慧城市建设、数字经济安全等内容为核心的"数字经济促进条例"或"大数据发展应用条例",此类立法文件以政策性指引为主,主要目的在于为地方数字经济发展提供政策性指引,在具备多种类型数据立法的地区,此类立法文件也属于各地方为响应国家数字经济发展政策而较早出台的一批立法文件。典型的"数字经济促进"类立法如《贵州省大数据发展应用促进条例》《北京市数字经济促进条例》《湖北省数字经济促进办法》《广东省数字经济促进条例》《浙江省数字经济促进条例》,其中,《贵州省大数据发展应用促进条例》于2016年1月15日出台,全面规定了有关数据发展应用、共享开放、安全管理等方面的相关内容。

二是以规范数据合规使用、促进数据要素市场稳定运营、保障数据安全为主要内容的"数据条例",此类立法文件涵盖个人信息、数据保护、公共数据、数据资源开发和应用等多方面内容,属于综合性较强的立法文件,典型如《深圳经济特区数据条例》《上海市数据条例》《重庆市数据条例》等。其中,《上海市数据条例》还根据当地数据经济发展需要专章规定了"浦东新区数据改革""长三角区域数据合作"等内容,为当地支持数字经济发展的政策指引提供法律支持。

三是以公共数据、政务数据、网络信息安全等为主要内容的立法文件。在网络及信息安全方面,典型立法文件如2021年12月3日发布的《湖南省网络安全和信息化条例》,以网络安全保障及信息化促进为主要内容,明确重要信息系统的行业主管或监督管理部门以及重要信息系统运营者的安全保护义务及人民政府等行政机关实现信息化促进的主要措施。广东省、江苏省、浙江省等则先后发布公共数据管理办法、公共数据条例等对本区域内公共数据的使用、开放、共享、授权运营等进行规定,为加强公共数据管理,促进公共数据应用提供指引。

第二节　立法体系

一、基础性法律及司法解释

(一)《国家安全法》、《刑法》、《民法典》及相关司法解释

《国家安全法》《刑法》《民法典》等基础性法律文件中已有针对网络安全、数据安全或个人信息保护等的相关规定。其中,《国家安全法》明确规定国家建设网络与信息安全保障体系,需维护国家网络空间主权、安全和发展利益,首先从国家安全的层面确定了网络安全与数据安全的重要性,将维护网络空间安全确定为维护国家安全的重要组成部分。

《刑法》《民法典》作为我国的基本法,从不同角度对数据安全、个人信息保护等问题予以规制。《刑法》主要调整社会关系,通过明确犯罪与刑罚,通过保护公民的合法权益和维护社会秩序,来促进社会的公正和稳定。在数据安全及网络安全方面,《刑法》设置了破坏计算机信息系统罪、非法侵入计算机信息系

统罪、非法获取计算机信息系统罪、非法控制计算机信息系统罪、侵犯公民个人信息罪、拒不履行信息网络安全管理义务罪等罪名,用于规制数据处理者的数据处理行为。

《民法典》作为调整平等民事主体之间法律关系的基本法,更侧重于强调对个人信息权益的保护,《民法典》首次将个人信息权益规定为人格权的一种,从法律层面对个人信息的定义、处理原则、权益内容、处理者义务、侵权责任等进行规定,规制平等主体之间的个人信息侵权行为。

为配合基础性法律的实施,最高人民法院、最高人民检察院还出台了一系列相关司法解释。在刑事领域,最高人民法院、最高人民检察院出台的司法解释,除专门适用于计算机信息系统数据安全及个人信息安全类犯罪的司法解释外,还包括利用信息网络实施其他非数据类犯罪的司法解释。在民事领域,相关司法解释主要针对个人信息权益以及信息网络传播权的保护(见表2-1)。

表2-1 司法解释陈列

序号	司法解释名称	发布时间
1	《最高人民法院、最高人民检察院关于办理侵犯公民个人信息刑事案件适用法律若干问题的解释》	2017年5月8日
2	《最高人民法院、最高人民检察院关于办理非法利用信息网络、帮助信息网络犯罪活动等刑事案件适用法律若干问题的解释》	2019年10月21日
3	《最高人民法院关于审理利用信息网络侵害人身权益民事纠纷案件适用法律若干问题的规定》	2020年12月29日
4	《最高人民法院、最高人民检察院关于办理利用信息网络实施诽谤等刑事案件适用法律若干问题的解释》	2013年9月5日
5	《最高人民法院关于审理侵害信息网络传播权民事纠纷案件适用法律若干问题的规定》	2020年12月29日
6	《最高人民法院关于审理使用人脸识别技术处理个人信息相关民事案件适用法律若干问题的规定》	2021年7月28日

续表

序号	司法解释名称	发布时间
7	《最高人民法院、最高人民检察院关于办理利用互联网、移动通讯终端、声讯台制作、复制、出版、贩卖、传播淫秽电子信息刑事案件具体应用法律若干问题的解释》	2004年9月3日
8	《最高人民法院、最高人民检察院关于办理利用互联网、移动通讯终端、声讯台制作、复制、出版、贩卖、传播淫秽电子信息刑事案件具体应用法律若干问题的解释(二)》	2010年2月2日

(二)"三驾马车"

1.《网络安全法》

2017年6月1日正式实施的《网络安全法》是我国数据领域第一部法律，《网络安全法》要求网络运营者依法履行网络安全保护义务，包括但不限于网络实名制、建立健全用户信息保护制度、建立网络信息安全投诉、举报制度、制定应急预案等。相较普通网络运营者，关键信息基础设施运营者，还需满足设置专门的管理机构和负责人、制定应急预案并定期组织演练、每年至少进行一次安全性监测评估等特殊安全保障要求。此外，该法囊括了与数据安全、个人信息保护相关条款，为后续《数据安全法》《个人信息保护法》的出台奠定了基础。

2.《数据安全法》

《数据安全法》是我国实施数据安全监管的一部基础性法律。不同于《网络安全法》强调维护网络空间安全性的立法目的，《数据安全法》从监管者及数据处理者的角度出发，明确了数据的定义和数据安全的规制范围，以及监管者应履行的监管职责，同时规定了相关企业应当采取的数据安全保护合规措施。《数据安全法》明确规定了数据分类分级保护、数据安全风险评估预警机制等多项数据安全制度；并要求数据处理者依法依规开展数据处理活动，依法建立数据安全管理制度、加强风险监测。此外，该法还对数据出境、数据交易等数据活动作出总体性规定，奠定了数据安全保护的总体基调。

3.《个人信息保护法》

2021年11月1日，《个人信息保护法》正式生效，这意味着在个人信息保护领域,我国已形成专门性法规对其进行规制,不同于《民法典》《网络安全保护法》《电子商务法》《消费者权益保护法》中的相关条款,《个人信息保护法》以集中立法的方式确定了个人信息保护的核心与原则,也为个人信息保护监管提供了直接的法律基础,更有利于保护公民的个人信息权益。

从《个人信息保护法》的主要内容来看,本法明确了个人信息的处理原则、处理规则,对个人信息处理者的义务、法律责任等均作出了相关规定,对个人信息处理者也提出了明确的合规要求,如要求个人信息处理者收集个人信息应当遵循最小必要原则;处理个人信息应当具备明确、合理的目的;要求个人信息处理者依法履行制定内部管理制度和操作规程、对个人信息实施分类管理、采取相应的加密、去标识化等安全技术措施、合理确定个人信息处理的操作权限等个人信息保护义务。

二、重点配套法规及规范性文件

除法律外,行政法规、部门规章、部门规范性文件等也是数据领域的重要合规依据,重点配套法规及规范性文件列示如下。

(一)行政法规

1.《关键信息基础设施安全保护条例》

国务院于2021年发布的《关键信息基础设施安全保护条例》规定了关键信息基础设施安全保护的五大环节,要求运营者健全保护机制、设置专门安全管理机构、对关键信息基础设施进行年检、依法进行网络安全审查;对于未按要求履行安全保障义务的运营者,《关键信息基础设施安全保护条例》明确规定了相应的法律责任。

2.《网络数据安全管理条例》

2021年11月,国家网信办发布《网络数据安全管理条例(征求意见稿)》,该征求意见稿共九章,其中包含个人信息保护、重要数据安全、数据跨境安全管理、互联网平台运营者义务等内容。2024年9月30日,国务院正式发布《网络数据安全管理条例》(以下简称《网数条例》),结合我国网络及数据产业的实际发展情况,对"三驾马车"规定的原则性规范和制度进行内容和流程方面的细化,为网络数据处理者提供更为细致和落地的合规指引。同时,《网数条例》还对重要数据安全、网络数据跨境安全管理以及网络平台服务提供者义务等作出专章规定,进一步明确了网络数据安全管理方面的监管重点。

3.《未成年人网络保护条例》

2023年10月16日,国务院发布《未成年人网络保护条例》,该条例规定了监护人、网络服务提供者、新闻媒体等多个主体应为未成年人网络保护履行的义务。其中特别规定了网络服务提供者、个人信息处理者的个人信息保护义务,包括但不限于:不得强制要求未成年人或者其监护人同意非必要的个人信息处理行为;不得对未成年人或者其监护人查阅未成年人个人信息的合理请求进行限制;提供便捷的支持未成年人或者其监护人复制、更正、补充、删除未成年人个人信息的功能,及时受理并处理相关申请;发生或者可能发生未成年人个人信息泄露、篡改、丢失的,应当立即启动个人信息安全事件应急预案等。

4.《征信业管理条例》

2013年1月21日,国务院发布《征信业管理条例》,该条例除规定了征信监管体制、征信业务规则等内容外,特别明确了征信信息主体权益,包括信息主体对自身信用报告的知情权、异议申诉权等以及金融信用信息基础数据库,包括数据库信用信息的采集、报送、查询、使用等的相关规定。

(二)部门规章

1.《网络安全审查办法》(以下简称《审查办法》)

《审查办法》(2020年版)自2020年6月1日施行,后为落实《数据安全法》等法律法规要求,2021年国家互联网信息办公室联合相关部门修订了《审查办法》。《审查办法》(2021年版)系根据《国家安全法》《网络安全法》《数据安全法》《关键信息基础设施安全保护条例》等法律法规制定,将网络平台运营者开展数据处理活动影响或者可能影响国家安全等情形纳入网络安全审查范围,并明确要求掌握超过100万用户个人信息的网络平台运营者赴国外上市必须申报网络安全审查,并详细规定了进行网络安全审查的流程。制定该办法的主要目的是进一步保障网络安全和数据安全,维护国家安全。

2.《互联网信息服务算法推荐管理规定》

2021年，国家网信办、工信部等四部门发布了《互联网信息服务算法推荐管理规定》，该规定明确了算法推荐服务提供者的信息服务规范，包括但不限于要求算法推荐服务提供者采取措施防范和抵制传播不良信息；建立健全用户注册、信息发布审核、数据安全和个人信息保护、安全事件应急处置等管理制度和技术措施，定期审核、评估、验证算法机制机理、模型、数据和应用结果等。在用户权益保护方面，该规定明确算法推荐服务提供者应当保障用户的算法知情权、算法选择权，并针对向特殊主体提供服务的算法推荐服务提供者作出具体规范。

3.《数据出境安全评估办法》

2022年，国家网信办出台《数据出境安全评估办法》，该办法作为《网络安全法》《数据安全法》《个人信息保护法》的重要配套法规，对数据出境问题作出了专门规定。《数据出境安全评估办法》明确规定，向境外提供重要数据；关键信息基础设施运营者和处理100万人以上个人信息的数据处理者向境外提供个人信息；自上年1月1日起累计向境外提供10万人个人信息或1万人敏感个人信息的数据处理者等应当申报数据出境安全评估。此外，《数据出境安全评估办法》还对数据出境安全评估的流程、各主体在评估工作中的义务等内容作出了规定，在便利数据出境活动的同时维护国家安全和社会公共利益。

随着数据出境工作的实践持续开展，2023年2月24日出台了《个人信息出境标准合同备案指南（第一版）》，用于指导相关企业开展个人信息出境标准合同备案的相关工作。2024年3月22日，国家网信办发布了《促进和规范数据跨境流动规定》以及《数据出境安全评估申报指南（第二版）》和《个人信息出境标准合同备案指南（第二版）》，进一步明确了需要申报数据出境的主体范围以及适用情形，规范数据出境申报材料，同时公布线上数据出境申报平台。

4.《生成式人工智能服务管理暂行办法》

《生成式人工智能服务管理暂行办法》由国家网信办于2023年7月10日发布，适用于利用生成式人工智能技术向中华人民共和国境内公众提供生成文本、图片、音频、视频等内容的服务。在监管原则及制度方面，该办法对生成式人工智能服务确立包容审慎和分类分级监管原则,同时对生成式人工智能服务的提供者和使用者均提出了使用要求,要求各主体遵守法律、行政法规,尊重社会公德和伦理道德。在训练数据来源方面,《生成式人工智能服务管理暂行办法》强调数据来源的合法性及真实性,明确训练内容不得侵害他人依法享有的知识产权,涉及个人信息的,应当取得个人同意或者符合法律、行政法规规定的其他情形。对于使用生成式人工智能服务输出的结果,该办法明确需履行标识义务,明确输出结果来源。此外,《生成式人工智能服务管理暂行办法》还规定了服务提供者的安全管理义务以及备案义务。

5.《区块链信息服务管理规定》

2019年1月1日,国家网信办发布《区块链信息服务管理规定》(以下简称《区块链规定》),《区块链规定》明确,为便于对区块链信息服务进行管理,区块链信息服务提供者需履行备案手续。此外,《区块链规定》对区块链信息服务提供者的主体责任进行了明确规定。其主要包括:落实信息内容安全管理责任;具备与其服务相适应的技术条件;制定并公开管理规则和平台公约;落实真实身份信息认证制度;不得利用区块链信息服务从事法律、行政法规禁止的活动或者制作、复制、发布、传播法律、行政法规禁止的信息内容;对违反法律、行政法规和服务协议的区块链信息服务使用者,应当依法依约采取处置措施。

6.《网络交易监督管理办法》

国家市场监督管理总局于2021年3月15日出台了《网络交易监督管理办法》,该办法包括总则、网络交易经营者、监督管理、法律责任和附则等内容,明确了网络交易监管坚持鼓励创新、包容审慎、严守底线、线上线下一体化监管原则,提出推动完善多元参与、有效协同、规范有序的网络交易市场治理体系,对网络经营主体登记、新业态监管、平台经营者主体责任、消费者权益保护、个人信息保护等重点问题作出了明确规定。

7.《电信和互联网用户个人信息保护规定》

工信部于2013年7月16日发布《电信和互联网用户个人信息保护规定》,该规定共6章、25条,其内容包括电信和互联网用户个人信息的保护范围、用户个人信息收集和使用原则、用户个人信息收集和使用规则、代理商管理、安全保障制度、监督检查制度等。

8.《儿童个人信息网络保护规定》

2019年8月22日,国家网信办发布《儿童个人信息网络保护规定》,该规定针对中华人民共和国境内通过网络收集、存储、使用、转移、披露不满14周岁的儿童个人信息进行规范,对儿童个人信息的全生命周期提出更为严格审慎的规范原则,进一步明确儿童及其监护人针对儿童个人信息享有的各项权能,同时,明确了网络运营者针对儿童个人信息的专门性、特设性保护义务。

9.《中国人民银行金融消费者权益保护实施办法》

2020年9月15日,中国人民银行发布《中国人民银行金融消费者权益保护实施办法》。该办法对于消费者金融信息保护设置了专门章节予以规范,以实现保护金融消费者信息安全权为目的,从信息收集、披露和告知、使用、管理、存储与保密等方面作出规定,明确银行、支付机构及其工作人员应当对消费者金融信息严格保密,不得泄露或者非法向他人提供等。

10.《汽车数据安全管理若干规定(试行)》

2021年8月16日,国家网信办、国家发展和改革委员会、工信部、公安部、交通运输部联合发布《汽车数据安全管理若干规定(试行)》,该规定明确了汽车数据、汽车数据处理、汽车数据处理者的定义和范围,提出了汽车数据处理的一般要求和倡导原则,规定了处理个人信息和敏感信息的具体要求、处理重要数据的具体制度,同时,明确了汽车数据处理者的数据安全义务责任和义务。

除上述由工信部门、网信部门出台的专门规制数据领域的规章文件外,公安部、交通运输部、市场监督管理局等其他部门也针对所监管行业内的数据合规管理出台细则文件,如《公路水路关键信息基础设施安全保护管理办法》《公安机关联网安全监督检查规定》等。

(三)部门规范性文件

除部门规章外,各行业主管部门还针对数据领域的管理发布了多项细化的部门规范性文件,其中,以工信、网信等数据领域主管部门出台的文件为主,具体包括但不限于以下文件(见表2-2)。

表 2-2 部门规范性文件

文件名称	发布时间及部门	主要内容
《数据出境安全评估申报指南（第二版）》和《个人信息出境标准合同备案指南（第二版）》	国家互联网信息办公室，2024年3月22日	《数据出境安全评估申报指南（第二版）》《个人信息出境标准合同备案指南（第二版）》，在第一版指南的技术上对申报数据出境安全评估、备案个人信息出境标准合同的方式、流程和材料等具体要求作出了说明，对数据处理者需要提交的相关材料进行了优化简化
《个人信息出境标准合同办法》及《个人信息出境标准合同备案指南（第一版）》	国家互联网信息办公室，2023年2月24日	国家互联网信息办公室发布了《个人信息出境标准合同办法》，相应的个人信息出境标准合同文本以及《个人信息出境标准合同备案指南（第一版）》，对适用个人信息标准合同出境的情形作出明确规定，并为选择该种方式实现个人信息合规跨境流动的企业提供操作指引
《粤港澳大湾区（内地、香港）个人信息跨境流动标准合同实施指引》	国家互联网信息办公室香港创新科技及工业局，2023年12月10日	粤港澳大湾区个人信息处理者及接收方可以按照本实施指引要求，通过订立标准合同的方式进行粤港澳大湾区内内地和香港特别行政区之间的个人信息跨境流动。被相关部门、地区告知或者公开发布为重要数据的个人信息除外
《移动互联网应用程序信息服务管理规定》	国家互联网信息办公室，2022年6月14日	主要对应用程序提供者以及应用程序分发平台的义务作出规定。明确应用程序提供者应当对应用程序内的信息内容承担主体责任以及用户发布的信息进行管理，提供特殊类型服务时应当依法取得相应许可并进行评估活动。对于应用程序分发平台来说，应当履行备案义务，并建立分类管理制度
《互联网用户账号信息管理规定》	国家互联网信息办公室，2022年6月27日	对在中国境内注册、使用、管理互联网用户账号信息的行为进行规范，明确行为人应当遵守法律法规，遵循公序良俗，诚实信用，不得损害国家安全、社会公共利益或者他人的合法权益

续表

文件名称	发布时间及部门	主要内容
《常见类型移动互联网应用程序必要个人信息范围规定》	国家互联网信息办公室、工业和信息化部、公安部、国家市场监督管理总局，2021年3月12日	明确将小程序纳入监管范围，为小程序运营主体处理个人信息提供了明文依据，划定了39种常见App的基本服务功能和必要个人信息范围，为App运营者实现个人信息保护合规提供参照标准
《App违法违规收集使用个人信息行为认定方法》	国家互联网信息办公室、工业和信息化部、公安部、国家市场监督管理总局，2019年11月28日	共分为6项认定准则，包含31种场景。6项认定准则包括：未公开收集使用规则；未明示收集使用个人信息的目的、方式和范围；未经用户同意收集使用个人信息；违反必要原则，收集与其提供的服务无关的个人信息；未经同意向他人提供个人信息；未按法律规定提供删除或更正个人信息功能，或未公布投诉、举报方式等信息
《App违法违规收集使用个人信息自评估指南》	App违法违规收集使用个人信息专项治理工作组，2019年3月3日	主要用于App运营者对其他收集使用个人信息的情况进行自查自纠。App运营者应遵守《网络安全法》《消费者权益保护法》等法律要求，参考个人信息保护国家标准，持续提升个人信息保护水平
《网络产品安全漏洞收集平台备案管理办法》	工业和信息化部，2022年10月25日	明确了网络安全产品安全漏洞收集平台的备案方式、备案信息、信息变更、注销等要求，对网络产品提供者、网络运营者以及从事网络产品安全漏洞发现、收集、发布等活动的组织或个人的责任与义务，是《网络安全法》的重要配套规范之一
《工业和信息化领域数据安全管理办法（试行）》	工业和信息化部，2022年12月8日	界定了工业和信息化领域数据和数据处理者概念，明确监管范围和监管职责；同时确定数据分类分级管理、重要数据识别与备案相关要求；针对不同级别的数据，围绕数据收集、存储、加工、传输、提供、公开、销毁、出境、转移、委托处理等环节，提出相应安全管理和保护要求建立数据安全监测预警、风险信息报送和共享、应急处置、投诉举报受理等工作机制；并明确了相关违法违规行为的法律责任和惩罚措施

续表

文件名称	发布时间及部门	主要内容
《工业数据分类分级指南(试行)》	工业和信息化部，2020年2月27日	明确了工业数据的范围为工业领域产品和服务全生命周期产生和应用的数据，同时明确工业数据分类分级以提升企业数据管理能力为目标，坚持分类标识、逐类定级和分级管理相结合，为工业数据分类分级提供了政策指引和操作规范
《个人信息保护认证实施规则》	国家市场监督管理总局、国家互联网信息办公室，2022年11月4日	明确了个人信息保护认证的适用范围、认证依据、认证模式、认证实施程序、认证证书和认证标志等内容，规定了对个人信息处理者开展个人信息收集、存储、使用、加工、传输、提供、公开、删除以及跨境等处理活动进行认证的基本原则和要求。根据2023年12月15日中国网络安全审查技术与认证中心公布的消息，中国网络安全审查技术与认证中心已向珠海澳科大科技研究院、支付宝(中国)网络技术有限公司、广州希音国际进出口有限公司、北京华品博睿网络技术有限公司、京东科技信息技术有限公司5家企业颁发了我国首批个人信息保护认证证书。这标志着我国个人信息保护认证实施工作迈出了重要一步，也意味着《个人信息保护认证实施规则》在合规实践的操作层面已被落实
《互联网个人信息安全保护指南》	公安部、北京市网络行业协会，2019年4月10日	明确了个人信息安全保护的管理机制、安全技术措施和业务流程。适用于个人信息持有者在个人信息生命周期处理过程中开展安全保护工作参考使用

三、主要国家及行业标准

尽管国家标准、地方标准及行业标准并不具有法律强制力，但是这些标准为细化和具体落实合规工作提供了重要的参考依据，数据合规领域可参考的主要标准文件包括但不限于以下文件(见表2-3、表2-4、表2-5、表2-6)。

(一)网络安全及数据安全方面

表2-3 网络安全及数据安全相关国家标准

序号	名称	主要内容
1	《信息安全技术 网络数据处理安全要求》(GB/T 41479-2022)	该标准给出了网络数据处理安全的总体要求、技术要求、管理要求以及突发公共卫生安全事件时的数据处理安全要求。该标准可适用于网络运营者规范网络数据处理活动,也可用于监管部门、第三方评估机构对网络数据处理进行监督管理和评估
2	《信息安全技术 关键信息基础设施安全保护要求》(GB/T 39204-2022)	该标准在上位法的基础上提出了更多可操作性的细化要求,规定了关键信息基础设施分析识别、安全防护、检测评估、监测预警、主动防御、事件处置等方面的安全要求。该标准适用于指导运营者对关键信息基础设施进行全生存周期安全保护,也可供关键信息基础设施安全保护的其他相关方参考使用
3	《数据安全技术 数据分类分级规则》(GB/T 43697-2024)	该标准规定了数据分类分级的原则、框架、方法和流程,给出了重要数据识别指南。适用于行业领域主管(监管)部门参考制定本行业本领域的数据分类分级标准规范,也适用于各地区、各部门开展数据分类分级工作,同时为数据处理者进行数据分类分级提供参考
4	《网络安全标准实践指南—网络数据安全风险评估实施指引》(TC260-PG-20231A)	该指引给出了网络数据安全风险评估思路、工作流程和评估内容,可用于指导数据处理者、第三方机构开展数据安全评估,也可为有关主管监管部门组织开展检查评估提供参考
5	《信息安全技术 网络安全等级保护基本要求》(GB/T 22239-2019)	该标准从安全物理环境、安全通信网络、安全区域边界、安全计算环境、安全管理中心等方面规定了信息系统安全的几项管理规定,明确了网络安全等级保护的基本要求
6	《信息安全技术 网络安全等级保护测评要求》(GB/T 28448-2019)	该标准规定了网络安全等级保护的第一级到第四级等级保护对象的安全通用要求和安全扩展要求,适用于指导分等级的非涉密对象的安全建设和监督管理

续表

序号	名称	主要内容
7	《信息安全技术 网络安全等级保护实施指南》（GB/T 25058-2019）	该标准规定了等级保护对象实施等级保护工作的基本原则，等级保护实施的角色和职责以及等级保护工作的基本流程，为企业实施开展等级保护工作提供了参考
8	《信息安全技术 网络数据分类分级要求（征求意见稿）》	该标准规定了数据分类分级基本原则、数据分类方法、数据分级框架和数据定级方法等，但仍处于征求意见稿阶段，未发布正式稿

（二）个人信息保护方面

表2-4 个人信息保护相关国家标准

序号	名称	主要内容
1	《信息安全技术 个人信息安全规范》（GB/T 35273-2020）	该标准规定了开展收集、存储、使用、共享、转让、公开披露、删除等个人信息处理活动应遵循的原则和安全要求，适用于规范各类组织的个人信息处理活动，也适用于主管监管部门、第三方评估机构等对个人信息处理活动进行监督、管理和评估
2	《信息安全技术 个人信息安全影响评估指南》（GB/T 39335-2020）	该标准给出了个人信息安全影响评估的基本原理、实施流程，适用于各类组织自行开展个人信息安全影响评估工作，同时可为主管监管部门、第三方测评机构等组织开展个人信息安全监督、检查、评估等工作提供参考
3	《信息安全技术 个人信息处理中告知和同意的实施指南》（GB/T 42574-2023）	该标准给出了处理个人信息时，向个人告知处理规则、取得个人同意的实施方法和步骤，适用于个人信息处理者在开展个人信息处理活动时保障个人权益，也可为监管、检查、评估等活动提供参考

续表

序号	名称	主要内容
4	《信息安全技术　个人信息去标识化指南》（GB/T 37964－2019）	为保护个人信息安全,同时促进数据的共享使用,特制定个人信息去标识化指南标准,研究个人信息去标识化的目标、原则、技术、模型、过程和组织措施
5	《信息技术安全　个人信息去标识化效果评估指南》（GB/T 42460－2023）	该标准旨在依据个人信息能多大程度上标识个人身份（标识度）进行分级,用于评估个人信息去标识化活动的效果
6	《信息安全技术　人脸识别数据安全要求》（GB/T 41819－2022）	该标准规定了人脸识别数据的安全通用要求以及收集、存储、使用、传输、提供、公开、删除等具体处理活动的安全要求,适用于数据处理者安全开展人脸识别数据处理活动
7	《信息安全技术　基因识别数据安全要求》（GB/T 42016－2022）	该标准规定了基因识别数据及关联信息的收集、存储、使用、加工、传输、提供、公开、删除等数据处理活动的安全要求,适用于基因识别数据及关联信息的处理者规范数据处理活动
8	《信息安全技术　声纹识别数据安全要求》（GB/T 41807－2022）	该标准规定了声纹识别数据的收集、存储、使用、传输、提供、公开、删除等活动中,对数据处理者的安全要求,适用于规范数据处理者的声纹识别数据处理行为
9	《信息安全技术　步态识别数据安全要求》（GB/T 41773－2022）	该标准规定了步态识别数据收集、存储、传输、使用、加工、提供、公开、删除等数据处理活动的安全要求。该标准适用于步态识别数据处理者规范数据处理活动

续表

序号	名称	主要内容
10	《信息技术 生物特征识别 人脸识别系统测试方法》（GB/T 42981－2023）	该标准规定了人脸识别系统测试的一般要求，描述了人脸识别系统的功能测试方法、性能测试方法以及活体检测测试方法。该标准适用于第三方检验检测机构开展人脸识别系统测试，开发和应用人脸识别系统的相关机构参照本文件开展测试活动
11	《个人金融信息保护技术规范》（JR/T 0171－2020）	该标准规定了个人金融信息在收集、传输、存储、使用、删除、销毁等生命周期各环节的安全防护要求，从安全技术和安全管理两个方面，对个人金融信息保护提出了规范性要求，适用于提供金融产品和服务的金融业机构，并为安全评估机构开展安全检查与评估工作提供参考
12	《数据安全技术 个人信息保护合规审计要求（征求意见稿）》	该文件提出了个人信息保护合规审计原则，规定了个人信息保护合规审计的实施要求，适用于个人信息处理者开展个人信息保护合规审计工作
13	《信息安全技术 敏感个人信息处理安全要求（征求意见稿）》	该标准给出了敏感个人信息界定方法，规定了敏感个人信息处理安全要求，适用于规范个人信息处理者的敏感个人信息处理活动，也可为监管部门、第三方评估机构对个人信息处理者开展敏感个人信息处理活动进行监督、管理、评估提供参考

(三) App 治理方面

表 2-5 App 治理相关国家标准

序号	名称	主要内容
1	《信息安全技术 移动互联网应用程序(App)个人信息安全测评规范》(GB/T 42582-2023)	该标准规定了开展移动互联网应用程序个人信息安全测评的测评流程以及对各项安全要求进行测评的方法
2	《信息安全技术 移动互联网应用程序(App)生命周期安全管理指南》(GB/T 42884-2023)	该标准提供了移动互联网应用程序(App)生命周期阶段管理过程和风险监测管理过程的安全管理指南
3	《信息安全技术 移动互联网应用程序(App)软件开发工具包(SDK)安全要求》(GB/T 43435-2023)	该标准提供了移动互联网应用程序(App)生命周期阶段管理过程和风险监测管理过程的安全管理指南,适用于App提供者对App的开发、运营等生命周期安全管理,App分发平台管理者和移动智能终端厂商等参考使用
4	《数据安全技术 应用商店的移动互联网应用程序(App)个人信息处理规范性审核与管理指南》(GB/T 43739-2024)	该标准给出了应用商店运营者对移动互联网应用程序(App)个人信息处理规范性审核与管理指南
5	《网络安全标准实践指南—移动互联网应用基本业务功能必要信息规范》(TC260-PG-20191A)	该文件依据个人信息最小必要原则,针对移动互联网应用中存在的超范围收集、强制授权、过度索权等个人信息安全问题,结合当前移动互联网技术及应用现状,围绕用户数量大、社会关注度高的移动互联网应用基本业务功能,给出了保障其正常运行所需收集的个人信息
6	《网络安全标准实践指南—移动互联网应用程序(App)收集使用个人信息自评估指南》(TC260-PG-20202A)	参照《App违法违规收集使用个人信息行为认定方法》和相关国家标准,结合检测评估工作经验,归纳总结出App收集使用个人信息的六个评估点:是否公开收集使用个人信息的规则;是否明示收集使用个人信息的目的、方式和范围;是否征得用户同意后才收集使用个人信息;是否遵循必要原则,仅收集与其提供的服务相关的个人信息;是否经用户同意后才向他人提供个人信息;是否提供删除或更正个人信息功能,或公布投诉、举报方式等信息,供App运营者自评估参考使用。小程序、快应用等运营者也可参考其中的适用条款进行自评估

续表

序号	名称	主要内容
7	《网络安全标准实践指南—移动互联网应用程序（App）个人信息保护常见问题及处置指南》（TC260-PG-20203A）	针对 App 存在的超范围收集、强制索权、频繁索权、未同步告知收集目的等问题，基于对相关问题出现频率的统计，给出了当前 App 个人信息保护十大常见问题和处置指南
8	《网络安全标准实践指南—移动互联网应用程序（App）系统权限申请使用指南》（TC260-PG-20204A）	针对 App 申请使用系统权限存在的强制、频繁、过度索权，及捆绑授权、私自调用权限上传个人信息、敏感权限滥用等典型问题，给出 App 申请使用系统权限的基本原则和安全要求

（四）各行业数据合规管理方面

表 2-6 行业数据合规相关国家标准

序号	名称	行业	主要内容
1	《信息安全技术 健康医疗数据安全指南》（GB/T 39725-2020）	医疗	该标准给出了健康医疗数据控制者在保护健康医疗数据时可采取的安全措施
2	《信息安全技术 网络支付服务数据安全要求》（GB/T 42015-2022）	支付	该标准规定了网络支付服务收集、存储、传输、使用、加工、提供、公开、删除、出境等数据处理活动的安全要求
3	《信息安全技术 网上购物服务数据安全要求》（GB/T 42014-2022）	电商	该标准规定了网络支付服务收集、存储、传输、使用、加工、提供、公开、删除、出境等数据处理活动的安全要求，适用于网络支付服务提供者规范数据处理活动
4	《信息安全技术 网络预约汽车服务数据安全要求》（GB/T 42017-2022）	网约车	该标准规定了网络预约汽车服务的收集、存储、使用、加工、提供、公开、出境等数据处理活动的安全要求
5	《信息安全技术 快递物流服务数据安全要求》（GB/T 42013-2022）	物流	该标准规定了快递物流服务收集、存储、传输、使用、加工、提供、公开、删除、出境等数据处理活动的安全要求

续表

序号	名称	行业	主要内容
6	《金融数据安全 数据生命周期安全规范》(JR/T 0223－2021)	金融	该安全规范规定了金融数据生命周期安全原则、防护要求、组织保障要求以及信息系统运维保障要求,建立覆盖数据采集、传输、存储、使用、删除及销毁过程的安全框架

第三节 行政监管部门及执法动态

一、数据合规领域行政执法动态概览

虽然数据合规领域涉及的法律法规数量较大,但有关监管部门在进行行政执法时的主要依据还是《网络安全法》《数据安全法》《个人信息保护法》,因此,本节通过对监管部门以上述三部法律为依据进行行政执法的情况,对数据合规领域行政执法的总体情况进行分析。

(一)《网络安全法》

截至2024年10月22日,以"网络安全法"为处罚依据,在"北大法宝法律信息库"行政处罚板块[1]中进行检索的结果,共检索到353篇行政处罚相关文书。

从处罚对象的分类看:对机构进行处罚的行政处罚文书数量为37,754篇,对个人进行行政处罚的行政处罚文书数量为70,497篇。

从处罚种类的分类看:监管部门作出的行政处罚以警告、通报批评为主,占比43%,占比最少的行政处罚措施为经营限制类处罚,含限制开展生产经营活动、责令停产停业、责令关闭、限制从业(见图2-1)。

---

[1] 资料来源:https://pkulaw.com/penalty? way = topGuid。

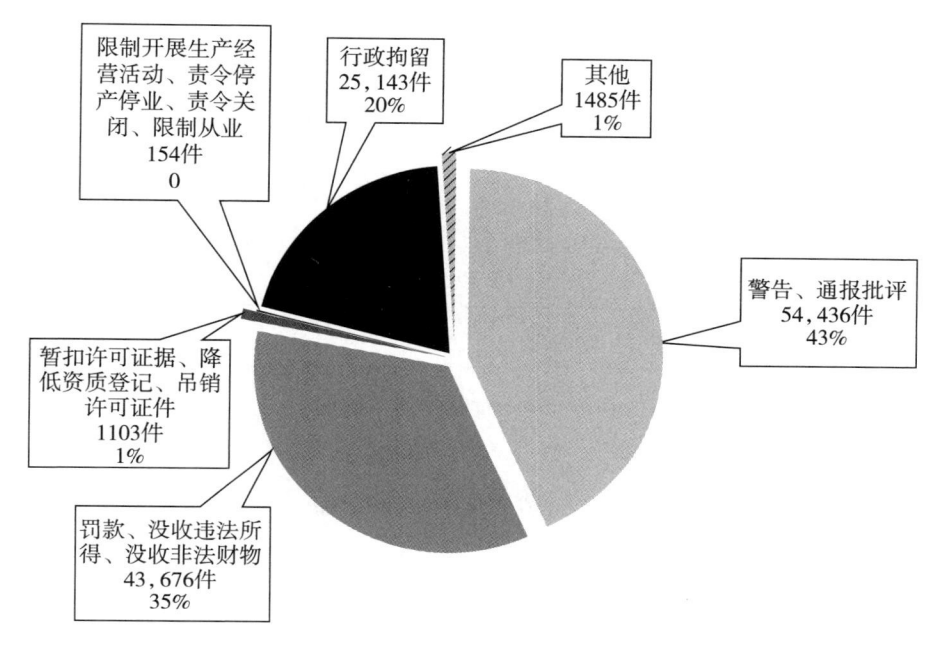

图 2-1 《网络安全法》执法情况统计

从处罚机关的类型主体分类看(见图 2-2):依据《网络安全法》作出行政处罚决定的主要为公安机关工信部、国家网信办等数据合规专项监管部门也依据《网络安全法》作出过行政处罚,但数量相对较少。国家网信办及地方网信办作出的 11 起行政处罚决定中,2 起为国家网信办作出的网络安全审查相关行政处罚;其余为地方网信办针对涉嫌编造、传播虚假信息,扰乱经济秩序和社会秩序;发布不良信息;上架违规 App 等违法违规行为作出的行政处罚。

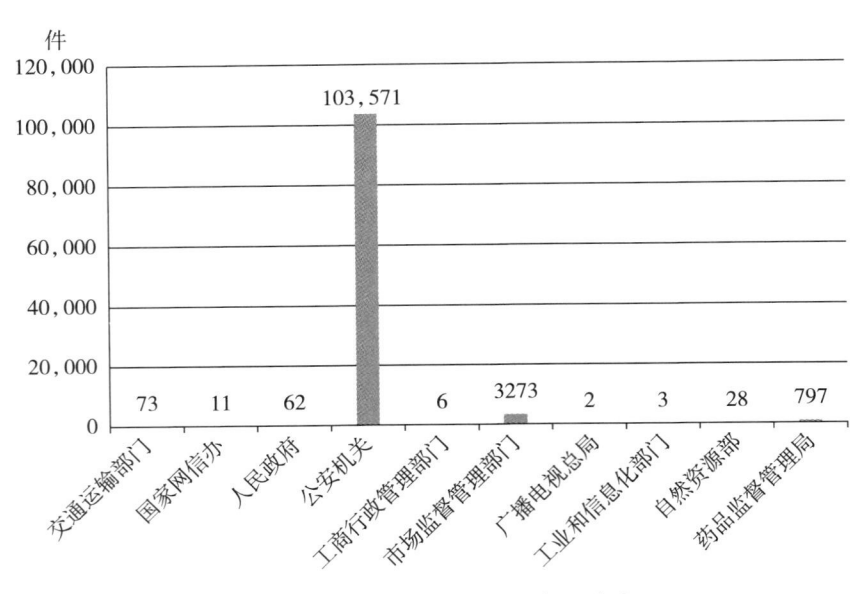

图 2-2 《网络安全法》执法部门统计

各部门执法数量（件）：交通运输部门 73、国家网信办 11、人民政府 62、公安机关 103,571、工商行政管理部门 6、市场监督管理部门 3273、广播电视总局 2、工业和信息化部门 3、自然资源部 28、药品监督管理局 797。

从处罚日期的分布情况看（见图 2-3）：行政处罚数量自 2019 年起出现大幅增加，至 2022 年时达到峰值，高达 35,979 件，且在此期间依据《网络安全法》进行处罚的主要监管部门为公安机关，可分析得出公安机关自 2019 年起部署开展的"净网"专项活动对相关行政执法案例数量的上升存在较大影响。

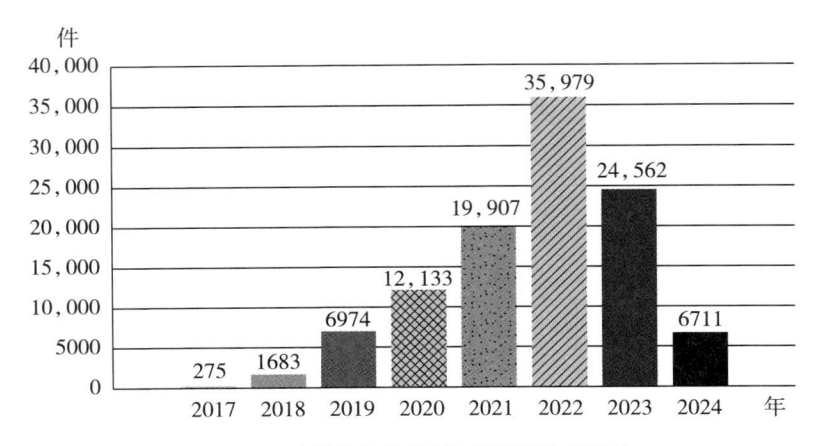

图 2-3 《网络安全法》执法案件数量统计

年份	案件数（件）
2017	275
2018	1683
2019	6974
2020	12,133
2021	19,907
2022	35,979
2023	24,562
2024	6711

(二)《数据安全法》

截至 2024 年 10 月 22 日,以"数据安全法"为法律依据,在"北大法宝法律信息库"行政处罚板块中进行检索的结果,共检索到 353 篇行政处罚相关文书。

从处罚对象的分类看:对机构进行处罚的行政处罚文书数量为 261 篇,对个人进行行政处罚的行政处罚文书数量为 92 篇。

从所采取处罚措施的种类看:主要采取的行政处罚措施类型为警告、通报批评,占所统计行政执法案件总数的 67%(见图 2-4)。

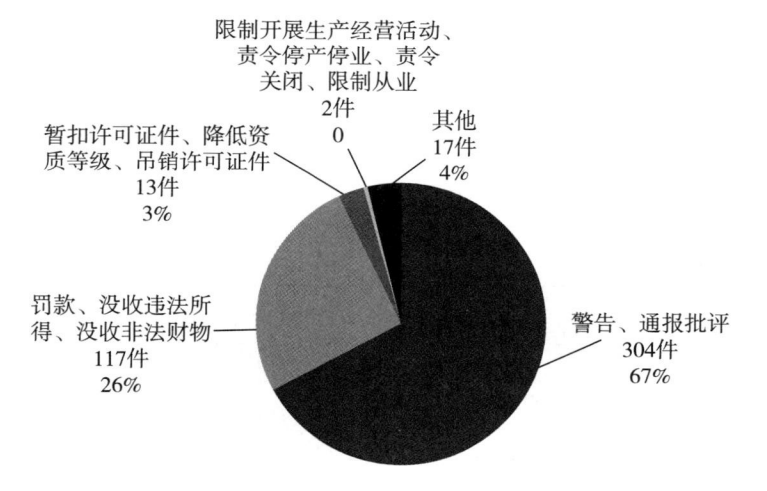

图 2-4 《数据安全法》执法情况统计

从处罚机关的类型看(见图 2-5):依据《数据安全法》作出行政处罚决定的处罚机关仅有公安机关、网信办以及工商行政管理部门,且在二者中以公安机关作出的行政处罚决定为主。

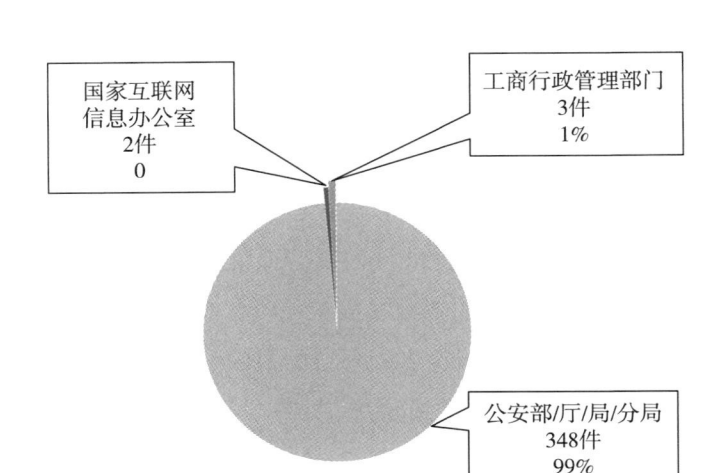

图 2-5 《数据安全法》执法部门统计

从处罚日期的分布看(见图 2-6):2023 年依据《数据安全法》作出的行政处罚数量最多,且明显高于其他年份。

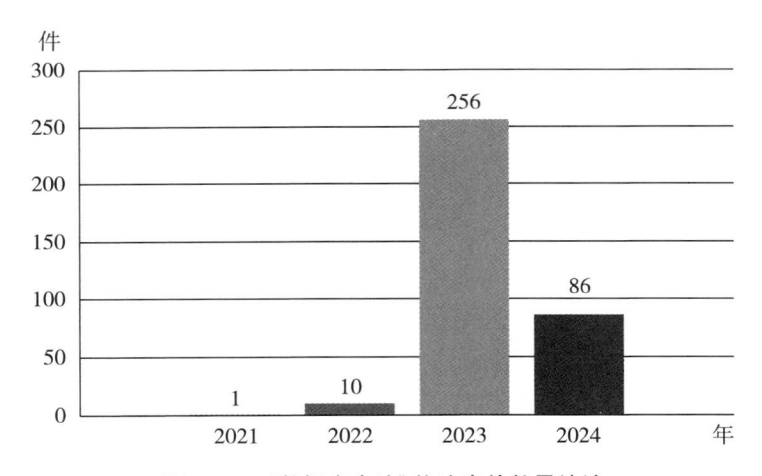

图 2-6 《数据安全法》执法案件数量统计

(三)《个人信息保护法》

截至 2024 年 10 月 22 日,以"个人信息保护法"为"处罚依据",在"北大法宝法律信息库"行政处罚板块中进行检索的结果,共检索到 764 篇行政处罚相关文书。

从处罚对象的分类看:对机构进行处罚的行政处罚文书数量为 676 篇,对个人进行行政处罚的行政处罚文书数量为88篇。

从所采取处罚措施的种类看:主要采取的行政处罚措施类型为警告、通报批评,占所统计行政执法案件总数的68%(见图2-7)。

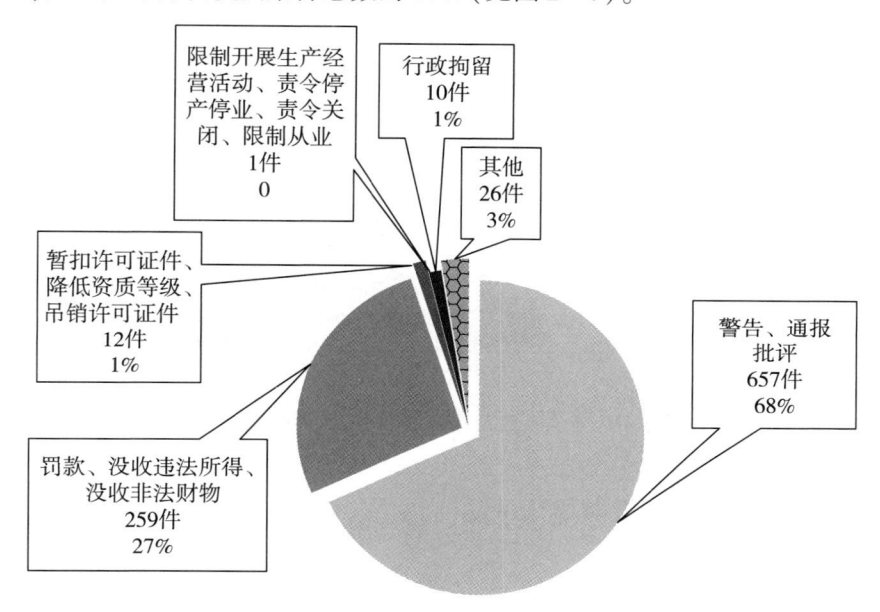

图2-7 《个人信息保护法》执法情况统计

饼图数据:
- 限制开展生产经营活动、责令停产停业、责令关闭、限制从业 1件 0
- 行政拘留 10件 1%
- 其他 26件 3%
- 暂扣许可证件、降低资质等级、吊销许可证件 12件 1%
- 警告、通报批评 657件 68%
- 罚款、没收违法所得、没收非法财物 259件 27%

从处罚机关的类型看(见图2-8):依据《个人信息保护法》作出行政处罚决定的处罚机关主要为公安机关。

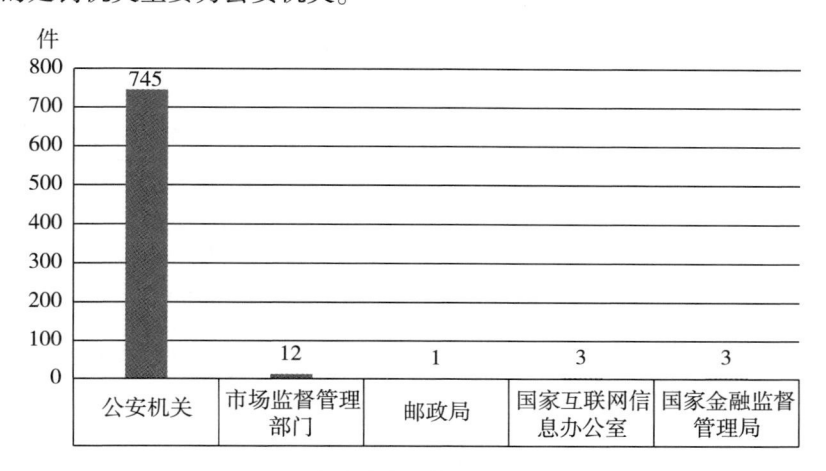

图2-8 《个人信息保护法》执法部门统计

柱状图数据(件):
- 公安机关:745
- 市场监督管理部门:12
- 邮政局:1
- 国家互联网信息办公室:3
- 国家金融监督管理局:3

从处罚日期的分布看(见图2-9):2021年《个人信息保护法》生效,依据《个人信息保护法》作出行政处罚的案件开始出现,2022年达到近年来的案件数量峰值。

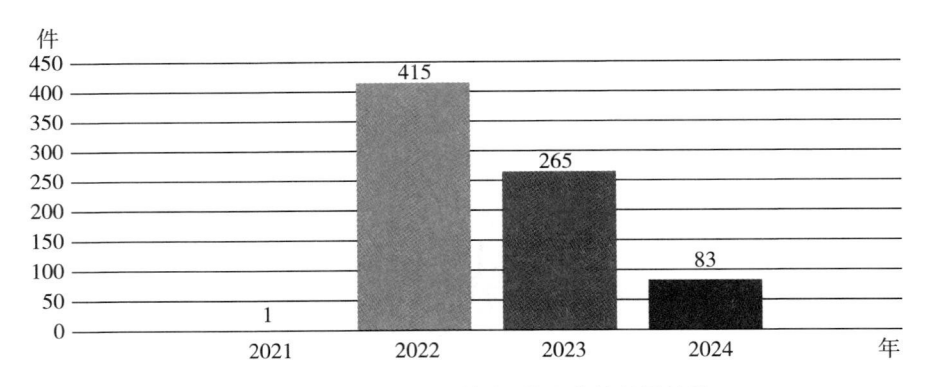

件
年份	2021	2022	2023	2024
件数	1	415	265	83

图2-9 《个人信息保护法》执法案件数量统计

二、主要监管部门及其执法行动

(一)工信部门

1. 机构设置及主要职责

工信部是根据2008年3月11日公布的国务院机构改革方案,组建的国务院组成部门,与其下属地方主管部门——各级经济和信息化局(或工业和信息化厅)通信管理局(以下简称通信管理局)共同承担网络建设、新技术安全管理、信息系统的安全和应急处置等方面的职责。

经几次机构调整后,工信部现有23个内设机构,包含信息化和软件服务业司、信息通信管理局、网络安全管理局、信息通信发展司等。

依据《中央编办关于工业和信息化部有关职责和机构调整的通知》(中央编办发〔2015〕17号,以下简称《调整通知》),工信部的机构职责主要包含两部分:一是负责网络强国建设相关工作,推动实施宽带发展,负责互联网行业管理、信息通信业准入管理,指导电信及互联网行业组织自律管理,负责信息通信领域网络与信息安全保障体系建设,拟定互联网数据安全管理政策等;二是加强和改善工业和通信业行业管理,加快推进信息化和工业化发展。

在各内设机构中,主要承接信息系统安全管理以及网络安全管理职责的分别是信息通信管理局及网络安全管理局。信息通信管理局的主要职责是依法对电信和互联网等信息通信服务实行监管,承担互联网行业管理;承担市场秩序、设备进网、服务质量、用户权益和个人信息保护等监管工作;拟订网络有关数据采集、传输、存储、使用管理政策,规范信息通信服务市场等。网络安全管理局的主要职责是承担电信、互联网行业的信息安全及网络安全相关工作,指导和督促电信和互联网企业落实网络与信息安全管理责任,组织开展网络环境和信息治理,承担电信、互联网网络与信息安全监测及应急管理处置,承担电信网、互联网网络数据和用户信息安全保护管理工作等。

2. 主要执法内容及执法行动

根据工信部于2023年1月29日编制并发布的《工业和信息化部行政执法事项清单(2022年版)》,由工信部负责的行政执法事项共计296项,其中,涉及网络安全领域的共计38项,涉及数据安全领域的共计15项,涉及个人信息保护领域的共计4项,除依法对未履行数据安全保护义务、网络安全义务的主体进行行政处罚外,还包括依法对电信业务经营者、互联网信息服务提供者保护用户个人信息的情况、网络日志留存情况等法定义务履行情况实施监督检查,督促相关主体履行法定义务。

除履行日常监管及执法职责外,工信部还针对App治理、数据安全等问题组织开展多项执法行动,包括但不限于以下内容。

(1) App侵害用户权益专项整治工作:2019年10月31日,工信部发布《工业和信息化部关于开展App侵害用户权益专项整治工作的通知》,并按计划、分阶段稳步推进App侵害用户权益专项整治行动。该通知明确,工信部将对存在问题的App统一进行通报,依法依规予以处理,具体措施包括责令整改、向社会公告、组织App下架、停止App接入服务,以及将受到行政处罚的违规主体纳入电信业务经营不良名单或失信名单等。2020年7月22日,工信部又发布《工业和信息化部关于开展纵深推进App侵害用户权益专项整治行动的通知》进行专项整治活动。此后,工信部对存在问题的App进行通报已成为工信部对App进行监管的重要方式之一,也成为一项持续性开展的专项整治工作。工信部除自行组织第三方检测机构针对有关手机应用软件进行专项检查外,还统一部署各省(含自治区和直辖市)的通信管理局积极开展 App 技术检测,现各地通信管理局也通过"技术监测+违规通报"的方式对 App 进行监管,该项整治工作已形成地方与中央的监管合力。

(2)互联网行业专项整治行动:2021年7月23日,工信部正式启动为期半年的专项整治行动,对于互联网行业扰乱市场秩序、侵害用户权益、威胁数据安全、违反资质和资源管理规定等方面规定的 8 类问题进行整治,通过企业自查整改,畅通监督线索渠道,加强监督检查等方式履行监管职责。

(二)网信部门

1. 机构设置及主要职能

网信部门包括中央网信办及国家网信办,国务院 2018 年 3 月 22 日发布的《国务院关于机构设置的通知》中明确,国家网信办与中央网信办属于一个机构两块牌子的关系。国家网信办成立于 2011 年 5 月初,主要职责包括:(1)落实互联网信息传播方针政策和推动互联网信息传播法制建设;(2)指导、协调、督促有关部门加强互联网信息内容管理;(3)负责网络新闻业务及其他相关业务的审批和日常监管;(4)指导有关部门做好网络游戏、网络视听、网络出版等网络文化领域业务布局规划;(5)协调有关部门做好网络文化阵地建设的规划和实施工作;(6)负责重点新闻网站的规划建设;(7)组织、协调网上宣传工作;(8)依法查处违法违规网站;(9)指导有关部门督促电信运营企业、接入服务企业、域名注册管理和服务机构等做好域名注册、互联网地址(IP 地址)分配、网站登记备案、接入等互联网基础管理工作;(10)在职责范围内指导各地互联网有关部门开展工作等。

在执法依据层面,除《网络安全法》第 8 条、《数据安全法》第 6 条、《个人信息保护法》第 60 条外,2023 年 3 月 18 日,国家网信办发布《网信部门行政执法程序规定》(国家互联网信息办公室令第 14 号),明确了网信部门依据《网络安全法》《数据安全法》《个人信息保护法》等法律、行政法规实施行政处罚等行政执法的程序性规定,从管辖适用、行政处罚程序、执行和结案等方面明确执法程序,规范执法行为。

2. 主要执法内容及执法行动

在执法实践层面，国家网信办及各地方网信系统主要监管领域及执法任务包括：

（1）积极开展网络生态综合治理、违法违规平台查处，综合运用执法约谈、责令整改、处置账号、移动应用程序下架、暂停功能或更新、关闭网站、罚款、处理责任人、通报等多种处置处罚手段，对严重违反有关互联网信息内容管理法律法规以及侵犯用户个人信息权益、损害数据安全的网站平台等，依法予以严处；

（2）负责进行网络安全方面的审查及监管工作，其中最为典型的执法案例为 2022 年 7 月 21 日，国家网信办对滴滴全球股份有限公司依法作出网络安全审查相关行政处罚，对滴滴全球股份有限公司处罚款高达人民币 80.26 亿元；

（3）负责数据出境安全评估活动，根据《数据出境安全评估办法》（国家互联网信息办公室令第 11 号）的相关规定，数据处理者向境外提供数据，符合进行数据出境安全评估条件的情形的，应通过所在地省级网信部门向国家网信部门负责组织进行数据出境安全评估。

近年来，国家网信办组织开展过多次专项行动，其中最为典型的是多次开展的"清朗"行动：自 2021 年 5 月起，国家网信办部署开展"清朗"系列专项行动，出"重拳"治理网络乱象，行动重点包括：整治网上历史虚无主义，治理算法滥用行为，打击网络水军、流量造假、黑公关，整治未成年人网络环境，整治 PUSH 弹窗新闻信息突出问题，规范网站账号运营，整治网上文娱及热点排行乱象等。自 2021 年起，每年度的"清朗"行动治理重点均有所不同，2023 年"清朗"系列专项行动将聚焦"自媒体"乱象、网络水军操纵信息内容、规范重点流量环节网络传播秩序等 9 方面问题。2024 年 1 月 29 日起，中央网信办启动为期 1 月的"清朗·2024 年春节网络环境整治"专项行动，对宣扬猎奇行为、违背公序良俗、散布网络戾气、煽动群体对立、炮制虚假信息、恶意营销炒作、危害未成年人身心健康等问题进行重点整治。除"清朗"行动外，国家网信办还与其他部门联合开展"剑网""净网"等多项联合执法行动，打击利用互联网实施的违法违规行为。

(三)安全部门

1. 国家安全机关

《国家安全法》第25条及《数据安全法》第1条均规定了"网络空间主权"的概念,网络空间治理以数据为内容,且部分国家重要领域及关键行业的数据本身就可能归属于国家保密信息的范畴。根据《反间谍法》第4条的规定,间谍行为包括针对"关系国家安全和利益的数据",对于此类间谍行为,国家安全机关工作人员有权依据《反间谍法》第40条的规定履行相应职责。此外,《数据安全法》第6条也明确规定了国家安全机关在其职责范围内承担数据安全监管职责。

在当前国际形势下,数据安全与国家安全具有强关联的趋势。近年来,发生了多起境外机构窃取我国重点领域国家秘密和情报的国家安全案件,在此类案件中,境外机构通过借助国内咨询公司等行业,要求国内从业人员向其提供与国家秘密相关的重要领域与行业数据、保密信息等内容。如涉及的数据安全问题已经上升到国家安全的层面,那么国家安全机关也有权对此进行执法。

2. 公安机关

公安机关的执法职责包括行政执法行为以及打击刑事犯罪行为。在行政执法层面,公安机关负责指导、监督网络运营者、数据处理者落实法定义务,落实防范黑客攻击入侵和窃取数据的安全管理制度和技术措施,对网络和数据安全进行日常监督及执法;在打击刑事犯罪行为方面,公安机关坚持严厉打击破坏计算机信息系统类犯罪、利用网络实施的犯罪以及侵犯公民个人信息罪等犯罪行为,对相关案件进行深入侦办。

(1)行政执法方面

根据《网络安全法》第63条、第64条、第67条及第75条的规定,从事危害网络安全的活动,或者提供专门用于从事危害网络安全活动的程序、工具,或者为他人从事危害网络安全的活动提供技术支持、广告推广、支付结算等帮助的;窃取或以其他非法方式获取、非法出售或者非法向他人提供个人信息的;设立用于实施违法犯罪活动的网站、通讯群组,或者利用网络发布涉及实施违法犯罪活动的信息的;公安部门有权对上述违法行为采取行政处罚措施。同时,《数据安全法》也规定："公安机关依照法律、行政法规的规定，在职责范围内承担数据安全监管职责"。

近年来，公安机关通过2023"净网"、全国网络安全部门"百日行动"等专项行动等专项执法行动，严厉打击扰乱社会公共秩序的造谣传谣行为，以及违法违规网络暴力行为，对网络环境进行专项整治。同时，针对网络安全及数据安全问题，公安机关积极推进日常监督检查及执法活动。根据公安部网安局公布的数据，2022年，全国公安机关认真组织、周密部署，扎实开展网络安全监督检查工作。其间，部省市三级公安机关累计对3.5万家单位开展了执法检查，下发限期整改通知书4.6万份，有力确保了网络和数据安全。[1]

（2）打击刑事犯罪方面

在打击网络和数据安全犯罪活动方面，近年来，公安部积极组织开展打击危害网络和数据安全犯罪等一系列专项行动，依法严惩非法侵入、控制、破坏计算机信息系统等行为，并加强国际执法合作，联合打击境外黑客对我国网络攻击活动。此外，公安机关还针对侵犯公民个人信息犯罪、电信网络诈骗犯罪等开展专项治理活动，对利用网络实施的犯罪行为进行严厉打击。

（四）市场监督管理部门

消费者在日常消费过程中会对涉及网络安全、数据安全尤其是个人信息保护方面的违法行为进行投诉或举报，因此，各地市场监督管理部门也会对此进行处理。依据《消费者权益保护法》，消费者享有个人信息依法受到保护的权益，经营者收集、使用消费者个人信息，应当遵循合法、正当、必要的原则，明示收集、使用信息的目的、方式和范围，并经消费者同意。同时，《消费者权益保护法》第56条规定，经营者侵犯消费者个人信息依法得到保护的权利的，除承担相应的民事责任外，还可由工商行政管理部门或者其他有关行政部门依法对其进行行政处罚。

在执法实践层面，市场监督管理部门也开展过多次保护消费者个人信息的

---

[1] 参见《公安部网安局相关负责人就"维护国家网络和数据安全"答记者问》，载微信公众号"公安部网安局"2023年7月7日，https://mp.weixin.qq.com/s/P23IUSzgF_qltkuCRjsSfA。

专项执法行动,典型如:(1)2019年4月1日至9月30日,市场监督管理总局办公厅发布通知,在全国范围内部署开展"守护消费"打击侵害消费者个人信息违法行为专项执法行动;(2)2023年6月16日,上海市委网信办、市市场监管局以及部分行业主管部门联合开展为期半年的"亮剑浦江·消费领域个人信息权益保护专项执法行动"。在市委网信办指导下,市市场监管局等部门聚焦餐饮店、商超购物、房产中介、汽车4S店等8个社会关注度较高、个人信息被滥用和过度索取乱象突出的消费场景,分阶段、分重点、分领域开展消费领域个人信息权益保护专项执法行动。

(五)金融行业主管部门

针对金融行业,国家金融监督管理总局以及中国人民银行主要负责对各金融机构的数据治理工作等进行监管。监管重点主要包括两个方面:一是金融机构的数据安全管理情况;二是对金融消费者个人信息的保护情况。

1. 金融机构数据安全管理执法

在对金融机构的数据安全管理监管方面,由国家金融监督管理总局负责对银行业机构、保险业机构、金融控股公司等的科技监管,对银行业机构、保险业机构、金融控股公司等与信息技术服务机构等中介机构的信息科技外包等合作行为进行监管。由中国人民银行负责组织制定金融业信息化发展规划,负责金融标准化组织管理协调和金融科技相关工作,指导金融业网络安全和信息化工作。

根据毕马威发布的《金融业监管2023年全年数据处罚分析及洞察建议》统计的数据,2023年,中国人民银行及国家金融监督管理总局向银行、保险、证券等金融机构共开出罚单2791张,处罚金94.10亿元。其中,因数据质量处罚法人数量最高,为604家,罚单数量最多,为1253张,因数据合规罚金金额最高,约50.39亿元;数据合规方面,银行业处罚原因以数据收集、存储、使用和查询为主,保险业处罚原因以数据存储为主,非银行支付机构处罚原因以数据存储、泄露为主。[1]

---

[1] 参见毕马威中国:《金融业监管2023年全年数据处罚分析及洞察建议》,载微信公众号"毕马威KPMG"2024年3月4日,https://mp.weixin.qq.com/s/SgqTWYlrbifLMJiUrGmhaw。

2. 金融消费者个人信息保护执法

在对金融消费者的个人信息保护方面，2023年3月前，主要由中国人民银行负责金融消费者的保护工作，2023年3月后，《党和国家机构改革方案》明确在中国银行保险监督管理委员会基础上组建国家金融监督管理总局，保护金融消费者的职责由国家金融监督管理总局承担。自国家金融监督管理总局承担该项职责后，已对多起违法违规处理金融消费者个人信息案件进行执法，并于2023年10月10日发布了金融监管总局金融消费者权益保护典型案例，其中就包含对消费金融公司、商业银行非法获取或使用消费者个人信息的监督及执法案例。

（六）人民检察院

除行政机关外，人民检察院也会通过公益诉讼、检察建议等方式履职，对个人信息保护等问题进行法律监督。

1. 个人信息权益保护公益诉讼

《个人信息保护法》在法律层面明确了检察机关提起个人信息保护公益诉讼的职能。人民检察院积极履职，各地人民检察院都已有关于个人信息保护的公益诉讼案例。2023年3月30日，最高人民检察院发布一批个人信息保护检察公益诉讼典型案例，在《最高检第八检察厅负责人就个人信息保护检察公益诉讼典型案例答记者问》中明确，《个人信息保护法》实施一周年以来，全国检察机关2022年共立案办理个人信息保护公益诉讼案件6000余件，对于大规模处理个人信息的互联网平台、侵害特定群体个人信息安全的行为、特定行业内存在的侵害个人信息行为进行重点整治。

2. 发布检察建议

除公益诉讼制度外，人民检察院还通过发布检察建议的方式，督促有关行政机关依法履职，促使违规主体依法进行整改。典型如在"湖南省长沙市望城区人民检察院督促保护个人生物识别信息行政公益诉讼案"中，人民检察院向市场监督管理部门发出检察建议，并邀请人民代表大会代表、中国人民政治协商会议委员、志愿者及专家学者担任听证员，就行政机关是否已依法全面履职、社会公共利益是否得到有效保护等事项召开公开听证会。

（七）数据领域多部门联合执法行动

除各监管部门独立开展的专项执法行动外，各部门还开展了多项联合执法行动，针对数据及互联网领域存在的问题进行联合监管，包括但不限于以下内容。

1."断卡行动"

2020年10月11日，国务院打击治理电信网络新型违法犯罪工作部际联席会议决定在全国范围内开展"断卡行动"，要求严厉打击非法开办贩卖电话卡银行卡违法犯罪。

2021年6月2日，工信部及公安部联合发布《关于依法清理整治涉诈电话卡、物联网卡以及关联互联网账号的通告》，明确要依法清理整治涉诈电话卡、物联网卡以及关联互联网账号，凡是实施非法办理、出租、出售、购买和囤积电话卡、物联网卡以及关联互联网账号的相关人员，应停止相关行为，且电信主管部门、公安机关将持续深入推进"断卡行动"，进一步加大"断卡行动"的执法监管力度。

公开数据显示，2020年10月至2021年10月，国务院打击治理电信网络新型违法犯罪工作部际联席会议办公室先后组织开展6次全国集群战役，全国公安机关坚持摧网络、打团伙、断通道，累计打掉涉"两卡"违法犯罪团伙2.7万个，查处违法犯罪嫌疑人45万名，查处金融机构和通信企业内部人员1000余名，工信部组织通信企业集中清理电话卡6400余万张，拉网排查物联网卡14亿张。人民银行组织清理"不动户""一人多卡"和频繁挂失补换卡等异常银行账户14.8亿个，对130余家银行和支付机构开展专项检查，暂停620家银行网点1~6个月开户业务。[1] 多部门联合执法行动取得了显著成效。

2.建立打击危害公民个人信息和数据安全违法犯罪长效机制

2020年4月，经中央领导批准，公安部与中央网信办牵头，由公安部、中央网信办、最高人民法院、最高人民检察院、工信部、国家市场监督管理总局等单

---

[1] 参见《查处违法犯罪嫌疑人45万名！全国"断卡"行动成效显著》，载微信公众号"广东刑警"2021年10月15日，https://mp.weixin.qq.com/s/RVQ_cITPgN-gorENVhgC7Q。

位共同建立打击危害公民个人信息和数据安全违法犯罪长效机制。针对公民个人信息泄露事件频发、侵犯公民个人信息违法犯罪活动突出等问题,各部门充分发挥职能优势,通过严厉惩治犯罪,加强法律指导,突出联合整治,加强行业监管等方式构建保护公民个人信息和数据安全的社会综合治理体系。

3. App 违法违规收集使用个人信息专项整治行动

2019 年 1 月 23 日,中央网信办、工信部、公安部、市场监管总局联合发布《关于开展 App 违法违规收集使用个人信息专项治理的公告》,规定自 2019 年 1 月至 12 月,在全国范围内组织开展 App 违法违规收集使用个人信息专项治理。该公告明确,全国信息安全标准化技术委员会、中国消费者协会、中国互联网协会、中国网络空间安全协会等机构应当依法依规编制评估要点,对 App 违法违规使用个人信息的情况进行评估,有关主管部门应加强对违法违规收集使用个人信息的行为进行监管处罚,公安机关负责开展打击整治网络侵犯公民个人信息违法犯罪专项工作,依法严厉打击相关违法犯罪行为。

据中央网信办于 2020 年 5 月发布的消息,专项治理活动开展期间,各部门执法行动均取得显著成效,其中:中央网信办及市场监管总局联合推进 App 个人信息安全认证制度;工信部重点整治违规收集使用用户个人信息问题行为,整改 236 款 App、公开通报 56 款 App、下架 3 款 App;公安部依法整改、查处相关 App 达 3000 款以上;市场监管总局立案查处各类侵害消费者个人信息案件 1474 件,罚没款项 1946 万余元。[1]

---

[1] 参见《App 违法违规收集使用个人信息专项治理成效显著! 一起来看!》,载微信公众号"中央网信办举报中心"2020 年 5 月 28 日,https://mp.weixin.qq.com/s/5lItiftuMgDqJG48gxZbcg。

第三章 主体身份与业务牌照合规

主体是一切法律关系产生的基石,在识别数据处理活动中以及数据流通交易市场中的不同主体的"身份"与"角色",对于明确相应主体的合规义务与责任承担而言至关重要;而数据处理活动常常发生在业务开展过程中,对很多互联网产业而言,牌照的获取是开展业务的前置条件。

第一节 主体身份识别

主体身份识别以及法律角色的定位是合规工作开展的基础:一方面,主体身份的识别和定位,是明确自身合规义务的前提,目前涉及网络安全与数据保护方面的法律法规繁多,各类监管文件适用主体不同,对不同类型的主体所设定的合规义务也不同,只有明确企业自身的角色和身份,才能有效地辨别是否需要适用相应的法律规定;另一方面,在目前数据交易、数据资产入表的大趋势下,不同商业模式下各参与主体的权益义务如何划分、法律关系如何设定,都需要在确定参与各方主体身份以及判断主体合规性的基础上做进一步安排。

一、主体基本情况

无论是企业自身的数据合规性自查,还是基于上市、数据交易、认证等情形下由独立第三方机构对企业进行合规调查,都需要首先了解主体的基本情况,这些事项如同主体的"身份证",是外界了解主体的第一扇窗户,也是进行合规审查的基础。

(一)基本工商信息

主体基本工商信息包括公司名称、经营范围、成立时间及存续情况、法定代表人名称、股东情况,等等。其中需要关注主体是否合法成立以及是否处于存续及正常经营状态,比如,通过审核企业是否履行年检义务以及核查企业是否进入经营异常名录等方式,以评估企业经营的稳定性和信誉度。

(二)股权架构

对于股权架构的审查,一方面,可以了解股东背景,评估潜在的控制权风险,股权架构的清晰与否,直接关系公司的稳定性和未来发展的可能性;另一方面,股东的企业性质对于主体的合规义务的识别至关重要。

1. 如公司资本中含国有资本

第一,需进一步分析该主体是否可能被认定为关键信息基础设施运营者,如是,则应严格遵守《数据安全法》等相关法律规定的对于关键信息基础设施运营者更高的合规要求。第二,在国有资本控股的情况下,还需结合业务进一步判断该主体是否涉及处理国家秘密、重要数据和核心数据,如处理的数据量大且数据类型敏感,则需采取更为严格的保护措施。相关法律规范对于重要数据及核心数据的处理者往往设定了更为严格的数据安全责任,比如,需要定期开展风险评估,并形成风险评估报告报送主管部门。第三,在处理公共数据授权运营以及数据资产入表等进一步挖掘数据价值的工作中,需要关注这类主体的数据资产是否属于国有资产,以及该数据资产的评估、会计入表以及后续的运营管理是否也需要符合国有资产的管理规范,以及授权运营的机制和程序的合规性。

对企业而言,一旦股权结构中存在国家出资的国有独资企业、国有资本控股公司以及国有资本参股公司,则需要敏感地意识到自身的合规义务除基本的法律规范之外,还需关注行业内的特殊类型数据的安全保护义务以及国有资产管理的相关合规标准。

2. 如企业为全部或者部分由外国投资者投资的企业

需考虑外商投资准入负面清单的限制和要求。如国家对测绘这一事关国家安全的敏感行业管理严格,《外商投资准入特别管理措施(负面清单)(2024年版)》禁止外商投资大地测量、海洋测绘、测绘航空摄影、地面移动测量、行政区域界线测绘,地形图、世界政区地图、全国政区地图、省级及以下政区地图、全国性教学地图、地方性教学地图、真三维地图和导航电子地图编制等相关领域的企业。再如,外商在我国开展互联网数据中心(Internet Data Center,IDC)也具有相应的限制,我国对 IDC 业务的外商投资实行准入前国民待遇加负面清单管理制度,根据负面清单,增值电信业务的外资股比一般不超过 50%。但 2024 年 4 月发布的《工业和信息化部关于开展增值电信业务扩大对外开放试点工作的通告》中明确,在北京市服务业扩大开放综合示范区、上海自由贸易试验区临港新片区及社会主义现代化建设引领区、海南自由贸易港、深圳中国特色社会主义先行示范区等试点区域内,取消互联网数据中心(IDC)服务业务的外资股比限制。

(三)组织架构

相关法律法规对于主体内部的合规管理体系和管理制度均提出了明确要求,因此,企业还应对主体自身的组织架构的设置、主体内部各部门的职能分工安排以及相关岗位的任职要求及岗位职责等进行梳理及自查。一方面,可基于现状调查分析目前主体的组织架构是否满足合规要求;另一方面,了解组织架构能够为后续制定行之有效的合规改进措施奠定基础,可以基于部门职责将改进工作进行分工,便于各部门执行。

(四)业务情况

对大部分企业来说,其主营业务与企业的数据处理活动、数据应用商业场景等密不可分。对于数据处理行为合规性的分析,需要基于具体的业务场景,只有在具体的商业模式和业务场景下,才能够判断哪些主体基于什么法律关系对数据采取了哪些处理活动,并分析这些处理活动的合规性,对于业务情况主要关注以下几个方面。

第一,业务流、数据流以及法律关系的运作机制。从数据合规的角度来看,对业务情况的调查不只是为了了解主体的经营情况和盈利情况,而是要基于业务模式和业务流程,了解主体可能涉及哪些数据处理活动,是哪些岗位或部门处理哪些类型的数据,数据在主体内部以及和第三方合作过程中是如何流通的,不同的主体在处理这些数据时是否存在合法性基础,数据处理者之间又是何种法律关系。

第二,经营业务使用的网络平台或工具的合规性。随着各类企业数字化转型以及数字经济时代的到来,很多企业从传统的线下运营已经转向线上运营,对企业而言各类网络服务工具如 App、网站、小程序、API、SDK 等已经必不可少。然而,这些工具都可能存在数据安全的风险,相关的法律规范以及国家标准都对此提出了很多合规要求,在对业务情况的合规性进行调查过程中也应包含对网络平台和工具合规性的审核。

(五)信用情况及司法风险

主体的信用情况,以及曾经是否发生过有关网络与数据安全、个人信息保护方面的民事纠纷,是否在上述领域被监管部门进行行政处罚,是否存在重大数据类违法违规行为,是否存在相关舆论风险或负面新闻等,都是企业需要时刻关注的问题。一旦面临上述情况,企业也应及时采取应急措施,停止违法行为并积极主动地开展合规工作,降低对权利主体的不利影响,挽回自身声誉。如企业此前曾发生过此类风险事件,就应对出险原因进行分析评估,从而弥补和完善自身的合规管理体系,防止此类情形再次发生。

二、特殊主体身份识别

基于不同的主体身份,需要履行的合规义务不同,对下列特殊的主体身份需要格外关注。

(一)个人信息处理者

依据《个人信息保护法》第 73 条第 1 项,个人信息处理者,是指在个人信息处理活动中自主决定处理目的、处理方式的组织、个人。此外,《个人信息保护法》第 20 条规定了个人信息共同处理者以及第 21 条规定委托处理者的角色。

不同于欧盟的《一般数据保护条例》,我国《民法典》及《个人信息保护法》

均没有区分控制者和处理者,统一采取了"处理者"的概念。"个人信息处理者"强调自主决定处理目的和处理方式,处理目的说明了处理行为为何发生,处理方式强调处理行为如何发生,这两点是认定个人信息处理者的核心标准。

尽管《个人信息保护法》第21条规定了委托处理个人信息,但受托处理者依然要依据法律规定合规处理个人信息。无论处理个人信息活动的主体是否能够自行决定处理目的和处理方式,都必须严格遵守《民法典》《个人信息保护法》的相关规定,履行个人信息保护的法定义务。对个人信息主体而言,到底是按照谁的决定处理其个人信息并不重要,委托关系或者共同处理关系都仅限于控制者和处理者内部的法律关系安排,因此,第21条主要也是针对委托合同的效力、形式、内容以及委托人和受托人的义务等方面进行规范,而并未对受托处理者提出区别个人信息处理者的合规义务。

但在实践中,对于个人信息处理者的识别有利于区分是否存在委托处理或者共同处理关系,如果存在上述法律关系,则还需要进一步分析是否存在内部约定,约定的内容以及约定是否具有法律效力,可能存在的法律责任,等等,有助于主体明确法定以及合同约定的合规义务。

(二)超大型互联网平台

《个人信息保护法》引入"守门人"的概念,规定了提供重要互联网平台服务、用户数量巨大、业务类型复杂的个人信息处理者应当履行的合规义务,这类个人信息处理者被界定为"超大型互联网平台"。

《个人信息保护法》并未规定超大型互联网平台的具体定义,2024年6月28日,全国网络安全标准化技术委员会(以下简称网安标委)发布《网络安全标准实践指南——大型互联网平台网络安全评估指南》(以下简称《评估指南》),《评估指南》中将"超大型互联网平台"定义为:通过网络技术将个人与个人、商品、信息、服务、线下资源、资金、软件等进行连接,并以此为基础提供业务的较大规模的网络平台。其中,"较大规模"是指,在过去的一年时间里,在我国累计平均月度活跃用户总数不低于5000万;提供业务的类型包括但不限于即时通信、社交网络、电子商务、直播、短视频、信息资讯、应用商店、网络预约汽车、网络支付等。

对超大型互联平台而言,主要的合规义务包括以下内容。

1.《个人信息保护法》规定一般合规义务,如建立健全个人信息保护合规制度体系、成立独立机构对个人信息保护情况进行监督;制定平台规则,明确平台内产品或者服务提供者处理个人信息的规范和保护个人信息的义务;对严重违反法律、行政法规处理个人信息的平台内的产品或者服务提供者,停止提供服务;以及定期发布个人信息保护社会责任报告,接受社会监督等。

2.《评估指南》明确超大型互联网平台应履行的网络安全评估义务,包括每年进行一次的定期网络安全评估,以及在平台发生实际控制人变更、启动核心业务或新业务、扩大个人信息的收集处理规模、增加个人敏感信息或重要信息的数据接收方等特殊情况时应当开展网络安全评估。

3. 在公平竞争方面,超大型互联网平台应当与平台内经营者开展公平竞争,包括无正当理由不使用经营者非公开数据、平等对待平台自身(或关联企业)和平台内经营者,不实施自我优待等。

(三)关键信息基础设施运营者

《关键信息基础设施安全保护条例》规定,重要行业和领域的主管部门、监督管理部门根据认定规则负责组织认定本行业、本领域的关键信息基础设施,及时将认定结果通知运营者,并通报国务院公安部门。企业应关注是否收到主管部门的关键信息基础设施认定通知。

结合《关键信息基础设施安全保护条例》来看,保护工作部门应当结合本行业及领域的实际情况,按照以下三个因素考虑认定关键基础设施。

1. 对行业的重要程度。网络设施、信息系统等对于本行业、本领域关键核心业务的重要程度。以被网络安全审查的滴滴出行、运满满、货车帮及BOSS直聘等企业涉及的行业来看,这几家公司所掌握的数据,可以直接或间接地反映我国各区域人口分布、商业热力、人口流动、货物流动、商业经营情况,这些数据对于公司的主营业务影响重大,而信息系统所含数据的重要性对于网络安全至关重要,这也是运营者的首要认定标准。

2. 可能带来的危害程度。网络设施、信息系统等一旦遭到破坏、丧失功能或数据泄露可能带来的危害程度。一般认为,用户数量可以衡量数据泄露后的危害程度标准之一。例如,根据滴滴出行向美国证券交易委员会(United States Securities and Exchange Commission,SEC)递交的招股说明书来看,2020年3月至2021年3月,滴滴出行全球年活跃用户为4.93亿,全球年活跃司机1500万,其中,滴滴出行在中国拥有3.77亿年活跃用户和1300万年活跃司机;BOSS直聘披露的相关数据显示,2023年,BOSS直聘平均月活跃用户(Monthly Active User,MAU)达到4230万,同比上涨47.4%。截至2023年12月31日,公司已累计为超过1.78亿用户提供服务,2023年全年有近15亿人次的用户在平台上实现了双向达成。截至2023年12月31日的12个月内,公司付费企业客户数为520万,同比上涨44.4%。[1]由于拥有大量的用户,这些公司的信息系统自然掌握了该行业绝大部分的深度数据,显然更需要被认定为关键基础设施。

3.关联性影响。对其他行业和领域的关联性影响。如果发生数据泄露等安全事件会对其他行业和领域产生影响,甚至可能发生某一产业链条上系统性的数据泄露情况,对产业链安全运营的影响性越大,越有可能被界定为关键信息基础设施。

如被认定为关键信息基础设施运营者,除遵守一般的数据合规要求外,还应履行关键信息基础设施运营者的特殊义务,主要包括以下方面。

1.报告义务。这主要体现在两个方面:第一,认定结果的报告:根据条例规定,保护工作部门会将是否属于关键信息基础设施运营者的认定结果通知运营者,如关键信息基础设施发生较大变化,可能影响其认定结果的,运营者应当及时将相关情况报告保护工作部门;第二,重大网络安全事件或威胁的报告:发生重大网络安全事件或者发现重大网络安全威胁时,运营者应当按照有关规定向保护工作部门、公安机关报告。

2.网络安全义务。运营者应在网络安全等级保护的基础上,采取技术保护措施和其他必要措施,应对网络安全事件,防范网络攻击和违法犯罪活动,保障关键信息基础设施安全稳定运行,维护数据的完整性、保密性和可用性。

---

[1] 参见天天在线行业汇:《BOSS直聘去年营收近60亿元!月活用户4230万,同比增长47.4%》,载新浪网2024年3月13日,https://k.sina.com.cn/article_6380817686_17c538d16001017cxg.html。

3. 构建完善的组织架构,完善内部管理制度的义务。第一,建立健全网络安全保护制度和责任制保障人力、财力、物力投入。运营者的主要负责人对关键信息基础设施安全保护负总责。第二,应当设置专门安全管理机构,并对专门安全管理机构负责人和关键岗位人员进行安全背景审查。审查时,公安机关、国家安全机关应当予以协助,上述条例第15条对于专门安全管理机构的职责进行了明确规定。

4. 安全检测与评估义务。运营者应当自行或者委托网络安全服务机构对关键信息基础设施每年至少进行一次网络安全检测和风险评估,对发现的安全问题及时整改,并按照保护工作部门要求报送情况。

5. 采购网络服务和产品的要求。应当优先采购安全可信的网络产品和服务,按照国家有关规定与网络产品和服务提供者签订安全保密协议,明确提供者的技术支持和安全保密义务与责任,并对义务与责任履行情况进行监督。

6. 网络安全审查义务。采购网络产品和服务可能影响国家安全的,应当按照国家网络安全规定通过安全审查。

(四)重要数据处理者

根据《促进和规范数据跨境流动规定》第2条的规定,未被相关部门、地区告知或者公开发布为重要数据的,数据处理者不需要作为重要数据申报数据出境安全评估。因此,在主体识别过程中,也可参考相关部门、地区有关重要数据的发布情况确定相关主体是否属于重要数据处理者。但需要注意的是,由于《促进和规范数据跨境流动规定》是仅针对数据跨境的规范,在不涉及数据跨境的场景下,即使相关部门、地区未发布有关重要数据的情况,也不能免除相关主体的重要数据识别义务。

除一般数据处理者应遵守的法定义务外,重要数据处理者基于其特殊身份,还需须履行部分特殊义务,包括但不限于以下内容。

(1)重要数据的处理者应当明确网络数据安全负责人和网络数据安全管理机构。

(2)重要数据的处理者应每年度对网络数据处理活动定期开展风险评估,并在提供、委托处理、共同处理重要数据前,也应当进行风险评估;且风险评估报告应当报送省级以上有关主管部门。

（3）重要数据的处理者因合并、分立、解散、破产等可能影响重要数据安全的，应当采取措施保障网络数据安全，并向省级以上有关主管部门报告重要数据处置方案、接收方的名称或者姓名和联系方式等。

第二节　业务牌照合规

除上述一般性的主体身份合规要求之外，在数字经济背景下，很多业务的开展本身就是需要具备一定资质的。这类的资质并不是指根据国际标准、国家标准或行业标准进行的一般性认证（如 ISO 27001），而是根据法律或者行政法规，需要进行前置行政许可事项的审批，才能够从事的某一类业务或者活动的业务资质。

业务牌照对于数字经济领域各类业务的合规开展至关重要，部分合规问题，比如，劳务用工合规、反腐败合规问题，可能并不一定影响企业生存发展的根本，但如果没有基本的牌照合规，业务模式本身就存在根本性违法风险。尽管这不是纯粹的网络安全与数据合规问题，但本节还是需要特别梳理数字经济背景下的各类牌照合规要点。

一、增值电信业务许可证

根据《电信条例》第 7 条的规定，国家对电信业务经营按照电信业务分类，实行许可制度。经营电信业务，必须依照本条例的规定取得国务院信息产业主管部门或者省、自治区、直辖市电信管理机构颁发的电信业务经营许可证。未取得电信业务经营许可证，任何组织或者个人不得从事电信业务经营活动。

增值电信业务，是指利用公共网络基础设施提供的电信与信息服务的业务。互联网行业及数据领域内的大多数企业利用公共网络基础设施提供服务的企业，在开展业务活动前须依法取得增值电信业务经营许可证。而增值电信业务经营许可证因其所管理的业务类型有所不同，根据《电信业务分类目录》，不同类型的增值电信业务应取得与其业务范围相适应的增值电信业务经营许可证。

根据《电信业务经营许可管理办法》(2017年)(已废止)的规定,申办增值电信业务经营许可证需满足的条件除包含依法设立、具有与经营活动相适应的资金和专业人员;有为用户提供长期服务的信誉或者能力;除必要的场地、设施及技术方案等基本要求外,还对不同经营范围的企业注册资本有所规定:在省、自治区、直辖市范围内经营的,注册资本最低限额为100万元人民币;在全国或者跨省、自治区、直辖市范围经营的,注册资本最低限额为1000万元人民币;此外,在企业信誉方面,要求公司及其主要投资者和主要经营管理人员未被列入电信业务经营失信名单。

此外,由于电信业务与通信安全等直接相关,《外商投资电信企业管理规定》(2022年修订)对外商投资电信业务的股权比例也进行了一定的限制:一般经营基础电信业务(无线寻呼业务除外)的外商投资电信企业的外方投资者在企业中的出资比例,最终不得超过49%,经营增值电信业务(包括基础电信业务中的无线寻呼业务)的外商投资电信企业的外方投资者在企业中的出资比例,最终不得超过50%。值得注意的是,2024年4月10日,工信部发布《关于开展增值电信业务扩大对外开放试点工作的通告》初步放宽了外商投资增值电信业务的股权比例要求,在北京市服务业扩大开放综合示范区、上海自由贸易试验区临港新片区及社会主义现代化建设引领区、海南自由贸易港、深圳中国特色社会主义先行示范区率先开展试点,取消了试点地区对IDC、内容分发网络(Content Delivery Network,CDN)、互联网接入服务(Internet Service Prorider,ISP)、在线数据处理与交易处理,以及信息服务中信息发布平台和递送服务(互联网新闻信息、网络出版、网络视听、互联网文化经营除外)、信息保护和处理服务业务的外资股比限制。

常见的增值电信业务资质类型包括但不限于以下内容。

(一)互联网信息服务(Internet Content Provider,ICP)

在《电信业务分类目录(2015年版)》中,信息服务业务属于第二类增值电信业务中的B25分类,是指通过信息采集、开发、处理和信息平台的建设,通过公用通信网或互联网向用户提供信息服务的业务。信息服务的类型按照信息组织、传递等技术服务方式,主要包括信息发布平台和递送服务、信息搜索查询服务、信息社区平台服务、信息即时交互服务、信息保护和处理服务等。

根据2011年修订的《互联网信息服务管理办法》,通过互联网向上网用户有偿提供信息或者网页制作等服务活动的,属于经营性互联网信息服务,国家对经营性互联网信息服务实施许可制度。从事经营性互联网信息服务,应当向省、自治区、直辖市电信管理机构或国务院产业主管部门申请办理互联网信息服务增值电信业务经营许可证,即业内通称的ICP许可证。

此类许可证一般适用于有偿提供互联网信息服务的主体,如开展网上广告、代制作网页、App网站、有偿信息平台网站、游戏网站等业务的企业。

对于提供非经营性互联网信息服务的主体,即无偿提供公开性、共享性信息服务的主体,需依据《互联网信息服务管理办法》的规定完成ICP备案,一般来说,只要是通过公开、共享网站提供信息的企业,均需完成ICP备案。

(二)互联网数据中心(IDC)业务

互联网数据中心(IDC)业务为B11类电信业务,是指利用相应的机房设施,以外包出租的方式为用户的服务器等互联网或其他网络相关设备提供放置、代理维护、系统配置及管理服务,以及提供数据库系统或服务器等设备的出租及其存储空间的出租、通信线路和出口带宽的代理租用和其他应用服务。

此类许可证一般适用于提供服务器托管、虚拟主机、空间租用等服务的企业,以及负责互联网资源协作服务的企业,类似于平台即服务(Platform as a Service,PaaS)基础云服务类企业等。

(三)内容分发网络(CDN)业务

内容分发网络(CDN)业务为B11类电信业务,是指利用分布在不同区域的节点服务器群组成流量分配管理网络平台,为用户提供内容的分散存储和高速缓存,并根据网络动态流量和负载状况,将内容分发到快速、稳定的缓存服务器上,提高用户内容的访问响应速度和服务的可用性服务。

此类业务多应用于网络游戏、视频行业、门户网站以及购物网站等的内容分发及加速服务。

（四）在线数据处理与交易处理（Electronic Data Interchange，EDI）业务

在线数据处理与交易处理（EDI）业务为B21类电信业务，是指利用各种与公用通信网或互联网相连的数据与交易/事务处理应用平台，通过公用通信网或互联网为用户提供在线数据处理和交易/事务处理的业务。在线数据处理与交易处理业务包括交易处理业务、电子数据交换业务和网络/电子设备数据处理业务。

从事网上商城、物联网交易、平台交易、个人对个人（Peer to Peer，P2P）交易的企业需要办理EDI业务相关许可证。

（五）互联网接入服务（ISP）业务

互联网接入服务业务为第14类电信业务，是指利用接入服务器和相应的软硬件资源建立业务节点，并利用公用通信基础设施将业务节点与互联网骨干网相连接，为各类用户提供接入互联网的服务。

此类业务的服务内容主要包括宽带接入、无线网络接入、数据中心服务等，如中国电信、中国移动、中国联通等提供宽带接入、网络接入等服务的企业，需具备ISP类许可证。

二、从事线上提供"文化内容"类服务业务的资质要求

（一）取得《信息网络传播视听节目许可证》

互联网视听节目服务是指，制作、编辑、集成并通过互联网向公众提供视音频节目，以及为他人提供上载传播视听节目服务的活动。一般来说，通过互联网向用户提供电视剧、电影、综艺节目、新闻报道、纪录片、原创网络剧、网络电影、短视频、直播等服务的均属于提供互联网视听节目服务的范畴，涉及提供此类服务的视频平台经营主体、直播平台经营主体，或是集成式互联网平台均属于应具备此类许可证的主体。

《互联网视听节目服务管理规定》第7条规定，从事互联网视听节目服务，应当依照本规定取得广播电影电视主管部门颁发的《信息网络传播视听节目许

可证》或履行备案手续。

需要特别注意的是,由于网络视听节目服务具有舆论宣传、新闻传播等的特殊性质,因此,相关规定对申请《信息网络传播视听节目许可证》的主体类型有一定的要求。依据《互联网视听节目服务管理规定》第 8 条的规定,申请从事互联网视听节目服务的,应当为国有独资或国有控股单位。《外商投资准入特别管理措施(负面清单)(2024 年版)》也明确,互联网新闻信息服务、网络出版服务、网络视听节目服务、互联网文化经营(音乐除外)、互联网公众发布信息服务(在上述服务中,中国入世承诺中已开放的内容除外)为外国投资者禁止投资的服务业。企业如拟从事互联网视听节目服务,需检视自身股权架构中是否含有国有资本或外国投资者的投资,并据此确定是否符合从事相关服务的要求,在此基础上申请取得《信息网络传播视听节目许可证》。

(二)取得《网络出版服务许可证》

根据《网络出版服务管理规定》的规定,在中国境内从事网络出版服务,必须依法经过出版行政主管部门批准,取得《网络出版服务许可证》。网络出版服务单位应当向所在地省、自治区、直辖市出版行政主管部门提出申请,经审核同意后,报国家新闻出版署(国家版权局)审批。

网络出版物,是指通过信息网络向公众提供的,具有编辑、制作、加工等出版特征的数字化作品,其范围包括但不限于:文字、图片、地图、游戏、动漫、音视频读物等原创数字化作品;与已出版的图书、报纸、期刊、音像制品、电子出版物等内容相一致的数字化作品;将上述作品通过选择、编排、汇集等方式形成的网络文献数据库等数字化作品等。

因此,如企业拟通过信息网络向公众提供文字、图片、地图、游戏、动漫等作品的,均须取得《网络出版服务许可证》。

企业拟申请办理《网络出版服务许可证》的,应具备《网络出版服务管理规定》规定的条件,包括法定代表人和主要负责人至少 1 人应当具有中级以上出版专业技术人员职业资格;除法定代表人和主要负责人外,有适应网络出版服务范围需要的 8 名以上具有国家新闻出版署(国家版权局)认可的出版及相关专业技术职业资格的专职编辑出版人员,其中,具有中级以上职业资格的人员不得少于 3 名;有从事网络出版服务所需的内容审校制度等。

(三)取得《网络文化经营许可证》

依据《互联网文化管理暂行规定》的要求,从事经营性互联网文化活动的主体,应当依法申请并取得《网络文化经营许可证》。经营性互联网文化活动是指以营利为目的,通过向上网用户收费或者以电子商务、广告、赞助等方式获取利益,提供互联网文化产品及其服务的活动。

根据《互联网文化管理暂行规定》对于文化产品的分类,通过网络向用户提供网络音乐、网络游戏、网络演出剧(节)目、网络表演、网络艺术品、网络动漫等互联网文化产品的企业需依法取得涵盖其经营范围的《网络文化经营许可证》。

但由于原文化部已发生组织机构变动,现网络游戏行业由国家新闻出版署(国家版权局)负责进行监管,针对网络游戏行业,已无须颁发《网络文化经营许可证》。

(四)取得游戏版号

游戏版号,是指网络游戏出版物号。依据《网络出版服务管理规定》第 27 条的规定,网络游戏上网出版前,必须向所在地省、自治区、直辖市出版行政主管部门提出申请,经审核同意后,报国家新闻出版署(国家版权局)审批。未通过审批并取得网络游戏出版物号的网络游戏不得向公众提供。

在实践中,由于游戏版号审批时限长、申请流程复杂、条件较为严苛等因素,部分游戏企业为规避未完成网络游戏出版审批的风险,通过套用、盗用、租用游戏版号的方式将实际未通过审批的网络游戏向公众提供。由于网络游戏出版审批本质上属于行政许可,根据《行政许可法》第 9 条的规定,依法取得的行政许可,除法律、法规规定依照法定条件和程序可以转让的外,不得转让。游戏版号本身禁止转让,套用、盗用、租用游戏版号的行为本质上仍违反了网络游戏出版的相关管理规定,存在被监管部门处罚的风险。

三、利用互联网开展金融类业务需具备的资质

(一)取得《支付许可证》

2010 年,中国人民银行为规范非金融机构支付服务行为,防范支付风险,保护当事人的合法权益,根据《中国人民银行法》等法律法规制定了《非金融机构支付服务管理办法》(2010年9月1日起施行),要求非金融机构开展支付业务必须获得《支付业务许可证》(俗称"第三方支付牌照")。

《非金融机构支付服务管理办法》第2条规定,"本办法所称非金融机构支付服务,是指非金融机构在收付款人之间作为中介机构提供下列部分或全部货币资金转移服务:(一)网络支付;(二)预付卡的发行与受理;(三)银行卡收单;(四)中国人民银行确定的其他支付服务",且该条款明确"网络支付"定义,即"本办法所称网络支付,是指依托公共网络或专用网络在收付款人之间转移货币资金的行为,包括货币汇兑、互联网支付、移动电话支付、固定电话支付、数字电视支付等"。

如企业主营业务涉及网络支付活动的,应当依法取得《支付业务许可证》,无证经营支付业务不仅可能导致企业受到中国人民银行的行政处罚,还可能存在构成非法经营罪的刑事风险。

(二)其他要求

银行、保险等金融机构拟通过互联网开展业务的,应当依法取得《金融许可证》。此外,以网络贷款、网络理财为主营业务的企业,金融监管部门对其提出了特殊的要求,例如,根据《网络借贷信息中介机构业务活动管理暂行办法》,网络贷款平台需要将资金银行存管,以确保资金安全。

2024年12月31日,国家金融监督管理总局发布《小额贷款公司监督管理暂行办法》。《小额贷款公司监督管理暂行办法》对网络小额贷款类企业开展相关业务提出要求,结合《商业银行互联网贷款管理办法》和《消费金融公司管理办法》中对个人消费贷款规定单户20万元上限的规定,进一步明确对单户用于消费的贷款余额不超过人民币20万元,对单户用于生产经营的贷款余额不超过人民币1000万元,限制网络小额贷款企业放贷的数额,同时另行规定网络小额贷款公司经营区域,进一步规范网络小额贷款企业的设立及经营活动。

四、从事互联网医疗相关业务需要具备的资质

(一)取得《医疗机构执业许可证》

依据《互联网医院管理办法(试行)》的规定,已经取得《医疗机构执业许可证》的实体医疗机构拟建立互联网医院,将互联网医院作为第二名称的,应当向其《医疗机构执业许可证》发证机关提出增加互联网医院作为第二名称的申请。互联网医院必须有依托的实体医疗机构,并在设置时向实体医疗机构执业登记机关提出设置申请。

(二)取得《互联网药品信息服务资格证书》

通过网络渠道开展药品及医疗器械交易活动的企业,均应当取得《互联网药品信息服务资格证书》。

依据《互联网药品信息服务管理办法》的明确规定,任何利用互联网渠道发布药品及医疗器械信息的行为,均须依法办理《互联网药品信息服务资格证书》。

此外,《医疗器械网络销售监督管理办法》也进一步强调,无论是自建网站进行医疗器械网络销售的企业,还是作为医疗器械网络交易服务的第三方平台提供者,均须遵循《互联网药品信息服务管理办法》,取得相应的互联网药品信息服务资格证书。

五、知识产权相关资质

互联网应用程序大多是通过应用程序分发平台向用户提供,在应用上架时,应用程序分发平台往往要求运营主体提交或出具《计算机软件著作权证书》、《APP电子版权证书》或《软件著作权认证证书》等用于证明其对相关应用的知识产权权属情况。

此类证明虽非法律要求必须具备的文件,但对于企业运营上架互联网应用程序来说是不可或缺的。

六、信息系统安全类资质：信息系统安全等级保护

根据《网络安全法》第 21 条的规定，国家实行网络等级安全保护制度。《信息安全等级保护管理办法》规定，信息系统的安全保护等级依据信息系统受到破坏后，会对公民、法人和其他组织的合法权益以及国家安全、社会秩序、公共利益造成影响的严重程度分为五级。其中，一般企业所运营的信息系统达到信息系统安全保护第三级及以上，并依法履行备案手续的，被视为安全性较高的信息系统。

对部分行业和领域内的企业来说，达到国家信息系统安全保护第三级要求是其开展相关业务的前提，典型如需申请设置互联网医院的企业或医疗机构，涉及国家安全、社会经济、公民权益等方面具有较大影响的非涉密信息系统，如电力、交通、水利、金融、公共服务等行业的核心业务系统，以及从事网络货运经营的相关企业等。

企业开展信息安全等级保护备案工作，首先应当依据《信息安全技术 网络安全等级保护定级指南》(GB/T 22240－2020)的规定完成定级，确定定级对象后通过专家评审会等方式出具初步定级结果，并依据行业规定将评审结果报送行业主管部门核准，核准完毕后方可将材料提交公安机关进行备案，由公安机关对符合要求的信息系统发放备案证明。

第四章　数据全生命周期处理活动合规

企业在数据合规工作的执行层面,应设置一套行之有效的标准化操作规程,以贯穿数据的全生命周期处理活动,包括数据的收集、存储、使用、加工、传输、提供、公开等各个环节,从而确保数据处理具体行为及应用方式的合规。

第一节　数据收集及使用

一、数据收集

概括来看,企业主要的数据收集方式包括自行收集以及通过第三方收集数据。

自行收集数据常见的主要类型包括:第一,企业通过互联网应用程序或传感设备等工具,直接收集用户数据以及在向用户提供产品及服务过程中产生数据;第二,企业通过爬虫、接口调用等技术手段,获取其他网站或数据库等的相关数据。

在自行收集的环节,有两大风险点需要特别关注。第一,保证数据主体的合法权益,尤其是在收集个人信息的场景下,《个人信息保护法》明确规定了收集个人信息的合法正当必要原则,企业要向个人信息主体履行"告知同意"义务,并采取相关措施保证个人信息主体的各项权益;除了个人信息,也要注意不能侵犯他人合法的知识产权或商业秘密,不危害国家安全和公共安全等。第二,方式的合法性,尤其是在通过爬虫技术收集数据的情况下,爬虫的使用方式是否会对计算机信息系统或网站等造成损害也是需要格外注意的问题。

企业与第三方合作,通过第三方购买、交换、共享等方式收集数据的,涉及企业对第三方合作管理的问题,包括事前的第三方资质审查及准入标准设定、与第三方协议文本的起草以及责任的划分、事中的日常监督管理以及发生风险后的应急措施等方面。尤其注意要对第三方资质及其数据来源的合法性进行审查:在开展合作前对合作方主体资格、信用情况等进行审查,确保其为合法存续且信用状况良好的市场主体,避免潜在商业风险;如合作方系通过购买或其他协议方式取得数据,则应要求其提供数据来源合法的证明文件,如数据采购协议等;如合作方系通过自行收集的方式获取数据,则应要求其出示数据主体的授权文件,如个人信息主体的授权书等,并要求合作方对数据来源的合法性作出保证。

二、加工使用

在数据的加工使用环节,企业往往通过数据清洗、数据脱敏、数据标注、数据分析等行为对数据进行价值挖掘及加工使用。在此过程中,企业应关注的合规要点包括但不限于以下内容。

在规则设置层面,企业应当首先设置数据安全管理及数据加工使用规章制度,并对数据进行分类分级管理。

在实际操作层面,企业应设置数据的访问及加工使用权限,建立完善技术保护机制,通过采取备份、加密、访问控制等必要措施,保障数据免遭泄露、窃取、篡改、毁损、丢失、非法使用,应对数据安全事件,防范针对和利用数据的违法犯罪活动,维护数据的完整性、保密性、可用性,并应当按照网络安全等级保护的要求,采用各种技术手段加强数据处理系统、数据传输网络、数据存储环境等安全防护,包括应当使用密码对重要数据和核心数据进行保护。

第二节 数据存储

在数据存储阶段,相关规范的规制重点在于对数据存储期限、数据存储安全保护措施、数据存储地域等要点内容的规制。

一、数据存储期限

在不同领域、不同行业、不同场景中,数据留存期限对相关主体权利保护产生的影响可能不同:例如,为实现个人信息保护的目的,避免个人信息处理者超范围开展个人信息处理活动,《个人信息保护法》要求个人信息处理者遵循最小必要原则,设定个人信息存储的最短期限。在《网络安全法》中,为加强网络运营者的网络安全义务,留存相关依据,要求网络运营者将网络日志留存至少6个月,且是所规定的是留存期限底线要求。《互联网交互式服务安全管理要求》(GA 1277.1-2020)则要求"永久保留用户注册信息及历史变更记录"。因此,企业应根据不同行业、不同领域的规定合理设置数据存储期限。

如表4-1所示,部分法律法规中明确规定的数据保留期限包括但不限于以下内容。

表4-1 数据保留期限的相关要求

序号	行业	法规依据	数据类型及保存期限
1	一般规定	《个人信息保护法》	个人信息的存储期限一般应当遵循最小必要原则,即仅为了实现处理目的所必需的最短时间
2		《网络安全法》	网络日志需留存不少于6个月
3		《电子商务法》	电子商务平台经营者记录的商品和服务信息、交易信息应自交易完成之日起不少于3年
4	互联网信息服务	《互联网信息服务管理办法》	互联网信息服务提供者和互联网接入服务提供者的记录备份应当保存60日

续表

序号	行业	法规依据	数据类型及保存期限
5	电子商务	《网络餐饮服务食品安全监督管理办法》	网络餐饮服务第三方平台提供者和自建网站餐饮服务提供者应如实记录网络订餐的订单信息:包括食品的名称、下单时间、送餐人员、送达时间以及收货地址,信息保存时间不得少于6个月
6	电子商务	《网络交易监督管理办法》	网络直播服务提供者对网络交易活动的直播视频保存时间自直播结束之日起不少于3年;网络交易平台服务协议和交易规则,应当完整保存修改后的版本生效之日前3年的全部历史版本;对商品或者服务信息,支付记录、物流快递、退换货以及售后等交易信息的保存时间自交易完成之日起不少于3年
7	金融	《个人金融信息保护技术规范》(JR/T 0171-2020)	应对个人金融信息数据交换网络流量进行安全监控和分析,并存储匹配安全规则的数据,以备事件溯源,日志文件和匹配规则的数据应至少保存6个月
8	金融	《征信业管理条例》	征信机构对个人不良信息的保存期限,自不良行为或者事件终止之日起为5年
9	医疗	《药品网络销售监督管理办法》	药品网络销售企业应当完整保存供货企业资质文件、电子交易等记录。销售处方药的药品网络零售企业还应当保存处方、在线药学服务等记录。相关记录保存期限不少于5年,且不少于药品有效期满后1年
10	医疗	《医疗机构病历管理规定》	门(急)诊病历由医疗机构保管的,保存时间自患者最后一次就诊之日起不少于15年;住院病历保存时间自患者最后一次住院出院之日起不少于30年

续表

序号	行业	法规依据	数据类型及保存期限
11	劳动人事管理	《劳动合同法》	用人单位对已经解除或者终止的劳动合同的文本,至少保存2年备查
12		《工资支付暂行规定》	用人单位必须书面记录支付劳动者工资的数额、时间、领取者的姓名以及签字,并保存2年以上备查
13		《深圳市员工工资支付条例》	工资支付表至少应当保存3年

二、数据存储安全保护措施

企业对数据进行存储时需要确保"安全原则"的适用,提高数据存储后的保密性、完整性和安全性,依法通过加密、去标识化、备份等技术手段保证数据存储的稳定和流畅。如企业涉及存储个人生物识别信息的,还应特别注意存储限制及存储隔离的要求。例如,原则上,企业不应存储原始个人生物识别信息,应当通过仅存储个人生物识别信息的摘要信息,或直接使用个人生物识别信息实现身份识别、认证功能、使用后删除等方式限制对个人生物识别信息的存储,且个人生物识别信息应当与个人身份信息分开存储,以免个人身份信息与个人生物识别信息同时泄露,对个人信息主体造成人身、财产损失。

除关注数据分类存储、加密技术等方面的安全要求外,企业还应关注存储介质的安全性及可靠性,选择硬盘、磁带、光盘等硬件介质存储的,应关注介质的性能、质量稳定性,并定期对存储介质进行检测和维护,确保其正常运行;选择云存储的,应当关注云存储系统自身的安全性以及云存储服务商的数据安全保障能力。

三、数据存储地域

《网络安全法》第37条规定:"关键信息基础设施的运营者在中华人民共和国境内运营中收集和产生的个人信息和重要数据应当在境内存储。因业务需要,确需向境外提供的,应当按照国家网信部门会同国务院有关部门制定的办法进行安全评估;法律、行政法规另有规定的,依照其规定。"

此外,根据《数据安全法》《个人信息保护法》的规定,在我国境内收集的数据及个人信息原则上应当存储在境内,需向境外提供且符合数据出境条件的,应通过数据出境安全评估等合规方式完成数据出境。

第三节　数据传输及提供

一、数据传输

在数据传输的安全性方面,企业应重点关注数据传输介质及数据传输环境的安全性。

在传输介质方面,可通过包括但不限于以下方式保障数据传输安全。

1. 终端设备安全管理:定期对终端设备进行安全加固,采取补丁安装、病毒查杀等措施,确保终端设备处于最佳的安全状态,减少潜在的安全风险。

2. 通用串行总线(Universal Serial Bus,USB)或数据传输端口管理:通过禁用非授权USB端口、设置访问权限等方式,防止未经授权的USB设备接入企业网络,减少数据泄露的风险。

在传输环境方面,可采取以下措施保证传输环境的安全性。

1. 加密权限管理:针对不同类型的文件、不同的存储位置、不同的传输方式等,设置不同的加密强度和策略,依据数据处理人员的职责内容设置不同的加密权限,防止未经授权的人员获取敏感信息。

2. 安全协议和技术:采用安全协议和技术,如传输层安全协议(TLS)、安全套接字层(SSL)加密、超文本传输安全协议(HTTPS),确保数据在传输过程中的安全性。

二、数据提供

企业因业务或其他正当理由需要向第三方提供、共享、委托处理数据的,也应关注第三方的数据合规情况及合作管理,包括但不限于向第三方提供数据的合法性基础、对第三方的审查及筛选机制、对第三方的日常监管以及第三方的数据安全保护能力等。

1. 向第三方提供数据前,应对所提供数据类型是否属于可向他人提供的数据进行审查,保证向第三方提供数据具有合法性基础。根据《信息安全技术 网络数据处理安全要求》(GB/T 41479－2022),网络运营者向他人提供数据前,应进行安全影响分析和风险评估,可能危害国家安全、公共安全、经济安全和社会稳定的,不应向他人提供;《信息安全技术 个人信息安全规范》(GB/T 35273－2020)对于个人信息的共享和转让行为中要求,个人生物识别信息原则上不应共享、转让。综上所述,在向第三方提供数据前,应注意审查对外提供的数据类型的敏感程度及提供行为是否可能存在危害国家安全、公共安全和经济社会安全、危害个人信息权益的风险。

2. 设置第三方合作的准入机制和条件,在与第三方开展合作前,对第三方的基本资质、数据安全保障能力以及是否发生过数据泄露等危害数据安全的风险等情况进行审查,设置基础准入标准,对于不符合准入标准的不予以合作。

3. 数据处理者向第三方提供数据或个人信息的,应当审查在提供数据前是否向数据主体或个人信息主体告知数据接收方(该第三方)的主体名称、联系方式、处理目的、处理方式和所提供数据的种类,并征得相关数据主体或个人信息主体的同意。

4. 与合作方签署书面合作协议,在协议中应对合作方的数据合规性作出要求,并就双方相关法律责任的承担作出约定。如委托第三方开展数据处理活动的,双方应就委托行为签订书面合同,通过合同形式明确约定委托处理的目的、期限、处理方式、数据种类、保护措施、双方权利义务,以及第三方返还或删除数据的方式等;如涉及委托处理个人信息的,还应事先征得个人信息主体的同意,并且明确受托人不得超出约定的范围处理个人信息。

5. 在合作过程中,加强对第三方的持续监管,如发现数据接收方存在违法违规处理相关数据情况的,应及时采取或要求数据接收方停止违规行为,采取有效补救措施。

6.企业通过在其产品或服务中接入由第三方提供的软件开发工具包的,还应当对接入第三方进行安全检测,评估可能存在已知的安全漏洞以及可能引起数据泄露等安全事件的行为,对于存在流量劫持、资费消耗、隐私窃取等恶意行为的第三方软件开发工具包,采取取消其接入权限等措施。

第四节　数据删除与销毁

数据删除,一般是指产品和服务所涉及的系统及设备中去除数据,使其保持不可被检索、访问的状态。数据销毁,则是指对数据库、服务器和终端中的剩余数据以及硬件存储介质等采用数据擦除或者物理销毁的方式确保数据无法复原的过程。相较数据删除,数据销毁对数据的处理更加彻底,能保证数据达到无法复原的状态。

作为数据处理活动全生命周期的最后一个环节,针对不同类型的数据,对数据删除应达到的标准也有所不同,企业需履行的合规义务侧重点也有所差异。

一、一般合规性要求

除个人信息、工业数据等法律法规中有特殊规定的数据,企业在生产经营过程中涉及处理的一般数据仅需符合数据处理的一般要求,并依据企业生产经营需要自行设置数据删除或销毁制度即可。参考《深圳市企业数据合规指引》的规定,从便于企业处理数据存储冗余的角度出发,企业应当定期对存储数据进行盘点,对于对实现处理目的不再必要的数据,企业应当建立数据删除和销毁的操作规程和管理制度,明确删除和销毁的对象、权限、流程和技术等要求,确保被销毁数据不可恢复,并对相关活动进行记录和留存。

二、特殊合规要求

(一)个人信息的删除

个人信息处理活动须遵循最小必要原则,对于实现处理目的已不再必要、存储期限届满或是个人信息处理者已停止提供产品或服务的个人信息,《个人信息保护法》明确规定应当做删除处理。此外,为保障个人信息主体权益的实现,《个人信息保护法》还规定,在个人撤回同意,个人信息处理者违法或违约处理个人信息,个人信息处理者因合并、分立、解散、被宣告破产等原因需要转移个人信息但没有数据承继主体的,也应当将个人信息进行删除处理,并要求个人信息处理者为个人信息主体提供行使删权的途径。

根据《信息安全技术　个人信息安全规范》(GB/T 35273-2020)确定的删除标准,对个人信息的删除,应当使其在实现日常业务功能所涉及的系统保持不可被检索、访问的状态。企业在进行删除操作时可采用物理删除及逻辑删除两种方式完成,并不要求采用数据销毁的方式使系统中的个人信息达到完全无法复原的程度。

(二) 工业数据的删除

不同于针对个人信息的删除规定,由于工业和信息化领域的数据处理者涉及处理重要数据及核心数据的可能性更高,因此,《工业和信息化领域数据安全管理办法(试行)》对工业数据删除及销毁的要求也更为严格,该办法规定,工业和信息化领域数据处理者建立数据销毁制度,明确销毁对象、规则、流程和技术等要求,且应当对销毁活动进行记录和留存。个人、组织按照法律规定、合同约定等请求销毁的,工业和信息化领域数据处理者应当销毁相应数据。工业和信息化领域数据处理者销毁重要数据和核心数据后,不得以任何理由、任何方式对销毁数据进行恢复,引起备案内容发生变化的,应当履行备案变更手续。

第五章 数据应用场景合规

数据的经济属性主要体现在其商业环节中,只有数据作为生产资料可以被加工成能够进行安全流通的生产要素,参与到生产经营活动中,才能真正产生社会经济效益。因此,数据合规风险与利用数据的方式、技术手段以及应用数据的商业场景密切相关,本节将主要介绍人力资源管理、商业交易以及公共场所安全管理、App 等互联网应用场景中的合规要点。

第一节 人力资源管理

在企业日常经营活动中,处理员工个人信息的情形非常普遍,涉及的场景包括前期招聘、员工入职后的日常管理、薪资和福利待遇的发放、业绩考评、业务培训、员工使用办公信息系统和办公设备、向第三方披露员工个人信息以及员工退休或离职等,每个环节都与个人信息处理活动息息相关。数据安全与个人信息保护的合规义务同样适用于各类用人单位,相关执法和司法案例也显示,用人单位针对员工的数据保护合规问题越来越多,数据安全以及个人信息保护在劳动关系以及日常人力资源管理过程中的合规应用也受到更多关注。

《个人信息保护法》在第13条列举了7项处理个人信息的合法性基础,其中第2项"为订立、履行个人作为一方当事人的合同所必需,或者按照依法制定的劳动规章制度和依法签订的集体合同实施人力资源管理所必需;"明确了"人力资源管理所需"作为合法性基础。本法对人力资源管理场景下的合法性基础也进行限定:第一,必须是实施人力资源管理所必需;第二,必须"按照依法制定的劳动规章制度和依法签订的集体合同"而实施的人力资源管理中所必需处理的个人信息,才能够不取得个人同意而处理个人信息。这样的规定,一方面,可以防止企业自行制定不合理的劳动规章制度,以此作为不合规处理员工个人信息的抗辩理由;另一方面,也可以避免在人力资源管理的各个环节中,每个处理员工个人信息的行为都要取得个人同意而导致工作效率低下。

在人力资源管理的各环节都涉及对员工个人信息的处理,以下列举常见的合规场景。

一、招聘和入职阶段

(一)收集个人信息的合法、正当和必要性

根据《劳动合同法》(2012年修正)第8条的规定,用人单位有权了解劳动者与劳动合同直接相关的基本情况,劳动者应当如实说明。但公司不应要求员工提供与建立、履行劳动合同无关的个人信息,如应谨慎收集女员工的婚育信息、家庭成员信息,避免就业歧视,这不仅是个人信息保护的法律要求,也符合保障劳动者公平就业的相关规定。

(二)背景调查

背景调查是用人单位核实拟入职员工背景信息、工作履历、业绩表现等信息真实性的重要手段,在很多情形下,公司会对管理岗位及其他关键岗位(如关键技术岗位、涉密人员等)的应聘者进行背景调查。《个人信息保护法》并未禁止背景调查,因此,用人单位对拟入职员工进行背景调查本身并不违反法律法规,但背景调查的手段应符合合法、正当、必要及最小化等原则。

此外,对调查范围也应有限制,背景调查的范围主要是与劳动者任职资格匹配的信息,一般包括:求职者的姓名、学历、职业资格、工作技能、工作经历、是否已经存在劳动关系等与招聘岗位及工作能力相关的信息。根据岗位需要,可能还需调查应聘者身体状况,主要为是否患有不适宜从事求职岗位的疾病等。至于与招聘职位无直接关系的信息,如婚姻状况、生活经历、与劳动能力无关的生理缺陷等,应属于个人隐私,不应在背景调查范围内。

(三)与猎头等第三方机构合作

与第三方共享或者委托处理员工个人信息的情况,在招聘阶段以及员工的日常管理阶段都非常常见。如在应聘阶段,公司与猎头或背景调查等第三方公司合作,委托第三方进行招聘或入职前背景调查;而在员工任职期间,用人单位出于团建、体检、购买商业保险等目的,也可能需要向其他第三方提供员工的个人信息。

在上述与第三方机构合作的情形下,接收个人信息的一方往往具有基于其业务的独立处理目的和处理方式,因此,用人单位应当向员工告知接收方的名称、联系方式、处理目的、处理方式和个人信息的种类,并取得员工的单独同意;另一方面,用人单位应谨慎评估合作的第三方机构数据安全保护能力,并通过合同准确划分双方关于个人信息保护的权利义务和责任,要求第三方机构合法合规处理个人信息,保护好已获取的个人信息。

二、劳动关系存续阶段

(一)敏感个人信息的处理

员工入职后,用人单位在日常人力资源管理工作中,可能涉及对员工敏感个人信息的处理活动:如用人单位出于可能会收集员工的指纹信息、人脸信息等作为考勤依据;又或者基于入职条件以及员工年休假管理的需要收集员工的体检信息、病历信息等。而指纹信息、人脸信息、个人体检信息、病历信息等都属于敏感个人信息。

对于敏感个人信息的处理有以下问题需要注意:第一,作为收集员工个人敏感信息要有充分的必要性,比如,用人单位要求特定涉密区域需要验证被授权员工的指纹信息才能进入,否则,不应将指纹识别或人脸识别作为唯一的门禁方式,员工有权要求提供其他的替代方式,公司应增加其他门禁方式供员工选择;第二,应在员工制度(或员工手册)中明确有关口令、门禁卡等方式的使用要求,对员工提出保密要求;第三,收集个人敏感信息应向员工充分履行告知义务,比如,通过员工手册、OA系统通知等方式,公示收集及处理敏感个人信息的相关内容,保障其知情权并获得员工单独同意,并提供便捷的支持员工行使权利的方式和途径;第四,用人单位对于敏感个人信息应采取更加严格的保护措施。

(二)对员工的监控

用人单位对员工的监控主要包括两种方式:第一种是在办公区域安装摄像头,而第二种则对员工电脑等办公设备、办公软件、使用的网络及信息系统、网络浏览情况等进行监控。

(1)用人单位在办公区域安装摄像头,一方面是出于办公区域安全考虑,另一方面也是出于对员工管理的需要。根据《民法典》第1032条及第1033条的规定,自然人享有隐私权,除法律另有规定或者权利人明确同意外,任何组织或者个人不得进入、拍摄、窥视他人的私密空间、拍摄、窥视、窃听、公开他人的私密活动,或以其他方式侵害他人的隐私权。

一般来说,办公场所不被认定属于私密空间,与同事之间因工作产生的活动不属于私密活动,用人单位出于管理及安全需要在办公场所安装摄像头也并无明确法律禁止。但需要注意的是,第一,用人单位应遵照法律法规设置监控内容的查看、提取的权限、流程等规定,不得过分放大用人单位的管理权限,不得在卫生间、更衣室等个人私密性强的场所安装,最大限度地保护劳动者的隐私权;第二,用人单位应当明示告知员工会对相关信息进行收集、处理,提醒员工哪些区域属于监控区域。

(2)对员工电脑等办公设备、办公软件、使用的网络及信息系统、网络浏览情况等进行监控。用人单位应考虑以下几个要素:第一,监控办公设备的所有权问题;第二,监控是否为公司管理所必需;第三,监控实施方式的合理性。

如果员工是在工作时间使用的公司办公设备,则很难认定用人单位对员工的隐私造成侵害。在"王某某与北京易艾斯德科技有限公司隐私权纠纷案"[1]中,法院观点认为,"王某某使用易艾斯德公司提供的办公电脑应用于履行职

---

[1] 北京市朝阳区人民法院民事判决书,(2021)京0105民初17774号。

务,不应用于除工作业务外的其他用途,一般情况下其办公电脑内的使用空间对易艾斯德公司而言不属于私密信息"。在"广东联力科技有限公司与林某某、王某某、广东半刻未来科技有限公司等侵害商业秘密纠纷案"[1]中,法院认为:"在判断证据的合法性时,应当对取证方法是否违法以及违法所损害的利益与诉讼所保护的利益进行衡量,以衡量的结果作为判断是否是非法证据的重要考量因素。本案中,联力公司取得证据的方法是在员工工作电脑中安装的监控软件取得,该电脑并非私人电脑,公司在工作时间对员工工作电脑进行监控,并未达到严重侵害员工个人权益的程度。且联力公司的取证方式系为了证明员工实施了侵害其涉案经营秘密的行为,应认为是为了维护自己的合法权益所为。因此,该证据的合法性本院予以确认。"

在实践中,员工用个人电脑处理工作内容的情况也非常普遍,如果公司要求员工在个人设备中安装监控软件,或者在发生合规调查等事件时要求员工提供其个人设备中的信息,则构成侵害员工的隐私权或个人信息相关权利的风险较大:在"浙江贝纶丝线有限公司与钱某某劳动合同纠纷案"[2]中,法院认为:"自然人享有隐私权,劳动者个人手机在工作、生活、人际交往中形成的信息亦属于个人隐私,未经许可不应被他人非法侵扰、收集、利用和公开,用人单位确有权对员工实施组织、领导、监督和管理,劳动者也理应服从,但必须以合法、合理为前提,不能以此剥夺劳动者的人身权利和人格权利,用人单位行使管理、监督时应当尽到审慎义务,最大限度地保护劳动者的隐私权。本案中,原告未经被告同意,擅自获取其微信数据,该行为不具有合法性、必要性以及正当性,应予以禁止。"

综上所述,为降低侵犯员工个人信息和隐私权的风险,用人单位可为员工专门配备工作所用的手机、手机号、微信号或 QQ 号等通信工具,且在公司规章制度、劳动合同等文件中明确要求员工只能将办公设备用于工作目的,客观上将员工的私人通信和处理工作事务分开。

---

[1] 广东省中山市中级人民法院民事判决书,(2020)粤 20 民终 6958 号。
[2] 浙江省海宁市人民法院民事判决书,(2021)浙 0481 民初 5360 号。

三、劳动关系终止阶段

(一)个人信息的删除

劳动合同的终止,不代表用人单位就不需要再履行任何信息保护义务了。《劳动合同法》第 50 条规定,用人单位对已经解除或者终止的劳动合同的文本,至少保存 2 年备查;此外各地方对于人力资源管理也有不同规定,如《深圳市员工工资支付条例》(2022 年修正)第 15 条规定,用人单位支付工资应当制作工资支付表。工资支付表应当有支付单位名称、工资计发时段、发放时间、员工姓名、正常工作时间、加班时间、正常工作时间工资、加班工资等应发项目以及扣除的项目、金额及其工资账号等记录。工资支付表至少应当保存 3 年。因此,在法律规定的保存期间,用人单位依然负有对员工个人信息进行保护的义务。

《个人信息保护法》第 19 条规定,"个人信息的保存期限应当为实现处理目的所必要的最短时间",在实践中,大量用人单位对于离职或退休员工的个人信息保存超过法律规定的必要期限后,也不会删除或进行任何处理,存在一定违规风险。关于个人信息的存储期限,如果法律法规或行业监管对存储期限有特殊规定,则应遵守法定的存储期限要求;如果法律法规与行业政策无具体要求的,应当结合用人单位的实际情况,按照《个人信息保护法》的基本原则存储至"业务应用所需的最低时限"。

(二)竞业限制的调查

用人单位对于已离职员工的竞业限制义务的调查,往往面临较大的难度和风险,在竞业限制案件中,离职员工往往会对相关证据提出证据合法性的抗辩,以用人单位隐蔽拍摄的视频、图片侵害隐私或者非法获取个人信息而要求裁判机关不予采纳。

在"百度在线网络技术(北京)有限公司与胡某某劳动争议案"[1]中,原告

---

[1] 北京市海淀区人民法院民事判决书,(2022)京 0108 民初 14581 号。

百度在线提交的证据中包括被告胡某某入职其公司的竞争对手字节跳动相关公司上班打卡的视频,胡某某认可上述证据的真实性,认可视频影像及截图中的人员均为其本人,但表示证据来源非法,认为视频拍摄过程系多次偷拍、跟拍,内容包含其样貌、体貌、行踪路线等个人敏感信息,严重侵犯其隐私,不能作为定案依据,应当予以排除。法院从拍摄的地点、拍摄内容、拍摄动机和视频使用的情况等方面进行审查,认为尽管该拍摄未取得胡某某的同意,损害了其合法权益,但从情节上审视,尚未达到严重侵害胡某某合法权益的程度,不存在违反法律禁止性规定或者严重违背公序良俗的情形;另外,取证方式的违法性对胡某某权益的损害,明显弱于忽略违法性所能够保护的利益,故秉承利益衡量理念予以考量,证据不应被排除,可以作为案件事实认定的依据。

尽管在部分案例中,法院秉承利益权衡的理念,将部分可能涉及侵权的证据纳入事实依据中,但用人单位在竞业限制调查中,还是应当合法合规,严禁使用窃听窃照器材,不得偷窥、偷拍、窃听、散布他人隐私,无论是自行调查还是授权第三方机构调查,都要尽到审慎义务,不得侵害离职员工的个人信息和隐私权。

第二节 商 业 交 易

数据在商业决策和商业交易过程中扮演着越来越重要的角色,经营者通过大数据分析和预测,能够精准地了解客户、选择客户、为客户展示商品、为客户定价、为客户提供服务,从而完成整个交易活动。但在这个过程中,也存在不少可能侵犯消费者权益的情形。

一、大数据杀熟

大数据杀熟是互联网平台经济时代下消费者普遍关注的热门话题。所谓"大数据杀熟",是指经营者通过对消费者的用户信息、消费习惯、消费能力、消费偏好等日常消费数据进行收集、分析和挖掘,结合算法逻辑,形成能够自动生成和输出个性化销售或服务的定价方式,使经营者在向用户提供商品或服务时,能够精准判断消费者的购买能力和购买意愿,通过隐蔽的方式实现在价格等交易条件上的差别待遇。尽管大数据杀熟被广为诟病,但目前法律法规中并未对大数据杀熟行为的内涵和外延进行界定,有关的监管文件散见于《民法典》、《消费者权益保护法》(2013年修正)、《个人信息保护法》、《反垄断法》(2022年修正)等法律法规中。

大数据杀熟的运作流程主要包括:(1)信息收集,构建"数据仓库";(2)数据分析,建立"用户画像",即对海量数据进行分析,并为用户打上"标签";(3)算法定价,实现"千人千面",通过数据分析,电子商务平台对市场竞争情况和消费者预期行为进行推测,对商品或服务的价格在一定范围内进行动态调整,从而最大限度地促成交易并获取利润。[1] 从运作流程来看,大数据杀熟的核心包括数据收集、算法分析以及区别定价三个内容。综合来看,大数据杀熟场景下可能存在以下法律合规问题。

(一)个人信息保护问题

《消费者权益保护法》第29条规定,经营者收集、使用消费者个人信息,应当遵循合法、正当、必要的原则,明示收集、使用信息的目的、方式和范围,并经消费者同意。《个人信息保护法》也明确了收集个人信息应遵循合法、正当、必要原则。大数据杀熟对于消费者个人信息权益的侵害主要体现在两个方面。(1)过度收集用户个人信息。在数据的收集环节,经营者收集、使用消费者个人信息,应当公开其收集、使用规则,履行告知义务并获得用户的同意。但在实践中,为了获得更多维度的用户信息来训练算法,经营者可能会在消费者无感知的情况下过度收集个人信息,又或者在平台协议或隐私政策中增加收集不必要个人信息的范围,使消费者被迫默认同意。(2)即便经营者对信息的收集获得了用户的授权,经营者仍可能会超过原有的授权范围对消费者数据进行深度挖掘和利用,甚至在用户未授权的情况下将用户个人信息用于训练算法。

---

[1] 参见胡元聪、冯一帆:《大数据杀熟中消费者公平交易权保护探究》,载《陕西师范大学学报(哲学社会科学版)》2022年第1期。

(二)消费者权益保护问题

大数据杀熟还可能侵犯消费者的知情权以及公平交易权:经营者对消费者进行数据分析、用户画像最后直至输出差异化的价格,这个过程对于消费者而言是完全不透明的,尽管监管部门已经建立了算法备案制度用于提升算法透明度,但"算法黑箱"属性导致消费者根本无法真正理解算法逻辑,更无法证明自己的权益受到侵害;消费者的公平交易权不仅仅包括经营者不得强迫消费者进行交易,还应包括经营者在提供商品或服务的过程中要公平地对待所有的消费者,但经营者通过算法为消费者推送更高价格的"定向"商品或服务信息,导致不同的消费者看到的价格不同,违反了基本的明码标价原则,也侵犯了消费者的公平交易权。

2020年10月1日施行的《在线旅游经营服务管理暂行规定》规定,在线旅游经营者不得滥用大数据分析等技术手段,基于旅游者消费记录、旅游偏好等设置不公平的交易条件,侵犯旅游者合法权益。《消费者权益保护法》第10条也规定了消费者享有公平交易的权利,消费者有权获得质量保障、价格合理、计量正确等公平交易条件。另外,《电子商务法》第18条规定,电子商务经营者根据消费者的兴趣爱好、消费习惯等特征向其提供商品或者服务的搜索结果的,应当同时向该消费者提供不针对其个人特征的选项。

(三)不正当竞争及垄断问题

在大部分情况下,大数据杀熟行为的实施主体一般是在行业内具有一定地位、规模较大的互联网平台经营者,这类经营者实施杀熟行为还可能受到《反垄断法》的规制,《反垄断法》主要规范的是滥用市场支配地位中的差别待遇行为,从而达到保护消费者权益以及维护市场公平竞争秩序的目的。《反垄断法》第22条规定,"禁止具有市场支配地位的经营者从事下列滥用市场支配地位的行为:……(六)没有正当理由,对条件相同的交易相对人在交易价格等交易条件上实行差别待遇;"2021年2月7日,《国务院反垄断委员会关于平台经济领域的反垄断指南》中的规定则更加具体,"差别待遇"是指具有市场支配地位的平台经济领域经营者,可能滥用市场支配地位,无正当理由对交易条件相同的交易相对人实施差别待遇,排除、限制市场竞争。其中,"基于大数据和算法,根据交易相对人的支付能力、消费偏好、使用习惯等,实行差异性交易价格或者其他交易条件"是构成差别待遇的考虑因素之一。

在地方性法规方面,2022 年 1 月 1 日生效的《深圳经济特区数据条例》也强调公平竞争,其第 69 条规定,市场主体不得利用数据分析,对交易条件相同的交易相对人实施差别待遇,该条款也是回应了数字经济时代背景下的大数据杀熟这一不正当竞争行为。

二、用户画像

《信息安全技术 个人信息安全规范》(GB/T 35273-2020)第 3.8 条规定,"用户画像"是指通过收集、汇聚、分析个人信息,对某特定自然人个人特征,如职业、经济、健康、教育、个人喜好、信用、行为等方面作出分析或预测,形成其个人特征模型的过程。

用户画像在经营者的产品开发、服务优化、商务营销等交易环节都起着重要作用,通过不同的算法以及对个人原始信息的标签化,经过数据的聚合、加工处理以及分析预测,从而使经营者可以精准地了解用户,甚至是预测用户的个人行为。

根据用户画像处理对象的不同可以分为群体性用户画像和个人用户画像:对个人进行用户画像时,从大量的个人信息中层层标签提炼出精准的特征标识,导致可能存在潜在的侵犯用户隐私及歧视风险,必然要受到有关个人信息保护方面监管的约束;而在涉及群体性用户画像时,数据聚合、融合及分析抽象后形成群体用户画像也可能产生新的风险点,例如,勾画特定地区法官群体的用户画像可能影响当地司法秩序,对国家中央部委周边区域网络用户车流轨迹画像以推导特定群体的行为模式与情感认知,蕴含着危害国家安全的隐患。[1]

---

[1] 参见夏燕、胡智敏、游烨林:《数字传播时代用户画像的风险与法律治理》,载《青年记者》2023 年第 16 期。

三、自动化决策

《个人信息保护法》第 73 条将"自动化决策"界定为,通过计算机程序自动分析、评估个人的行为习惯、兴趣爱好或者经济、健康、信用状况等,并进行决策的活动。一般而言,自动化决策流程主要如下:为实现特定业务目的,选定和收集特定的个人信息,并通过计算机程序自动分析、评估、预测特定个人的行为习惯、兴趣爱好等个人特征,再基于个人特征作出决策。决策活动可以由不同程度的人工参与,也可以无须人工完全由计算机作出具体决定。

自动化决策应用的商业场景非常广泛,包括但不限于信息推送、商业营销、商业交易、教育求职、信用贷款或保险评估以及社会福利资格等公共治理领域。

个人信息处理者在利用个人信息进行自动化决策过程中,除涉及个人信息的处理的问题,在决策程序上也存在算法安全的问题,因此,《个人信息保护法》第 24 条针对利用个人信息进行自动化决策提出的相关法律要求兼顾了算法决策的透明度要求与对个人权益保障的要求。

1. 决策的透明度要求:明确个人信息处理者保证算法的透明度要求,也就是明确了自动化决策的可追责性;除算法透明要求之外,个人信息处理者在开发或应用自动化决策算法过程中,应当要保证算法安全,开展自动化决策算法影响评估。

2. 保证决策结果的公平和公正的要求:商业活动追求精细化和个性化,因此,针对不同的人推荐不同的产品和服务本身无可厚非,但针对相同的产品或服务,向消费者提供不合理的差别待遇则可能侵犯了消费者的知情权和公平交易权。

3. 决策中对个人权益保障的要求:通过自动化决策进行信息推送和商业营销,应赋予个人信息主体选择和拒绝的权利,即向个人提供不针对其个人特征的选项,或者向个人提供便捷的拒绝方式。

4. 在涉及重大影响的决策中,应保障个人信息主体的请求说明权和拒绝权:如何理解"对个人权益有重大影响"?在 2023 年 8 月全国信息安全标准化技术委员会(以下简称信标委)发布的《信息安全技术　基于个人信息的自动化决策安全要求(征求意见稿)》中列举了一些典型场景,包括但不限于:教育、工作机会推荐或候选人评估;判定是否向某位申请人发放贷款或通过某项保险险种申请、确定贷款发放额度;通过自动化决策在行政管理活动中作出如给予或不给予行政许可或审批等决定;以及针对儿童、老年人等特殊群体的自动化决策场景。至于个人信息处理者应当如何说明,说明哪些内容以及说明到什么程度,并没有具体规定。

对个人信息处理者而言,算法逻辑以及数据来源可能涉及企业的商业秘密,如何在保护企业商业秘密和保护个人信息权益之间进行平衡,也是在未来司法实践中需要进一步去解决的问题。

总体来说,如果企业利用个人信息进行自动化决策,那么可采取如下风险管理措施:加强个人信息处理全生命周期保护;在开展自动化决策处理动作前进行个人信息保护影响评估以及算法影响评估;定期进行合规审计;采取加密脱敏等技术手段保障信息安全;加强内部权限管理以及为用户提供便捷明晰的意见反馈渠道,并设置专门责任人跟进处置响应。

第三节　公共场所安全管理

出于维护公共安全、加强智慧城市建设等目的,在公共场所安装图像采集和个人身份识别设备的情况非常普遍,在这个过程中涉及大量个人信息处理以及数据安全保护的问题。

一、收集个人信息的基本要求

收集个人信息须满足以下三个要求。

(一)为维护公共安全所必需

《个人信息保护法》第26条第1款规定,在公共场所安装图像采集、个人身份识别设备,应当为维护公共安全所必需。由于在公共场所安装的这些设备所收集的大多为不特定多数人的脸部特征、指纹信息等生物识别信息,这些都属于敏感个人信息,只有在具有特定目标和充分的必要性并采取严格保护措施的情况下才能够处理。

出于维护公共安全的考量,在一些法律规范中明确规定了对公共场所应加强监控系统建设,根据《反恐怖主义法》(2018年修正)第27条第2款规定,地方各级人民政府应当根据需要,组织、督促有关建设单位在主要道路、交通枢纽、城市公共区域的重点部位,配备、安装公共安全视频图像信息系统等防范恐怖袭击的技防、物防设备、设施。再如,中共中央办公厅、国务院办公厅印发《关于加强社会治安防控体系建设的意见》,强调"加快公共安全视频监控系统建设。高起点规划、有重点有步骤地推进公共安全视频监控建设、联网和应用工作,提高公共区域视频监控系统覆盖密度和建设质量。加大城乡接合部、农村地区公共区域视频监控系统建设力度,逐步实现城乡视频监控一体化。"由此可见,在公共场所采集图像以及设置个人身份识别设备应当具有合法性依据。

对于"公共场所"的认定问题,《最高人民法院关于审理使用人脸识别技术处理个人信息相关民事案件适用法律若干问题的规定》(以下简称《人脸识别司法解释》)列举了"宾馆、商场、银行、车站、机场、体育场馆、娱乐场所等经营场所、公共场所",然而,《公共场所卫生管理条例》则对于公共场所的范围描述得更为广泛,还包括宾馆、旅店、咖啡馆、浴室、影院、音乐厅、博物馆、书店、公园等。

(二)设置显著的提示标识

为维护公共安全,依据国家有关规定可以在公共场所按照图像采集和个人身份识别设备收集个人信息,无须取得个人同意,事实上,在很多情况下也无法取得个人同意,但对于免授权同意的情形,也不代表可以免除告知义务,因此,《个人信息保护法》第26条同时也要求设置显著的提示标识,让个人信息主体能够清晰地、显眼地知道自己已经进入了收集信息的区域。

在公共场所常见的履行告知方式包括:(1)通过小程序、公众号、App或者网页的渠道和进入人员进行交互,通过该渠道展示个人信息处理规则;(2)在图像信息的采集的公告区域设置显著的提示,使个人信息主体明确知悉自己已经进入信息收集区域,且还需要告知个人信息处理者的身份以及联系方式,个人信息权益的行使途径等事项;(3)如果无法实现交互式界面展示个人信息保护政策的,可以考虑通过网站、宣传册、广播、发通知、邮件、张贴告示、播放语音视频等方式,向个人信息主体主动地提供或展示个人信息处理的政策,并可以在采集设备、移动端、问询处、柜台等位置向公众展示个人信息处理规则或隐私政策文本。

(三)只能用于特定目的

《个人信息保护法》及《人脸识别技术应用安全管理规定(试行)(征求意见稿)》都规定了在公共场所收集的个人图像身份识别信息只能用于维护公共安全的目的,不得用于其他目的;取得个人单独同意的除外。且在公共场所安装图像采集、个人身份识别设备的建设、使用、运行维护单位,对获取的个人图像、身份识别信息负有保密义务,不得非法泄露或者对外提供。如运营单位未经个人单独同意擅自对外提供或泄露相关数据,则可能造成侵权责任。

以"傅某与盐城市某某酒店管理有限公司隐私权纠纷案"[1]为例:傅某与他人共同进入该酒店,后其丈夫汪某某发现傅某与他人关系暧昧后,前往该酒店获取了傅某在该宾馆出入时的监控视频,并向法院提起离婚诉讼。傅某认为汪某某从该酒店获取了其开房视频,侵害了自己的隐私权,诉至一审法院要求该酒店书面道歉并赔偿精神抚慰金。经法院审理认为,某某酒店掌握并控制傅某在宾馆入住时的相关视频资料,傅某虽无直接证据证明该酒店将视频资料交予汪某某,但汪某某事实上获取了傅某的相关视频,且视频并非通过翻拍取得,对此后果,酒店存在过错,依法应承担相应的法律责任。从这个案例可以看出,尽管酒店出于个公共安全目的安装视频,但所收集的数据涉及个人信息,除了维护公共安全之外不能用于其他目的,否则,酒店可能承担个人信息或个人隐私的侵权责任。

需要特别注意的是,在实践中,部分公共场所监控设备运维单位在采集了个人图像和身份识别信息后,会试图分析处理上述信息为个人进一步提供其他服务,比如,机场出于公共安全目的的需要大范围地安装监控设备收集个人图像

---

[1] 江苏省盐城市中级人民法院民事判决书,(2016)苏09民终1159号。

和个人身份识别信息,在此基础上,机场可以利用这些信息进一步实现精准催促登机服务以及为个人推荐周边商业,而这种服务内容已经超过了公共安全目的本身,也存在合规风险。除法律、行政法规规定应当使用人脸识别技术验证个人身份的,公共服务经营场所不应以办理业务、提升服务质量等为由强制、误导、欺诈、胁迫个人接受人脸识别技术验证个人身份。

二、应用人脸识别技术的合规要求

人脸识别,是基于人的脸部特征信息进行身份识别的一种生物识别技术,出于公共安全管理的需要,在机场、火车站、酒店等场景下,可使用人脸识别数据进行人证比对,通过移动智能终端、应用程序使用人脸识别数据进行解锁、验证核对人员身份等。根据《信息安全技术 人脸识别数据安全要求》的定义,人脸识别数据是指可识别自然人身份的人脸图像或人脸特征;人脸图像是自然人脸部信息的模拟或数字表示,人脸图像可以从设备收集或通过视频、数字照片等获取,主要类型包括可见光图像、非可见光图像(如红外图像);而人脸特征主要包括从人脸图像提取的反应自然人脸部信息特征的参数。

除上述提到的公共场所收集个人信息的基本要求外,对于在公共场所应用人脸识别技术及处理人脸识别信息,要特别注意以下几个要求。

1. 根据《信息安全技术 人脸识别数据安全要求》(GB/T 41819-2022)有关安全通用的要求规定,应仅在人脸识别方式比非人脸识别方式更具有安全性或便捷性时,采取人脸识别方式进行身份验证,人脸信息的应用应当具有限缩性,在做合规性的判断时,需要考虑"更安全和更便捷"与个人信息或个人隐私权益保障之间的价值权衡。

2.《人脸识别司法解释》第 10 条规定,物业服务企业或者其他建筑物管理人以人脸识别作为业主或者物业使用人出入物业服务区域的唯一验证方式,不同意的业主或者物业使用人请求其提供其他合理验证方式的,人民法院依法予以支持。虽然这里只对物业服务企业有明确规定,要求其提供其他合理验证方式,但是从整体人脸信息的合规趋势来看,进行主体身份的验证或识别最好是能提供多种可选择的验证方式,人脸识别一般不应当作为唯一的验证或识别方案。

3. 人脸识别技术使用者处理人脸信息，应当事前进行个人信息保护影响评估，并对处理情况进行记录。

4. 应在识别过程中持续告知数据主体验证目的，并通过语言、文字等向数据主体进行提示，需要数据主体主动配合的措施包括要求主体直视收集设备并做出目光注视、特定姿势、表情，或者通过标注了人脸识别应用的文字、图示、图标或符号的专用收集通道等，采用需要数据主体主动配合的措施收集人脸识别数据。

5. 应仅收集生成人脸特征所需的最小数量、最少图像类型的人脸图像，采取安全措施保证人脸识别数据的真实性、完整性和一致性，防止人脸识别数据在收集过程中被泄露或篡改。

6. 非经数据主体单独同意或书面同意，不应将人脸识别数据用于数据主体的评估或预测，包括但不限于评估或预测数据主体的工作表现、经济状况、健康状况、偏好、兴趣、消费行为和活动轨迹等。

第四节　互联网应用的合规

2023年8月28日，中国互联网络信息中心（China Internet Network Information Center，CNNIC）发布第52次《中国互联网络发展状况统计报告》。该报告显示，截至2023年6月，我国网民规模达10.79亿人，较2022年12月增长1109万人，互联网普及率达76.4%；其中，手机网民规模达10.76亿人，较2022年12月增长1109万人，网民使用手机上网的比例为99.8%。[1] 网民手机使用率不断攀升，互联网应用程序如网站、App、小程序等逐渐覆盖网民日常生活、学习、工作等的各个方面。

---

[1] 参见《10.79亿！第52次〈中国互联网络发展状况统计报告〉》，载微信公众号"网信广东"2023年8月28日，https://mp.weixin.qq.com/s/5AU2hfYfnVyhIcJiu9nHDw。

互联网应用已成为企业开展经营活动及面向消费者交互的重要工具,企业通过互联网应用收集及产生了大量的数据,但其中涉及的合规问题也急剧增加,根据中国网信网公布的数据,2023年,全国网信系统严格执行法律法规,大力查处各类网上违法违规行为,全年共约谈网站10,646家,责令453家网站暂停功能或更新,下架移动应用程序259款,关停小程序119款,会同电信主管部门取消违法网站许可或备案、关闭违法网站14,624家,督促相关网站平台依法依约关闭违法违规账号127,878个。[1]

从上述网信部门的执法情况可以看出,互联网应用程序的合规性是数据合规工作的重要内容,目前,我国对互联网应用程序呈现全面覆盖的监管趋势,监管对象已逐步扩大至包括网站、移动互联网应用程序(App)、类App程序(如预装应用、小程序、SDK等)、App分发平台在内的全产业链(以下统称互联网应用程序),这也对互联网应用程序的运营者提出了更高的合规要求。

一、App隐私政策合规

早在《个人信息保护法》出台前,App违法违规收集使用个人信息专项治理工作组就已出台《App违法违规收集使用个人信息自评估指南》,用于App运营者对其收集使用个人信息的情况进行自查自纠;《个人信息保护法》出台后,明确要求个人信息处理者履行"告知—同意"义务,完善的隐私政策内容是绝大多数互联网应用程序运营者处理用户个人信息的合法性基础,向客户展示隐私政策及用户协议并要求客户勾选同意该文本,就成为互联网应用中常用的告知义务的履行方式。

对企业而言,一方面,要关注其隐私政策的文本内容是否符合相应文件规定的内容及程序性要求,是否履行了充分的"告知"义务;另一方面,互联网应用程序运营者也要实际落实文本内容及相关承诺,保证其告知用户的内容是真实、完整的。

---

[1] 参见《网信系统持续推进网络执法 查处各类网上违法违规行为》,载中国网信网2024年1月31日,https://www.cac.gov.cn/2024-01/31/c_1708373600499439.htm。

(一)隐私政策的主要内容

隐私政策本身内容的合规性、完备性、真实准确性也需要进行审核。《信息安全技术 互联网平台及产品服务隐私协议要求(征求意见稿)》规定,隐私政策应当清晰、准确、完整地描述个人信息处理者的个人信息处理行为,并以便于用户阅读、理解的视角,向个人信息主体展现可能对个人权益产生影响的重点内容。《个人信息保护法》规定,处理个人信息应当"公开、透明",并遵循"合法、正当、必要、诚信、最小范围的原则"。据此,隐私政策应包含的内容主要有以下几个方面。

1. 隐私政策主体情况:一般来说,隐私政策第一部分应为政策文本中的基本释义,以及隐私政策发布主体、适用范围、适用主体类型、生效及更新时间等,用于明确隐私政策发布主体,也即个人信息保护义务的承担主体,为读者释明个人信息保护的各相关方,并简要介绍各方法律关系。

2. 个人信息收集和使用规则:此部分为隐私政策的主体内容之一,对于个人信息收集和使用规则的条款,应当结合具体业务场景,详细列举收集和使用个人信息的业务功能,不应使用概括性语言。应根据不同业务功能明确描述所收集的个人信息字段,并详细说明个人信息的使用方式,包括委托处理、存储、共享、公开披露情况等。

3. 个人信息保护措施:此部分为个人信息处理者的释明义务,个人信息处理者应当详细说明个人信息控制者对个人信息进行安全保护的措施。这包括但不限于个人信息完整性保护措施,个人信息传输、存储和备份过程的加密措施,个人信息访问、使用的授权和审计机制,个人信息的保留和删除机制、目前遵循的个人信息安全协议和取得的认证等。此外,还应当特别说明在发生个人信息安全事件后,个人信息处理者应采取的处理措施以及如何承担责任。

4. 个人信息主体所享有的权利:此部分内容应主要介绍个人信息主体享有的权利内容以及权利行使方式,内容包括但不限于:信息收集、使用和公开披露时允许个人信息主体选择的个人信息范围,个人信息主体所具备的访问、更正、删除、获取等控制权限,个人信息主体隐私偏好设置,个人信息主体不再使用服务后撤回授权同意和注销账户的渠道、个人信息主体进行维权的有效渠道、响应个人信息主体权利行使的时间等。

5.儿童个人信息保护:我国《个人信息保护法》将不满14周岁的任何人均视为儿童。对于儿童个人信息的处理应遵守相关法律中的特殊规则,因此,在隐私政策中需针对儿童个人信息的处理及保护进行特别说明,内容应包括但不限于在监护人知情并同意情况下处理儿童个人信息、未经监护人同意处理儿童个人信息的处理规则等。

6.个人信息的存储及跨境传输:原则上,在中华人民共和国境内收集和产生的个人信息,应当存储在中华人民共和国境内。如企业因业务需要或其他原因确需将个人信息传输至境外,则应当在此部分中说明需要进行跨境传输的数据类型,以及跨境传输遵守的标准、协议和法律机制等,并取得个人信息主体的同意。

7.政策更新及联系方式。

(1)政策更新:在个人信息保护政策发生重大变化时,个人信息处理者需及时更新个人信息保护政策。在此部分内容中,个人信息处理者应详细说明可能存在的隐私政策更新情形,并说明更新时使用何种方式及时通知个人信息主体。

(2)联系方式:为便于个人信息主体行使权利,同时对个人信息安全问题相关反馈、投诉,个人信息处理者需要明确给出个人信息安全责任部门的联系方式、地址、电子邮件地址、个人信息主体反馈问题的表单等反馈渠道及联系方式,并明确个人信息主体可以收到回应的时间。

(二)隐私政策形式合规要点

形式合规审查,是指隐私政策在表现形式上是否严格遵循相关法律法规、标准中关于个人信息保护的规定。隐私政策在形式上应满足易读、易访问的要求,主要的合规要点包括但不限于:

1.隐私政策等收集使用规则应当便于访问,如进入App主界面后,不多于4次点击等操作即能访问到;

2.隐私政策等收集使用规则应当易于阅读,如文字应当大小适中、颜色清晰、提供简体中文版等;

3. 对于处理个人敏感信息、儿童个人信息等需要单独取得个人信息主体同意的内容,需单独列出并进行重点标识;

4. 隐私政策有更新的,应当通过能够引起个人信息主体显著注意的方式进行提示,在通常情况下可能采取的通知方式包括:个人信息主体登录信息系统时、更新信息系统版本并在个人信息主体使用时弹出窗口、个人信息主体使用信息系统时直接向个人信息主体推送通知、向个人信息主体发送邮件、短信等。

二、设备权限调用

设备权限调用的相关合规义务主要适用于安装在移动智能终端操作系统中的互联网应用程序,互联网应用程序在向用户提供服务时,需要向用户申请调用智能设备的相应权限,从而达到数据采集的目的。所调取的设备权限可能包括但不限于日历、通话记录、相机、通讯录、位置、麦克风、电话、传感器、短信、存储权限、设备识别码、身体活动等。

目前,有关部门对于设备调用权限的监管规范也多存在于对 App 等违法违规收集使用个人信息的监管文件中。《网络安全标准实践指南—移动互联网应用程序(App)系统权限申请使用指南》(TC260 – PG – 20204A)(以下简称《权限申请使用指南》)是为规范 App 系统权限申请及使用行为,防范系统权限不当利用造成的个人信息安全风险出台的实践指南,其中,针对 App 申请使用系统权限存在的强制、频繁、过度索权以及捆绑授权等典型问题,给出了合规建议,确立了互联网应用程序申请用户设备权限应遵循最小必要、用户可知、不捆绑不强制等基本原则,在申请操作层面还应遵循动态申请原则,即在用户未触发相关业务功能时,不提前申请与当前业务功能无关的权限。

此外,《权限申请使用指南》的几项附录中也对 App 系统权限申请使用的常见问题进行了归纳及描述。《权限申请使用指南》附录 C 中明确归纳了以下几项 App 在系统权限申请及使用过程中可能存在的违规问题,如表 5 – 1 所示。

表 5-1 App 系统权限申请及使用过程中可能存在的违规问题

序号	违规问题	示例
权限申请阶段			
1	权限申请目的不明	(1) 仅通过操作系统弹窗向用户申请系统权限,且未告知权限申请目的。 (2) 将目的描述为"需要您开启存储权限,以保证存储相关功能的正常使用",未具体明确地说明权限的使用目的
2	告知目的与实际不符	实际申请权限超出或少于告知范围或告知内容存在错误或以虚假目的诱导用户同意
3	过度索权	申请或强制索取无关权限、非必要权限。例如,未提供短信相关功能的 App 申请短信权限;浏览器 App 强制索要位置权限,用户拒绝提供位置权限则无法使用 App 任何功能
4	强制捆绑授权	必须同意开启 App 申请的所有权限,否则无法安装
权限使用常见问题			
1	权限滥用	例如,利用悬浮窗权限设置全屏的透明弹窗,通过记录键盘操作窃取用户密码;利用读取电话状态及写入外置存储器权限,读取用户的设备唯一标识后将其写入外置存储器,供该用户安装的其他相关 App 读取用户的设备唯一标识等
2	隐蔽或超出预期处理个人信息	例如,在用户不可感知或超出用户预期的情况下读写、传输或使用用户的相册、语音备忘录、短信、联系人、通话记录、日历数据、传感器数据、位置信息、设备信息、已安装应用程序列表等;或在用户不可感知或超出用户预期的情况下使用设备的麦克风、相机等

三、Cookie 技术的使用及 SDK 接入

(一) Cookie 技术的使用

Cookie 技术,是网络公司用于记录用户搜索关键词或网络浏览历史等信息、分析用户偏好的一种技术手段,该技术一般表现为用户使用的网站平台或 App 程序自动储存下来的信息文本。在一般情况下,在当前浏览页面与用户引

导访问的技术交换期间,计算机会自动生成相应 Cookie 文本。每个 Cookie 为用户生成唯一 ID,并以此记录用户所浏览的网页、所查找的信息等。当用户重新访问时,浏览器会自动将之前的 Cookie 记录附加到用户未来发出的每个 HTTP 请求当中。[1] 目前,网站中的用户画像、个性化推荐等均依赖于该项技术完成。

欧盟的相关法律对于 Cookie 技术规制最早出现于 2002 年《电子隐私指令》,《电子隐私指令》要求按照《数据保护指令(95/46/EC)》充分告知用户关于 Cookie 的全面信息,且给予用户拒绝的权利后,方可在终端设备上存储或访问 Cookie 的信息。[2] 欧盟《通用数据保护条例》(General Data Protection Regulation,GDPR)生效后,进一步明确了网络设备、应用、工具、协议中留存的 Cookie 痕迹如果具有唯一指向性,则可生成个人画像或档案从而识别到具体自然人,即具有身份识别性,构成个人数据。[3] 关于 Cookie 同意的条件须符合通过声明或肯定的行为、自由作出、具体、知情且明确的同意。

从域外的执法情况来看,谷歌(Google)、脸书(Facebook)等多家大型互联网企业都曾因 Cookie 技术使用的未遵守相关国家的法律受到高额罚款。在法国国家信息与自由委员会(Commission nationale de l'informatique et des libertés Abbreviation, CNIL)对 Google、Facebook 的处罚通知中可知,CNIL 对上述两家公司进行处罚的原因是,这两家公司的产品通过将拒绝采用 Cookie 的选项复杂

---

[1] 参见常琦:《Cookie 技术下个人网络信息保护的法律规制研究》,西南财经大学 2020 年硕士学位论文。

[2] 2002/58/EC, Article 5 (3): Member States shall ensure that the use of electronic communications networks to store information or to gain access to information stored in the terminal equipment of a subscriber or user is only allowed on condition that the subscriber or user concerned is provided with clear and comprehensive information in accordance with Directive 95/46/EC, inter alia about the purposes of the processing, and is offered the right to refuse such processing by the data controller. This shall not prevent any technical storage or access for the sole purpose of carrying out or facilitating the transmission of a communication over an electronic communications network, or as strictly necessary in order to provide an information society service explicitly requested by the subscriber or user.

[3] Deac A. Regulation (Eu) 2016/679 of the european parliament and of the council on the protection of individuals with regard to the processing of personal data and the free movement of these data. Perspectives of Law and Public Administration, 2018, 7(2): 151 – 156.

化等多种方式，变相不允许用户拒绝Cookie，侵犯了用户同意网站收集其个人信息的自由，该类行为违反了《法国数据保护法》第82条。

而在被视为我国首例Cookie技术与隐私权纠纷案的"北京百度网讯科技公司与朱某隐私权纠纷案"中，原告朱某在家和单位的网络上利用百度浏览器搜索相关关键词后，会在特定的网站上出现与关键词有关的广告。百度公司在朱某未知情和选择的情况下，将与朱某之前搜索的内容相关的广告投放在其登录的网站上，侵犯了朱某的隐私权，并因此要求百度公司停止侵权并支付精神损害抚慰金。在该案中，终审法院认为百度公司通过Cookie技术收集的数据信息的匿名化特征不符合"个人信息"的可识别性要求也不构成个人隐私，且百度公司在提供个性化推荐服务及通过Cookie技术收集数据前，已在《使用百度前必读》中履行告知义务，因此，百度公司不构成侵权。[1]

综合上述案例可知，对于Cookie技术的主要争议在于服务提供者是否需在使用该类技术收集个人信息前充分告知用户并取得用户的明示同意，也即是否侵害了用户对其个人信息处理活动的知情权和决定权。

我国现行法中虽并未针对Cookie技术在法律层面通过专门条款予以规制，但采用Cookie技术处理个人信息时应当遵守《个人信息保护法》的一般规定，充分保证用户的知情权及决定权。从细节规定看，《App违法违规收集使用个人信息自评估指南》明确，当App使用Cookie等同类技术[包括脚本、点击流（Clickstream）、网络信标、闪存Cookie（Flash Cookie）、内嵌网络链接、SDK接入等]收集个人信息时，应向用户明示所收集个人信息的目的、类型。

（二）SDK接入

SDK（Software Development Kit）即"软件开发工具包"，是辅助开发某一类应用软件的相关文档、范例和工具的集合，常见的SDK类型包括支付类、地图类、信息推送类等。

多数App通过SDK实现某些软件功能的调用，SDK在运行时往往需要处理部分个人信息。在App内接入第三方SDK，由第三方获取App内的用户信

---

[1] 江苏省南京市中级人民法院民事判决书，(2014)宁民终字第5028号。

息,本质上属于向第三方提供用户个人信息。为规范通过 SDK 违规收集用户个人信息的情形,早在 2020 年 7 月,工信部就已将 SDK 治理列为年度治理重点。2023 年 2 月发布的《工业和信息化部关于进一步提升移动互联网应用服务能力的通知》(工信部信管函〔2023〕26 号)中也明确 App 运营者应当加强 SDK 的使用管理。

结合工信部公布的侵害用户权益行为的 App 通报内容,因 SDK 违规被通报的案例数量逐年增多,涉及的主要违规情形包括:SDK 未经用户同意私自调用权限隐蔽收集或使用个人信息,私自通过自启动、关联启动等方式收集个人信息,处理个人信息、超范围收集个人信息等。除此之外,SDK 的常见安全问题还包括 SDK 自身安全漏洞、SDK 恶意行为(如流量劫持、资费消耗、隐私窃取)、SDK 违规收集使用个人信息等。

针对上述合规问题,App 使用 SDK 处理个人信息时,App 提供者、SDK 提供者应满足《信息安全技术 个人信息安全规范》(GB/T 35273 - 2020)相关角色要求。App 提供者及 SDK 提供者可采取的具体的合规操作标准可参考《网络安全标准实践指南—移动互联网应用程序(App)使用软件开发工具包(SDK)安全指引》第 5.2 条、第 5.3 条的规定执行,如表 5 - 2 所示。

表 5 - 2 常见 SDK 合规安全措施

序号	内容
App 提供者	
1	遵循合法、正当、必要的原则选择使用 SDK
2	集成 SDK 前对其进行安全性评估,评估内容可包括但不限于:来源安全性评估、代码安全性评估以及行为安全性评估
SDK 提供者	
1	收集使用个人信息和申请敏感权限应遵循合理、最小、必要原则
2	对功能独立的模块,宜进行拆分或提供单独的开启关闭选项,允许 App 提供者按需进行选择使用或开启关闭,不应强制捆绑无关功能并以此为由申请无关权限或收集无关的个人信息
3	收集个人信息的频率应保持为实现自身业务功能所必需的最低频率

续表

序号	内容
4	通过接口调用提供自身功能的 SDK,对接口增加鉴权机制,并对不同 App 调用接口的上下文环境进行隔离
5	完善与 App 提供者的合作协议,明确双方有关个人信息处理的权利义务关系
6	某 App 停止接入 SDK 后,SDK 提供者应删除从该 App 共享或收集的个人信息或做匿名化处理

四、广告管理

在互联网应用程序内嵌入广告已逐渐成为运营者增加收益的主要方式之一,互联网应用程序运营者也应关注广告营销及广告展示的合规性问题。

(一)常见广告不合规行为

常见广告不合规行为表现多种多样,包括广告设置形式的不合规以及广告内容的不合规,典型如下。

1. 广告形式不合规

在广告设置形式方面,传统的弹窗广告往往会通过隐藏关闭按钮、设置关闭时间等方式干扰或影响用户关闭弹窗,或是使用整屏图片、视频等作为跳转链接欺骗或强迫用户进行点击跳转。除传统弹窗广告外,新型广告跳转方式也不断出现,即在广告播放过程中通过"摇一摇"的方式打开跳转链接,这类跳转方式需要调取用户设备中的传感器信息,且很容易自动跳转至广告链接,导致用户不易关闭。

2. 广告内容不合规

除广告设置形式外,广告内容的合规性也值得关注。由于互联网广告投放形式多样、投放范围广泛,且具有随机性、短时性的特点,多数广告为吸引用户点击,往往在内容中设置虚假、诱导或引人误解的内容夸大产品或服务的功效,甚至是设置与实际产品或服务完全不同的广告内容,或是通过广告传播妨碍社会公共秩序或者违背社会良好风尚,含有淫秽、色情、赌博、迷信、恐怖、暴力等的内容。

(二) 广告的一般合规要求

1. 在广告形式设置方面

根据《工业和信息化部关于进一步提升移动互联网应用服务能力的通知》，移动互联网应用应保证窗口关闭用户可选。开屏和弹窗信息窗口提供清晰有效的关闭按钮，保证用户可以便捷关闭；不得频繁弹窗干扰用户正常使用，或利用"全屏热力图"、高灵敏度"摇一摇"等易造成误触发的方式诱导用户操作。

根据《移动应用广告行为规范》(T/TAF 115-2022) 团体标准第 5 条，移动应用广告还应遵循包括但不限于以下行为规范：非前台运行时，不得在应用外弹窗；弹窗不应影响智能终端的使用；显著标明"广告"字样；不得出现虚假的关闭功能标识、跳过功能标识；跳转、触发第三方应用前向用户进行提示等。

2. 在广告的内容设置方面

互联网广告内容应遵守《广告法》的一般规定，主要包括但不限于以下内容。

广告不得含有虚假或者引人误解的内容，不得欺骗、误导消费者。广告不得含有虚假或者引人误解的内容，不得欺骗、误导消费者；不得对商品的性能、功能、产地、用途、质量、成分、价格、生产者、有效期限等进行一些虚假的宣传。

广告中不得使用国家级、最高级、最佳等绝对化用语。

广告内容不得损害国家的尊严或者利益，泄露国家秘密；不得妨碍社会安定，损害社会公共利益；不得危害人身、财产安全或泄露个人隐私。

广告中不得贬低其他生产经营者的产品或服务等。

五、互联网信息内容合规

总体而言，除上述介绍的合规要点外，对互联网应用程序的合规状况进行审查还应关注《互联网信息服务管理办法》《网络信息内容生态治理规定》等规范中有关互联网信息内容的合规要求。

互联网应用程序运营者应注意及时对应用程序中含有的危害国家安全、公共利益、破坏民族团结、国家政策，以及宣扬邪恶、散布谣言、含有淫秽色情、暴力恐怖等违法不良信息采取删除屏蔽措施，防止有害信息通过该互联网应用程序传播。

在知识产权方面,互联网应用程序中发布的内容和所提供信息不得侵犯第三方知识产权,对于涉嫌侵犯知识产权的内容,应当立即采取下架、删除、屏蔽措施,并及时通知相关权利人。

在防范网络暴力方面,互联网应用程序运营者应注意针对网络暴力行为设置防护功能,包括但不限于陌生用户屏蔽、评论限制、信息发布可见范围选择等措施,防止用户受到网络暴力侵害。

除遵守法定信息内容管理要求外,企业也应关注应用程序分发平台有关应用程序上架及日常管理的监管要求,违反此类规定虽不必然导致应用程序提供者因存在违规行为受到行政处罚等不利后果,但可能导致应用程序被分发平台拒绝上架或进行下架处理,同样可能影响互联网应用程序的正常运营。

第六章 数据合规管理体系构建

数字经济已经成为我国稳增长促转型的重要引擎,中国数字经济的发展,一方面,要充分发挥我国海量数据规模和丰富应用场景优势,激活数据要素潜能,挖掘数据市场价值,增强经济发展新动能,构筑国家竞争新优势;另一方面,要构建完善的数据安全治理体系,切实维护国家数据安全、保护数据主体的各项权益、保护知识产权及商业秘密。

企业建立数据合规管理体系是企业提升数据治理能力的重要内容,也是企业合规管理体系的重要部分。从组织架构、合规管理制度、合规操作规程、数据保护技术措施、访问控制和权限设置、安全教育和培训、主体权利响应机制、应急预案等多方面建立完善的管理体系,将外部的监管要求充分地落实于企业的日常经营管理中,有效提高企业的合规管理能力,有助于企业进一步挖掘数据价值,实现数据资产商业化转化。

第一节 完善组织架构

组织架构是数据合规管理体系的神经网络。一切管理制度和管理思想,都需要以组织架构的设计和运转作为基础去传导到企业各部门和各业务条线。组织架构的设立不是空架子,而是切实保障数据合规工作落地必不可少的机制:第一,根据法律要求,应设立数据保护部门或专门负责人员,有专人对数据安全及信息保护负责并组织开展合规工作;第二,系统地把数据合规管理义务渗透到所有参与数据处理的部门和人员身上,针对主要部门和人员制定明确的岗位职责,定人定岗明确职责,完善考核激励机制和惩罚措施,确保数据合规管理工作能够有效地在组织内部运作;第三,组织内部应确保数据合规工作的开展有相应的条件保障,如资金支持、人员支持、法律支持等。

一、法律要求

对于组织架构的设立依据,在符合一定条件下,法律明确规定了企业内部应当设立专门机构和人员负责数据及个人信息安全工作;此外,这也是实际合规工作开展的需要,企业处理数据的环节越来越多,数据合规工作需要打通业务流和数据流,贯穿多个场景和部门,为避免权责不分导致内部管理缺位的情形,应当由专门机构负责数据合规的统筹工作(见表6-1)。

表6-1 数据合规组织架构设置相关法律要求

法律法规	具体要求
《网络安全法》第21条	网络运营者应当按照网络安全等级保护制度的要求,履行下列安全保护义务,保障网络免受干扰、破坏或者未经授权的访问,防止网络数据泄露或者被窃取、篡改:(1)制定内部安全管理制度和操作规程,确定网络安全负责人,落实网络安全保护责任……
《网络安全法》第34条	除本法第21条的规定外,关键信息基础设施的运营者还应当履行下列安全保护义务: (1)设置专门安全管理机构和安全管理负责人,并对该负责人和关键岗位的人员进行安全背景审查; (2)定期对从业人员进行网络安全教育、技术培训和技能考核
《数据安全法》第27条	开展数据处理活动应当依照法律、法规的规定,建立健全全流程数据安全管理制度,组织开展数据安全教育培训,采取相应的技术措施和其他必要措施,保障数据安全。 重要数据的处理者应当明确数据安全负责人和管理机构,落实数据安全保护责任
《个人信息保护法》第52条	处理个人信息达到国家网信部门规定数量的个人信息处理者应当指定个人信息保护负责人,负责对个人信息处理活动以及采取的保护措施等进行监督。个人信息处理者应当公开个人信息保护负责人的联系方式,并将个人信息保护负责人的姓名、联系方式等报送履行个人信息保护职责的部门

续表

法律法规	具体要求
《信息安全技术 个人信息安全规范》(GB/T 35273－2020)国家标准	主要业务涉及个人信息处理,且从业人员规模大于200人和处理超过100万人的个人信息,或预计在12个月内处理超过100万人的个人信息以及处理超过10万人的个人敏感信息的组织,应设立专职的个人信息保护负责人和个人信息保护工作机构,负责个人信息安全工作。数据保护负责人或主要部门人员,应由具有相关管理工作经历和数据保护专业知识的人员担任,对于重要岗位人员还应进行背景调查,签订严格的保密协议

二、工作职责

企业数据合规管理组织体系通常包含决策层、管理层与执行层三级架构,企业应清晰界定各层级角色定位,明确相关人员职责范围,以确保合规工作的顺利进行。

(一)决策层

决策层对企业整体的数据合规工作负责,是整个组织架构的核心,主要负责确立企业数据合规战略目标和方针,建立数据安全方面的工作机制,培养合规文化,为企业数据合规管理体系的构建提供必要的支持和条件。

(二)管理层

管理层主要为数据保护专门机构和人员,负责全面统筹实施组织内部的数据安全工作,对数据安全负直接责任,主要工作包括:

1. 组织制定数据保护工作计划并督促落实;

2. 制定、签发、实施、定期更新数据保护政策和相关规程;

3. 建立、维护和更新组织所持有的数据清单(包括数据的类型、数量、来源、接收方等)和授权访问策略;

4. 开展数据安全风险评估和个人信息保护影响评估,提出数据保护的对策建议,督促整改安全隐患;

5. 组织开展数据安全培训;

6. 在产品或服务上线发布前进行检测,避免未知的数据收集、使用、共享等处理行为；

7. 公布投诉、举报方式等信息并及时受理投诉举报；进行安全审计与合规审计；

8. 与监督、管理部门保持沟通，通报或报告数据保护和事件处置等情况。

(三)执行层

执行层包括企业业务部门和职能部门，应严格落实经决策层审批通过的有关数据保护方面的各项合规制度及要求，按照各部门和岗位职责在日常工作中履行合规义务、开展数据合规工作，如按照合规指引或操作流程开展工作，配合数据保护专门机构开展各类合规审查、调查、评估、审计、合规改进等工作；如在工作中发现安全及合规风险，应及时上报处理等。

第二节 制定合规管理制度

制度是合规管理体系的枝干，合规管理体系的构建和完善需要以制度作为主要载体，按照一般企业合规管理体系的要求以及数据合规的实践，制度可分为纲领文件、规则文件、操作指引、落实文件等。

1. 纲领性文件：主要规定企业数据合规的基础框架和事项，包括原则性条款、部门分工、资源支持、解释权等，相当于企业数据合规管理制度的"母制度"，纲领性文件一般由企业的最高决策层制定和完善，比如，数据安全保护管理制度、个人信息保护管理制度等。

2. 规则文件：在纲领性文件的基础上，根据各部门、各应用场景、各业务板块或者数据治理的各个环节制定的落地文件，如数据全生命周期保护制度、分类分级制度、培训考核制度、应急管理制度、投诉管理制度、评估制度、审计制度等。规则文件要特别关注逻辑一致性、文字一致性、可实施性、可评价性。

3. 操作指引：在规则文件的指导下，根据各部门、各岗位职责设定的标准流程指引，力求简单明了可执行，以思维导图与文字版本结合的方式设计最佳。

4. 落实文件：数据合规管理的最后一站，目的是记录数据合规管控的一线操作情况,往往体现为电子文件中的操作日志、数字存证、后台数据以及纸质的查阅登记表、资料申请登记表、账户申领登记表等。

企业数据合规主要制度概览如表6-2所示。

表6-2 企业数据合规主要制度概览

文件名称	性质
《数据安全保护管理制度》	纲领性文件
《数据全生命周期保护制度》	规则文件
《数据分类分级制度》	规则文件
《数据合规培训考核制度》	规则文件
《数据安全应急管理制度》	规则文件
《数据处理投诉管理制度》	规则文件
《数据安全风险评估制度》	规则文件
《数据合规审计制度》	规则文件
《个人信息保护影响评估制度》	规则文件
《数据访问控制实施指南》	操作指引
《外部合作方数据合规控制指南》	操作指引
《数据脱敏规则》	操作指引
《×× 部门数据处理操作指南》	操作指引
《数据备份及恢复操作制度》	操作指引
《运维安全管理制度》	操作指引
《数据查询登记表》	落实文件
《数据备份登记表》	落实文件
《数据访问控制申请书》	落实文件
《授权文件》	落实文件

值得指出的是,千企千面,每一家企业的数据处理模式不一样,部门设置不一样,管理和业务流程不一致,合规制度的内容也应当因地制宜进行个性化设计。在现实中,很多企业,尤其是中小企业会采取照抄模板的方式以应对法律要求,但往往沦为"纸面合规",不能起到应有作用,甚至在面临监管部门调查时也不一定能证明合规义务的履行。参考优秀企业的合规制度并非不可取,要做

的是让制度文本活起来,贯穿在生产经营的各个环节。比如,企业设计个人信息保护制度时,为了更有效地落实制度,会设计奖惩机制,相关机制的现实处理会面临《劳动法》等跨法律的要求,就要根据《劳动法》以及企业劳动人事管理制度的要求制定有效的程序和奖惩条款,否则,制度很容易成为"空中楼阁",甚至为企业带来更多风险。

第三节　建立主体权利请求响应机制

在个人信息保护合规体系中,主要包括两部分:第一部分即上述提到的企业内部的个人信息安全管理制度,包括个人信息分类分级管理制度、个人信息保护影响评估制度、个人信息合规审计制度等,这些内部的管理制度是为了最大限度地规范企业处理个人信息的行为,从而保障个人信息的安全;第二部分则是数据主体的权益保障机制,即建立个人信息主体权利请求响应机制。《个人信息保护法》规定了个人在个人信息处理活动中的各项权利,为保障个人实现法定权利,个人信息处理者应当建立有效的机制响应个人权利主张,保障个人信息安全。

一、权利行使的主体和内容

1. 权利行使主体:个人信息主体本人、代理人、监护人、近亲属。
2. 权利内容:《个人信息保护法》专章明确了个人在个人信息处理活动中的几项基本权利,包括知情权、决定权、查阅权、复制权、可携带权、更正权和补充权、删除权(被遗忘权)、撤回同意权、要求解释说明权、死者个人信息保护权利等(见表6-3)。

表 6-3　个人信息主体权利列举

序号	个人信息权利	主要内容
1	知情权、决定权	第 44 条　个人对其个人信息的处理享有知情权、决定权,有权限制或者拒绝他人对其个人信息进行处理;法律、行政法规另有规定的除外
2	撤回同意权	第 15 条　基于个人同意处理个人信息的,个人有权撤回其同意。个人信息处理者应当提供便捷的撤回同意的方式。 个人撤回同意,不影响撤回前基于个人同意已进行的个人信息处理活动的效力
3	查阅权、复制权	第 45 条　个人有权向个人信息处理者查阅、复制其个人信息;有本法第 18 条第 1 款、第 35 条规定情形的除外。 个人请求查阅、复制其个人信息的,个人信息处理者应当及时提供
4	更正权、补充权	第 46 条　个人发现其个人信息不准确或者不完整的,有权请求个人信息处理者更正、补充。 个人请求更正、补充其个人信息的,个人信息处理者应当对其个人信息予以核实,并及时更正、补充
5	可携带权	第 45 条　个人请求将个人信息转移至其指定的个人信息处理者,符合国家网信部门规定条件的,个人信息处理者应当提供转移的途径
6	删除权	第 47 条　有下列情形之一的,个人信息处理者应当主动删除个人信息;个人信息处理者未删除的,个人有权请求删除: (1)处理目的已实现、无法实现或者为实现处理目的不再必要; (2)个人信息处理者停止提供产品或者服务,或者保存期限已届满; (3)个人撤回同意; (4)个人信息处理者违反法律、行政法规或者违反约定处理个人信息; (5)法律、行政法规规定的其他情形。 法律、行政法规规定的保存期限未届满,或者删除个人信息从技术上难以实现的,个人信息处理者应当停止除存储和采取必要的安全保护措施之外的处理
7	要求解释权	第 48 条　个人有权要求个人信息处理者对其个人信息处理规则进行解释说明
8	死者个人信息权利	第 49 条　自然人死亡的,其近亲属为了自身的合法、正当利益,可以对死者的相关个人信息行使本章规定的查阅、复制、更正、删除等权利;死者生前另有安排的除外

二、响应机制的设置

《个人信息保护法》明确规定,个人信息处理者应当建立便捷的个人行使权利的申请受理和处理机制;《网络数据安全管理条例》第 23 条规定,网络数据处理者应当及时受理个人信息主体的请求,并提供便捷的支持个人行使权利的方法和途径,不得设置不合理条件限制个人的合理请求。在响应机制的设置方面,注意以下几点。

(一)提供便捷的响应方式和途径

第一,根据相关法律法规的要求,从机制设置上企业应提供便捷的支持个人行使权利的方法和途径,而响应机制的设置应当在产品设计中考虑,并直接在产品服务中提供相应的操作权限和操作方式,如《信息安全技术 个人信息安全规范》(GB/T 35273-2020)提到,采用交互式页面(如网站、移动互联网应用程序、客户端软件等)提供产品或服务的,宜直接设置便捷的交互式页面提供功能或选项,便于个人信息主体在线行使其访问、更正、删除、撤回授权同意、注销账户等权利。

第二,无法直接通过交互式页面操作的情况,如涉及其他权利行使,或者个人信息主体的监护人、近亲属提出请求等情形,可通过个人信息处理者公开的联系方式与之取得联系,那么个人信息处理者也应给予及时答复和处理。在一般情况下,个人信息处理者会在《隐私政策》中披露联系方式,包括客服电话、企业邮箱或个人信息专职保护部门邮箱、办公地址等。个人信息主体可以通过联系上述渠道发出具体的行权要求。

(二)响应时限

目前,法律并未规定具体的响应期限,一般由企业通过隐私政策等方式予以告知。《信息安全技术 个人信息安全规范》(GB/T 35273-2020)提出的是在 30 天或者法律法规规定的期限内答复,而在《App 违法违规收集使用个人信息行为认定方法》及《网络安全标准实践指南—移动互联网应用程序(App)收集使用个人信息自评估指南》等规定中,响应时间规定的是不超过 15 个工作日。从实践来看,为达到合规要求,大部分个人信息处理者还是将15个工作日确定为响应时限。建议个人信息处理者制定内部的个人信息响应流程,并在规定时间内完成处理反馈权利主体。

(三)不得设置不合理条件限制个人的合理请求

个人信息处理者不得设置不合理条件限制个人的合理请求。如在《网络安全标准实践指南—移动互联网应用程序(App)个人信息保护常见问题及处置指南》中,设置不合理的注销账号条件的情形就包括:注销过程进行身份核验时,要求用户提交超过App注册、使用时收集的个人信息类型(如注册使用时未提供身份信息,但是注销时要求提供手持身份证照片、绑定银行卡等);对于采用同一账号注册登录多个App的情形,注销或退出单个App将导致其他无必要业务关联的App不能使用;要求用户填写精确的历史操作记录作为注销的必要条件;等等。

此外,直接实现个人信息主体的请求需要付出高额成本或存在其他显著困难的,个人信息控制者应向个人信息主体提供替代方法,以保障个人信息主体的合法权益,但不得以此理由拒绝响应请求。

(四)身份识别

在保障个人信息主体合法权益前,个人信息处理者需要对提出权利请求的主体进行身份确认,应当明确告知其验证真实身份的方式,采取相应的技术措施或要求提供书面申请或证明等方式,验证权利行使主体的真实身份,并判断该主体是否有权针对所申请的权益提出请求。

(五)费用承担

对合理的请求原则上不收取费用,但对一定时期内多次重复的请求,可视情况收取一定成本费用。

(六)可以不响应个人信息主体的请求的情形

如响应内容涉及与国家安全、国防安全直接相关的;与公共安全、公共卫生、重大公共利益直接相关的;与刑事侦查、起诉、审判和执行判决等直接相关的;个人信息控制者有充分证据表明个人信息主体存在主观恶意或滥用权利的;出于维护个人信息主体或其他个人的生命、财产等重大合法权益但又很难得到本人授权同意的;响应个人信息主体的请求将导致个人信息主体或其他个人、组织的合法权益受到严重损害的;涉及商业秘密的,可不响应主体请求,决定不响应个人信息主体的请求,应向个人信息主体告知该决定的理由,并向个人信息主体提供投诉的途径。

三、权利的实现方式

(一)个人信息的查阅和复制权

在"广州唯品会电子商务有限公司(以下简称唯品会公司)与周某聪个人信息保护纠纷案"[1]中,法院对于个人信息查阅和复制权有较为深入的探讨,此处主要说明两点。

第一,查阅和复制个人信息的范围。在本案中,周某聪通过唯品会客服查询个人信息,唯品会客服陈述"用户有填写的信息,可以在 App 个人中心予以查看;对于用户没有填写的信息,唯品会是没有办法展示的",但根据唯品会隐私政策以及唯品会公司的确认,除了周某聪自行提供的个人信息,系统还会自动收集、生产信息,包括:设备信息(设备的型号、操作系统版本、唯一设备标识符)以及日志信息(订单信息、浏览信息、IP 地址),但周某聪通过唯品会 App 无法查阅设备信息以及日志信息中的 IP 地址。二审法院认为,从实现查阅复制权的功能价值、保护个人合法权益的角度考虑,查阅复制权的客体不仅包含个人信息本身,还应当包括个人信息处理情况。在本案中,周某聪作为唯品会 App 的注册用户,对于该 App 所收集的个人信息及相关处理情况有权要求进行披露。

第二,个人信息的披露方式。周某聪请求唯品会公司向其披露相关个人信息情况,实质上是在行使查阅复制权。唯品会公司上诉主张其已向周某聪提供了便捷的个人信息查阅途径,但根据查明事实,唯品会公司提供的查阅途径仅能查阅部分周某聪的个人信息,且查阅权不等同于复制权。对复制权而言,一

---

[1] 广东省广州市中级人民法院民事判决书,(2022)粤 01 民终 3937 号。

般应当理解为提供副本,仅提供查阅途径不能视为已满足周某聪复制个人信息的请求。副本应当采取书面形式,可为纸介质或者电子介质,电子化副本不限于 Excel 表格、Word 文档等形式。

(二)个人信息的转移

《个人信息保护法》规定,个人请求将个人信息转移至其指定的个人信息处理者,符合国家网信部门规定条件的,个人信息处理者应当提供转移途径。《网络数据安全管理条例》第 25 条明确规定了符合下列条件的情况下,网络数据处理者应当为个人信息的转移提供途径:(1)能够验证请求人的真实身份;(2)请求转移的是本人同意提供的或者基于合同收集的个人信息;(3)转移个人信息具备技术可行性;(4)转移个人信息不损害他人合法权益。

2024 年 4 月 3 日,全国网络安全标准化技术委员会发布《数据安全技术 基于个人请求的个人信息转移要求(征求意见稿)》(以下简称《个人信息转移要求》),明确了基于个人信息主体请求转移其个人信息的适用和行使条件、可请求转移的个人信息范围等内容。个人信息转移请求行使的基本流程主要包含请求发起、请求验证、请求处理、个人信息导出以及转移的个人信息导入五个步骤。

请求阶段如下:(1)请求发起阶段:个人信息处理者应以显著方式、清晰易懂的语言真实、准确、完整地向个人告知行使个人信息转移请求的方式和程序,并为个人信息主体提供便捷的发起请求的途径。(2)请求验证阶段:个人信息处理者应对请求人的请求进行验证,包括对请求者身份验证、请求内容、请求频次、第三方身份及授权证明有效性等。(3)请求处理阶段:对于请求回复的时限、拒绝请求的情形、处理请求的费用都作出要求。

个人信息导出阶段:(1)导出方式,在技术可行的情况下,可直接提供请求涉及的个人信息,或者提供可提取请求涉及的个人信息的自动化工具(如安全文件传输协议服务器或门户网站);传递照片、视频等容量较大、数量较多等个人信息时,宜通过第三方安全访问接口导出的形式提供;(2)个人信息处理者应采取适当措施确保个人信息传输的安全性并确保个人信息传输至正确的接收方;当作为接收方的另一个人信息处理者存在安全风险或其存储数据系统的安全性低于导出之前的系统时,个人信息处理者应明确告知个人信息主体相关风险。

个人信息导入阶段:(1)合法性要求:作为接收方的另一个人信息处理者,在导入转移请求涉及的个人信息时,应确保其有处理该个人信息的合法性基础,并确保对导入个人信息的后续处理不会对他人的合法权益产生不利影响;(2)对他人信息处理目的的限制:当导入的个人信息涉及他人个人信息时,作为接收方的个人信息处理者不应超出用户授权范围处理此类个人信息,例如,超出用户授权范围通过自动化决策方式向个人进行信息推送、商业营销等。

(三)个人信息的删除权

《网络安全法》《民法典》《个人信息保护法》均明确规定了个人信息主体享有删除权。当收到个人信息主体的请求时,如果发现个人信息处理者违反法律法规或违反与个人信息主体的约定收集、使用个人信息,应及时删除相关个人信息。关于删除权的行使应注意以下几点。

第一,目前,大部分网络数据处理者将"查阅、更正和补充、删除"等几项权利都可通过在交互式页面直接操作的方式实现。

第二,如个人信息控制者违反法律法规规定或违反与个人信息主体的约定向第三方共享、转让个人信息,且个人信息主体要求删除的,个人信息控制者应立即停止共享、转让的行为,并通知第三方及时删除。

第三,在实践中,出于数据备份的需要,个人信息处理者在响应了删除请求后,可能无法及时从备份系统中删除相关的信息,那么如果继续在备份中存储个人信息,则应保证不会再对该数据进行进一步处理,直到备份可以清除、销毁或实现匿名化。

第七章 内部合规管理措施

第一节 数据分类分级

一、数据分类分级的法律依据

数据分类分级是数据治理的基础,也是数据要素市场安全发展的必然要求。对国家而言,数据分类分级管理有助于构建完善有效的数据治理体系,积极有效防范和化解各种数据风险,保障数据安全,推动数据产权结构性分置和有序流通,促进全社会数据流通和数据要素的应用。对企业而言,数据分类分级不仅仅是作为数据处理者的法定义务,更有助于提高数据治理水平,强化合规管理能力。

基于数据分类分级的重要性,数据合规顶层法律"三驾马车"《网络安全法》《数据安全法》《个人信息保护法》均有原则性规定。各个领域监管机构针对本行业特点,也出台了一系列数据安全监管文件,对于数据分类分级提出更细致的规定。在法律法规的基础上,为了组织实施和指导各项数据分类分级工作,在国家层面、行业层面、地方层面也出台了一系列标准文件,以便数据处理者参考适用(见表7-1)。

表7-1 数据分类分级的参考依据

名称	内容
《网络安全法》	第21条 网络运营者应当按照网络安全等级保护制度的要求,采取数据分类措施,将数据分类纳入网络运营者的法定义务

续表

名称	内容
《数据安全法》	第21条 国家建立数据分类分级保护制度,根据数据在经济社会发展中的重要程度,以及一旦遭到篡改、破坏、泄露或者非法获取、非法利用,对国家安全、公共利益或者个人、组织合法权益造成的危害程度,对数据实行分类分级保护
《个人信息保护法》	第51条 个人信息处理者应当采取对个人信息实行分类管理的措施确保个人信息处理活动符合法律、行政法规的规定,并防止未经授权的访问以及个人信息泄露、篡改、丢失
《工业和信息化领域数据安全管理办法(试行)》	第二章全面规定了工业和信息化领域数据分类分级管理要求。 第8条规定,根据行业要求、特点、业务需求、数据来源和用途等因素,工业和信息化领域数据分类类别包括但不限于研发数据、生产运行数据、管理数据、运维数据、业务服务数据等。根据数据遭到篡改、破坏、泄露或者非法获取、非法利用,对国家安全、公共利益或者个人、组织合法权益等造成的危害程度,工业和信息化领域数据分为一般数据、重要数据和核心数据三级
《工业数据分类分级指南(试行)》	其详细规定了工业和信息化主管部门、工业企业、平台企业等开展工业数据分类分级工作的要求。 第6条 工业企业工业数据分类维度包括但不限于研发数据域(研发设计数据、开发测试数据等)、生产数据域(控制信息、工况状态、工艺参数、系统日志等)、运维数据域(物流数据、产品售后服务数据等)、管理数据域(系统设备资产信息、客户与产品信息、产品供应链数据、业务统计数据等)、外部数据域(与其他主体共享的数据等)。 第8条 根据不同类别工业数据遭篡改、破坏、泄露或非法利用后,可能对工业生产、经济效益等带来的潜在影响,将工业数据分为一级、二级、三级等3个级别
《数据安全技术 数据分类分级规则》(GB/T 43697-2024)	其规定了数据分类分级的原则、框架、方法和流程,给出了重要数据识别指南,用于指导各行业领域、各地区、各部门和数据处理者开展数据分类分级工作
《网络安全标准实践指南—网络数据分类分级指引》	本指引全面系统地规定了网络数据分类分级原则、框架和方法。 按照数据分类管理、分级保护的思路,确立数据分类分级原则:合法合规原则、多类多维原则、分级明确原则、就高从严原则、动态调整原则。 数据分类分级框架:分类维度包括,公民个人维度、公共管理维度、信息传播维度、行业领域维度、组织经营维度;数据分级框架,根据危害程度将数据从低到高分成一般数据、重要数据、核心数据3个级别

续表

名称	内容
《金融数据安全 数据安全分级指南》(JR/T 0197-2020)	本标准规定了金融数据安全分级的目标、原则和范围，以及数据安全定级的要素、规则和定级过程。 本标准根据金融业机构数据安全性遭受破坏后的影响对象和所造成的影响程度，将数据安全级别从高到低划分为 5 级、4 级、3 级、2 级、1 级。重要数据的安全等级不可低于本标准所述 5 级
《个人金融信息保护技术规范》(JR/T 0171-2020)	根据信息遭受到未授权的查看或未经授权的变更后所产生的影响和危害程度，将个人金融信息按敏感程度从高到低分为 C1、C2、C3 三个类别：C3 类别信息主要为用户鉴别信息；C2 类信息主要为可识别特定个人金融信息主体身份与金融状况的个人金融信息，以及用于金融产品与服务的关键信息。C1 类信息主要为机构内部的信息资产，主要供金融业机构内部使用的个人金融信息
《信息安全技术 个人信息安全规范》(GB/T 35273-2020)	附录详细列举了个人信息的分类方式，将个人信息分为一般个人信息和个人敏感信息
《证券期货业数据分类分级指引》(JR/T 0158-2018)	本标准为数据分类分级工作提供指导性原则，并以《证券期货行业数据模型》的业务条线划分为基础，结合行业特点提出一种从业务到数据逐级划分的数据分类分级方法，同时提供数据分类分级管理的相关建议

二、数据分类分级的含义

根据《信息技术 大数据 数据分类指南》(GB/T 38667-2020)的定义，大数据分类是根据大数据的属性或特征，按照一定的原则和方法进行区分和归类，并建立起一定的分类体系和排列顺序的过程。

数据分类是数据保护工作中的关键内容，是建立统一、准确、完善的数据架构的基础，是实现集中化、专业化、标准化数据管理的基础。行业机构按照统一的数据分类方法，依据自身业务特点对产生、采集、加工、使用或管理的数据进行分类，可以全面实现对数据资源的盘点和整理，清晰地厘清数据资产，对数据资产实现规范化管理。对数据实施分级管理，能够进一步明确数据保护对象，有助于行业机构合理分配数据保护资源和成本。同时，统一的数据分级管理制度，能够促进数据在机构间、行业间的共享和流转，有利于行业数据价值的挖掘与实现。

数据分级是以数据分类为基础，采用规范、明确的方法区分数据的重要性和敏感度差异，并确定数据级别。数据分级有助于行业机构根据数据不同级别，确定数据在其生命周期的各个环节应采取的数据安全防护策略和管控措施，进而提高机构的数据管理和安全防护水平，为机构制定有针对性的数据安全管控措施提供支撑，确保数据的完整性、保密性和可用性。

三、数据分类分级的原则

综合目前相关法律法规和国家及行业标准来看，主要对数据分类分级工作树立了以下原则。

第一，数据分类分级应当在遵循国家数据分类分级制度下，按照数据所属行业领域进行分类分级管理，分类分级工作应满足国家法律法规及行业主管部门有关规定，优先对国家和行业有专门管理要求的数据进行识别和管理，比如，目前分类分级标准较为明确的金融行业、工业和信息化领域等。

第二，数据分类应具有多种视角和维度，可从便于数据管理和使用角度，考虑国家、行业、组织等多个视角的数据分类。科学选择常见、稳定的属性或特征作为数据分类的依据，并结合企业实际需要对数据进行细化分类。

第三，数据分级应当简单明确，边界清晰。数据分级的目的是根据不同级别的数据制定不同的保护措施，进而有效地保护数据安全，因此，数据分级的各级别应界限明确。

第四，就高不就低原则。数据分级时采用就高不就低的原则进行定级，当多个因素可能影响数据分级时，按照可能造成的各个影响对象的最高影响程度确定数据级别。例如，数据集包含多个级别的数据项，按照数据项的最高级别对数据集进行定级，有助于有效保护数据安全。

第五，动态调整原则。数据的类别级别可能因时间变化、政策变化、安全事件发生、不同业务场景的敏感性变化或相关行业规则不同而发生改变，因此，需要对数据分类分级进行定期审核并及时调整。

四、数据分类分级的方法

(一) 数据分类框架及方法

常见的数据分类维度,包括公民个人维度、公共管理维度、信息传播维度、行业领域维度、组织经营维度等。数据处理者进行数据分类时,可在遵循国家和行业数据分类要求的基础上,采用面分类法从多个维度进行分类,对不同维度的数据类别进行标识,每个维度的数据分类也可采用线分类法进行细分(见表7-2)。

表7-2 基于行业领域和业务属性分类参考示例

行业领域分类示例	业务属性分类示例
工业数据	业务领域
电信数据	责任部门
金融数据	描述对象
能源数据	流程环节
交通运输数据	数据主体
自然资源数据	内容主题
卫生健康数据	数据用途
教育数据	数据处理
科学数据	数据来源

在实践中,具体分类的步骤:首先识别是否存在法律法规或主管监管部门有专门管理要求的数据类别,如是否存在个人信息、公共数据等;如涉及法律法规有专门管理要求的数据类别(如个人信息),应按照有关规定和标准进行识别和分类。

如不存在上述特别规定的数据类别,一般而言,按照先行业领域分类、再业务属性分类的思路进行分类:从行业角度,确定待分类数据的数据处理活动涉及的行业领域,如工业数据、电信数据、金融数据等,如果该行业领域存在行业主管部门认可或达成行业共识的行业数据分类规则,应当按照行业数据分类规则对数据进行分类,如果该行业领域不存在行业通用的数据分类规则,则可从组织经营维度,结合自身数据管理使用需要对数据进行分类。

基于表7-2的业务属性分类,根据描述对象还可以继续分类(见表7-3)。

表7-3 基于描述对象的数据分类参考示例

数据类别	类别定义	示例
用户数据	在开展业务服务过程中从个人用户或组织用户收集的数据,以及在业务服务过程中产生的归属于用户的数据	如个人信息、组织用户信息(如组织基本信息、组织账号信息、组织信用信息等)
业务数据	在业务的研发、生产、运营过程中收集和产生的非用户类数据	参考业务所属的行业数据分类分级,结合自身业务特点进行细分,如产品数据、合同协议等
经营管理数据	数据处理者在单位经营和内部管理过程中收集和产生的数据	如经营战略、财务数据、并购融资信息、人力资源数据、市场营销数据等
运维数据	网络和信息系统运行维护、日志记录及网络安全数据	如网络设备和信息系统的配置数据、日志数据、安全监测数据、安全漏洞数据、安全事件数据等

在开展数据分类具体工作中,可根据数据管理和使用需求,结合已有数据分类基础,灵活选择业务属性将数据细化分类,可采取明确数据范围→细化业务分类→业务属性分类→确定分类规则→实施分类→采取管理措施的流程。以工业领域数据为例,可进行如下分类(见表7-4)。

表7-4 以线分法将工业领域数据的原材料数据进行分类的参考示例

行业领域	部门职责分类	业务范围分类	数据描述对象分类	数据主题分类
工业领域数据	原材料数据	钢铁数据	业务数据	研发设计数据
				控制信息
				工艺参数
			用户数据	用户主体信息
				用户采购信息
				用户资金数据
			经营管理数据	系统设备资产信息
				客户与产品信息
				产品供应链数据
				业务统计数据
			系统运维数据	物流数据
				网络日志
		有色金属数据	—	—
		石油化工数据	—	—

根据表7-4框架对原材料数据进行分类后，可以清晰地将研发设计数据类别能标识为"工业数据—原材料数据—钢铁数据—业务数据—研发设计数据"。

(二)数据分级框架及方法

数据分级主要从数据安全保护的角度，考虑影响对象、影响程度两个要素进行分级。影响对象是指数据一旦遭到篡改、破坏、泄露或者非法获取、非法利用后受到危害影响的对象，包括国家安全、公共利益、个人合法权益、组织合法权益四个对象。影响程度是指数据一旦遭到篡改、破坏、泄露或者非法获取、非法利用后，所造成的危害影响大小。危害程度从低到高可分为轻微危害、一般危害、严重危害。从国家数据安全角度出发，按照《数据安全法》的要求，根据数据一旦遭到篡改、破坏、泄露或者非法获取、非法利用，对国家安全、公共利益或者个人、组织合法权益造成的危害程度，将数据从低到高分成一般数据、重要数据、核心数据共三个级别。如表 7-5 所示。[1]

表 7-5 数据级别确定规则

影响对象	影响程度		
	特别严重危害	严重危害	一般危害
国家安全	核心数据	核心数据	重要数据
经济运行	核心数据	重要数据	一般数据
社会秩序	核心数据	重要数据	一般数据
公共利益	核心数据	重要数据	一般数据
组织权益、个人权益	一般数据	一般数据	一般数据

注：如果影响大规模的个人或组织权益，影响对象可能不只包括个人权益或组织权益，也可能对国家安全、经济运行、社会秩序或公共利益造成影响。

企业在进行数据定级工作时，应当梳理数据资产，对照法律和国家、地方、行业标准进行映射分析，对数据进行定级，还应根据数据重要程度和可能造成的危害程度的变化，对数据级别进行动态更新。

首先，按照国家和行业领域的核心数据目录、重要数据目录，依次判定是否核心数据、重要数据，如是，则按照就高从严原则定为核心数据级、重要数据级，其他数据定为一般数据；国家和行业核心数据、重要数据目录不明确时，可参考核心数据、重要数据认定的规定或标准，分析数据一旦遭到篡改、破坏、泄露或者非法获取、非法利用的危害对象和危害程度，基本定级，确定核心数据、重要数据和一般数据级别。

其次，按照一般数据分级规则或者所属行业共识的数据分级规则对一般数据进行定级，确定一般数据细分级别。在《数据安全技术 数据分类分级规则》中，按照数据一旦遭到泄露、篡改、损毁或者非法获取、非法使用、非法共享，对经济运行、社会秩序、公共利益或个人、组织合法权益等造成的危害程度，将一般数据分别按照 4 级分级、3 级分级、2 级分级等的方法示例。如表 7-6 所示，

---

[1] 参见全国网络安全标准化技术委员会《数据安全技术 数据分类分级规则》（GB/T 43697-2024）。

分级为 4 级。

表 7-6 一般数据分级规则

级别	影响对象和程度	措施
1	数据一旦遭到泄露、篡改、损毁或者非法获取、非法使用、非法共享,不会对个人权益、组织权益等造成危害	1 级数据具有公共传播属性,可对外公开发布、转发传播,但也需考虑公开的数据量及类别,避免由于类别较多或者数量过大被用于关联分析
2	数据一旦遭到泄露、篡改、损毁或者非法获取、非法使用、非法共享,对个人权益、组织权益造成一般危害	2 级数据通常在组织内部、关联方共享和使用,相关方授权后可向组织外部共享
3	数据一旦遭到泄露、篡改、损毁或者非法获取、非法使用、非法共享,对个人权益、组织权益造成严重危害	3 级数据仅可由授权的内部机构或人员访问,如果要将数据共享到外部,需要满足相关条件并获得相关方的授权
4	数据一旦遭到泄露、篡改、损毁或者非法获取、非法使用、非法共享,对个人权益、组织权益造成特别严重危害,或对经济运行、社会秩序、公共利益造成一般危害	4 级数据按照批准的授权列表严格管理,仅能在受控范围内经过严格审批、评估后才可共享或传播

但是,如一般数据涉及个人信息、公共数据等特定类型数据,须设置合理的数据级别,对个人信息、公共数据特定类型数据设定最低参考级别。如在一般数据分 4 级框架下,敏感个人信息不低于 4 级,一般个人信息不低于 2 级;组织内部员工个人信息不低于 2 级;去标识化的个人信息不低于 2 级;个人标签信息不低于 2 级;有条件开放/共享的公共数据级别不低于 2 级,禁止开放/共享的公共数据不低于 4 级。

五、数据分类分级的实施步骤

数据处理者进行数据分类分级时,应在遵循国家和行业领域数据分类分级要求的基础上,参考表 7-7 的步骤开展数据分类分级工作。

表7-7 数据分类分级步骤

步骤	内容	说明
数据资产梳理	对数据资产进行全面梳理,确定待分类分级的数据资产及其所属的行业领域	包括以物理或电子形式记录的数据库表、数据项、数据文件等结构化和非结构化数据资产,明确数据资产基本信息和相关方,形成数据资产清单
制定内部规则	按照行业领域数据分类分级标准规范,结合处理者自身数据特点,参考本文件制定自身的数据分类分级细则	如行业领域主管部门已制定行业领域数据分类分级规则,处理者应结合自身实际参考相关规定,按照行业领域数据分类分级规则细化执行
		如所属行业领域没有行业主管部门认可的数据分类分级标准规范的,或存在行业领域规范未覆盖的数据类型,按照《数据安全技术 数据分类分级规则》进行数据分类分级
		如果业务涉及多个行业领域,可在参考《数据安全技术 数据分类分级规则》的基础上,分别按照各个行业领域的数据分类分级标准规范细化执行
实施数据分类	对数据进行分类,并对公共数据、个人信息等特殊类别数据进行识别和分类	
实施数据分级	对数据进行分级,确定核心数据、重要数据和一般数据的范围	由于一般数据涵盖范围较广,数据处理者结合组织自身安全需求,对一般数据进行细化分级
审核上报目录	对数据分类分级结果进行审核,形成数据分类分级清单、重要数据和核心数据目录,并对数据进行分类分级标识,按有关程序报送目录	
动态更新管理	根据数据重要程度和可能造成的危害程度变化,对数据分类分级规则、重要数据和核心数据目录、数据分类分级清单和标识等进行动态更新管理	
数据分类分级保护	依据国家给出的关于核心数据、重要数据、个人信息、公共数据等安全要求,以及行业领域给出的数据分类分级保护要求,建立数据分类分级保护策略,按照核心数据严格管理、重要数据重点保护、个人信息安全合规和一般数据分级保护的思路,对数据实施全流程分类分级管理和保护	

第二节　个人信息安全影响评估

一、个人信息安全影响评估概述

近年来,随着信息技术的快速发展和互联网应用的普及,越来越多的组织大量收集、使用个人信息,在给人们生活带来便利的同时,也出现了对个人信息的非法收集、滥用、泄露等问题,个人信息安全面临严重威胁,针对个人信息保护的各项法规也随之陆续出台,旨在加强对个人隐私数据保护与行为规范。

《个人信息保护法》第 55 条明确规定了五类个人信息保护影响评估的法定情形,这五类个人信息处理行为属于高风险的处理活动,要求个人信息处理者应当事前进行个人信息保护影响评估。早在《个人信保护法》颁布前,国家市场监督管理总局、国家标准化管理委员会分别于 2020 年 3 月 6 日和 11 月 19 日先后发布了《信息安全技术　个人信息安全规范》(GB/T 35273 – 2020)、《信息安全技术　个人信息安全影响评估指南》(GB/T39335 – 2020),两份标准都明确提出了个人信息安全影响评估(personal information security impact assessment)的概念,个人信息安全影响评估是指"针对个人信息处理活动,检验其合法合规程度,判断其对个人信息主体合法权益造成损害的各种风险,以及评估用于保护个人信息主体的各项措施有效性的过程"。[1] 其旨在发现、处置和持续监控个人信息处理过程中对个人信息主体合法权益造成不利影响的风险。

简单来说,个人信息保护影响评估是数据处理者在特定类情形下,针对相关个人信息处理活动是否符合法律规定进行系统评估的合规实践方法和风险评估程序。个人信息安全影响评估在国际上习惯被称为隐私影响评估(Privacy Impact Assessment, PIA),美国和欧盟等国家和地区同样也针对开展 PIA 制定了相应制度(见表 7 – 8)。

---

[1] 参见《信息安全技术　个人信息安全规范》(GB/T 35273 – 2020)第 3.9 条、《信息安全技术　个人信息安全影响评估指南》(GB/T39335 – 2020)第 3.4 条。

表7-8 个人信息安全影响评估重要文件

时间	文件名称	主要内容
1995年5月	《美国隐私法案》	规定联邦部门在建立或改进信息系统时进行PIA
2017年12月	《信息安全技术 个人信息安全规范》(GB/T 35273-2017)	要求个人信息管理者建立个人信息安全影响评估制度,定期(至少每年一次)开展个人信息安全影响评估
2018年5月	欧盟《通用数据保护条例》	要求对潜在的高风险数据处理进行DPIA评估
2020年3月	《信息安全技术 个人信息安全规范》(GB/T 35273-2020)	对个人信息安全影响评估进行了延续
2020年11月	《信息安全技术 个人信息安全影响评估指南》(GB/T 39335-2020)	明确了个人信息安全影响评估的原理、评估的具体实施流程,对评估的实务工作有了更强的指导意义
2020年11月	《个人信息保护法》	明确了个人信息处理者应当事前进行个人信息保护影响评估的五类情形
2022年7月	《数据出境安全评估办法》	规定数据处理者向境外提供数据,满足规定情形,应当通过所在地省级网信部门向国家网信部门申报数据出境安全评估
2023年3月	《个人信息出境标准合同办法》	规定个人信息处理者向境外提供个人信息前,应当开展个人信息保护影响评估,并对重点评估的内容作了进一步规定
2023年5月	《信息安全技术 个人信息处理中告知和同意的实施指南》(GB/T 42574-2023)	对涉及使用自动化决策方式处理个人信息的等情形需要开展个人信息保护影响评估作了进一步确认

二、个人信息安全影响评估的适用场景

企业在日常经营过程中对个人合法权益产生高风险的个人信息处理活动

开展个人信息安全影响评估,既是出于审慎经营、声誉维护、品牌建立等目的,也是企业控制风险、合法经营的强制要求。

《个人信息保护法》第 55 条规定,有以下 5 种情形之一的,个人信息处理者应当事前进行个人信息保护影响评估,并对处理情况进行记录;具体包括:(1)处理敏感个人信息;(2)利用个人信息进行自动化决策;(3)委托处理个人信息、向其他个人信息处理者提供个人信息、公开个人信息;(4)向境外提供个人信息;(5)其他对个人权益有重大影响的个人信息处理活动。

在《个人信息保护法》规定的场景基础上,在实务中企业还可以参考《个人信息安全规范》和《信息安全技术 个人信息安全影响评估指南》这两份国家标准中提出的更为具体的要求。

1.《信息安全技术 个人信息安全规范》在《个人信息保护法》的基础上细化了有关个人信息保护的规定,对个人信息控制者提出了"建立个人信息安全影响评估制度,评估并处置个人信息处理活动存在的安全风险"的基本要求,[1]将个人信息保护影响评估纳入企业的制度管理中,对于切实落实该项工作而言具有重要意义。

2.针对不同的业务场景提出需要进行个人信息安全影响评估的要求:

(1)个人信息控制者在基于不同业务目的所收集个人信息的汇聚融合时,应根据汇聚融合后个人信息所用于的目的,开展个人信息安全影响评估。[2]

(2)在推出新产品或服务之前,或当业务功能发生显著变更时;在法律法规有新的要求时,或在业务模式、信息系统、运行环境发生重大变更时,或发生重大个人信息安全事件时,应重新进行个人信息安全影响评估。[3]

(3)《信息安全技术 个人信息安全影响评估指南》对个人信息安全影响评估的场景进行了更为详细的示例,列举了 9 种需要开展个人信息安全影响评估的常见高风险个人信息处理活动及场景,包括:(a)数据处理涉及对个人信息主体的评价或评分,特别是对个人信息主体的工作表现、经济状况、健康状况、

---

[1] 《信息安全技术 个人信息安全规范》(GB/T 35273 – 2020)第 11.4 条。
[2] 参见《信息安全技术 个人信息安全规范》(GB/T 35273 – 2020)第 7.6 条。
[3] 参见《信息安全技术 个人信息安全规范》(GB/T 35273 – 2020)第 11.4 条。

偏好或兴趣的评估或预测；(b)使用个人信息进行自动分析给出司法裁定或者其他对个人有重大影响的决定；(c)系统地监控分析个人或个人信息，如在公共区域监控、采集个人信息等，但仅在涉及违规事件分析时才使用的视频监测系统除外；(d)收集的个人敏感信息数量、比重较多，收集频率要求高，与个人经历、思想观点、健康、财务状况等密切相关；(e)数据处理的规模较大，如涉及100万人以上，持续时间久，在某个特定群体的占比超过50%，涵盖的地理区域广泛或较集中等；(f)对不同处理活动的数据集进行匹配和合并，并适用于业务；(g)数据处理涉及弱势群体，如未成年人、病人、老年人、低收入人群等；(h)创新型技术或解决方案的应用，如生物特征识别、物联网、人工智能等；(i)可能导致个人信息主体无法行使权利、使用服务或得到合同保障等。详情可参考《信息安全技术　个人信息安全影响评估指南》附录B——常见高风险个人信息处理活动及场景示例。[1]

三、个人信息安全影响评估的开展

（一）评估工作方式和责任主体

从评估的发起主体来看，个人信息安全影响评估分为自评估和检查评估两种形式。自评估指的是企业等组织自行发起对其个人信息处理行为的评估，检查评估是指企业等组织的上级组织发起的个人信息安全影响评估工作。从评估的实施主体来看，无论是自评估还是检查评估，都可以指定企业内部专门负责评估、审计的内部岗位或角色（如法务部门、合规部门或信息安全部门）开展评估；也可以委托外部专业机构（网络安全评估机构、律师等）开展评估工作。

值得注意的是，企业指定内部责任部门（一般为上述法务部门、合规部门或信息安全部门）实施评估时，应当保证该部门或责任人员的独立性，防止受到被评估方的影响。组织内的责任部门可根据部门的具体能力配备情况，选

---

[1] 参见《信息安全技术　个人信息安全影响评估指南》（GB/T39335-2020）附录表B.1高风险的个人信息处理活动及场景示例。

择自行开展个人信息安全影响评估工作,或聘请外部独立第三方来承担具体的个人信息安全影响评估工作。企业应给予相应的支持确保评估活动的正常开展。

(二)评估基本原理

如图7-1所示,开展评估前,需对待评估的对象(可为某项产品、某类业务、某项具体合作等)进行全面的调研,形成清晰的数据清单及数据映射图表(data flow charts),并梳理出待评估的具体的个人信息处理活动。开展评估时,通过分析个人信息处理活动对个人信息主体的权益可能造成的影响及其程度,以及分析安全措施是否有效、是否会导致安全事件发生及其可能性,综合两方面结果得出个人信息处理活动的安全风险及风险等级,并提出相应的改进建议,形成评估报告。

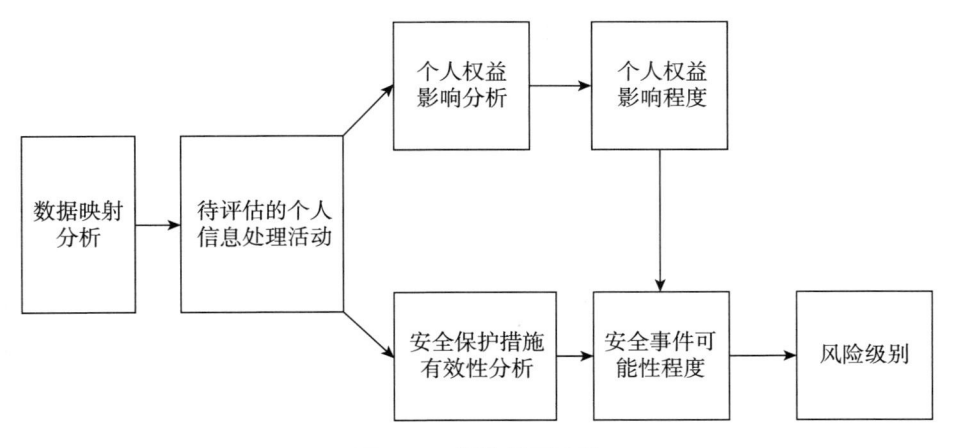

图7-1 评估原理示意

(三)评估实施流程

结合《信息安全技术 个人信息安全影响评估指南》的规定,个人信息保护影响评估实施流程,见表7-9。

表7-9 个人信息保护影响评估实施流程

步骤	项目	主要工作	要求
1	评估必要性分析	合规差距评估：整体合规分析；局部合规分析	启动个人信息安全影响评估的必要性，取决于组织个人信息安全目标，可根据实际需求选择需启动评估的业务场景
		尽责性评估	目标是在符合相关法律、法规和标准的基线要求上，尽可能降低对个人信息主体合法权益的不利影响
2	评估准备工作	组建评估团队	组织确认并任命负责进行个人信息安全影响评估的人员，此外，还要指定人员负责签署评估报告。组织管理层应给予支持
		制订评估计划	计划需清楚规定完成个人信息影响评估报告所进行的工作，评估任务分工，评估计划表，还需考虑评估场景终止或撤销的情况
		确定评估对象和范围	基于三个方面描述评估对象和范围：描述系统基本情况、描述系统设计信息、描述处理流程和程序信息
		制订相关方咨询计划	相关方包括但不限于：员工、个人主体和消费者代表、分包商和业务合作伙伴、系统开发和运维人员、其他
3	数据映射分析	针对个人信息处理过程进行全面的调研	调研内容包括个人信息收集、存储、使用、转让、共享、删除等环节涉及的个人信息类型、处理目的、具体实现方式等，以及个人信息处理过程涉及的资源（如内部信息系统）和相关方（如个人信息处理者、平台经营者、外部服务供应商、云服务商等第三方）。调研过程尽可能考虑已下线系统、系统数据合并、企业收购、并购及全球化扩张等情况
		形成清晰的数据清单及数据映射图表	梳理数据映射分析的结果时，根据个人信息的类型、敏感程度、收集场景、处理方式、涉及相关方等要素，对个人信息处理活动进行分类，并描述每类个人信息处理活动的具体情形，便于后续分类进行影响分析和风险评价

续表

步骤	项目	主要工作	要求
4	风险源识别	评估网络环境和技术措施情况	评估要素包括但不限于：网络环境、数据交互方式、访问控制、边界防护设备、监测和记录网络允许状态、防范网络入侵的技术措施、加密、审计、网络安全事件应急处置机制、信息系统安全检查、存储介质安全管理及必要的网络技术保障措施
		评估个人信息处理流程	评估要素包括但不限于：收集个人信息的目的、授权情况、告知义务的履行、个人信息的存储时间、用户画像、匿名机制、投诉和维权渠道、共享转让个人信息情况等
		评估参与人员与第三方管理情况	评估要素包括但不限于：个人信息保护负责人或保护工作机构的任命情况、个人信息安全管理的方针策略、安全管理制度的制定、岗位安全职责、合同签署、定期检查审计等
		评估业务特点和规模及安全态势	评估要素包括但不限于：业务对个人信息处理的依赖性、业务处理个人信息的数量、频率、用户规模等、近期是否发生安全事件、是否收到警示信息或执法情况等
5	个人权益影响分析	划分个人权益影响分析维度	个人权益影响概括为"限制个人自主决定权""引发差别性待遇""个人名誉受损或遭受精神压力""人身财产受损"
		总结个人权益影响分析过程	对个人信息敏感程度的分析、个人信息处理活动特点分析、个人信息处理活动问题分析以及影响程度分析
6	安全风险综合分析	综合分析个人信息安全风险情况	评价安全事件发生的可能性等级；评价对个人权益影响的程度等级；综合分析个人信息处理活动的安全风险
7	评估报告	制定编写评估报告	评估报告的内容通常包括：个人信息保护专员的审批页面、评估报告适用范围、实施评估及撰写报告的人员信息、参考的法律、法规和标准、个人信息影响评估对象（明确涉及的个人敏感信息）、评估内容、涉及的相关方等，以及个人权益影响分析结果，安全保护措施分析结果、安全事件发生的可能性分析结果、风险判定的准则、合规性分析结果、风险分析过程及结果、风险处置建议等

续表

步骤	项目	主要工作	要求
8	风险处置和持续改进	根据评估结果，选取并实施相应的安全控制措施进行风险处理	可根据风险等级，采取立即处理、期限处理、权衡影响和成本后采取处置或接受风险的方式
9	制定报告发布策略	制定个人信息安全影响评估报告发布策略，选择公开发布报告	通常包括：收集和处理个人信息的类型和必要性；收集和处理个人信息类型（个人敏感信息单独强调）；个人信息处理的例外情况（法律法规规定等）；合规性分析概括；评估过程和结果概况；已实施和将要实施的风险处置措施概况；对个人信息主体的建议；实施评估责任部门和人员的联系方式和解答疑问的渠道

第三节 个人信息保护合规审计

一、个人信息保护合规审计的政策背景及规范文件

个人信息保护合规审计，是指对个人信息处理者的个人信息处理活动是否遵守法律、行政法规的情况进行审查和评价的监督活动。[1] 2020年，国家市场监督管理总局、国家标准化管理委员会发布国家标准《信息安全技术 个人信息安全规范》（GB/T 35273-2020），首次在我国个人信息保护领域对个人信息控制者提出了"安全审计"的要求，[2] 规定个人信息控制者应当对个人信息保护政策、相关规程和安全措施的有效性进行审计，并建立自动化审计系统，监测记录个人信息处理活动。

《个人信息保护法》从法律层面将个人信息合规审计工作纳入个人信息处

---

[1] 参见《审计办法》第3条。
[2] 参见《信息安全技术 个人信息安全规范》（GB/T 35273-2020）第11.7条。

理者的合规义务中。第54条和第64条第1款提出了个人信息保护合规审计的两种情形：一种是个人信息处理者自行发起的定期合规审计；另一种则是在监管部门要求下发起的合规审计。

2023年8月3日，在总结近年来实务中开展个人信息保护合规审计的经验的基础上，国家网信办发布了《个人信息保护合规审计管理办法（征求意见稿）》及配套的《个人信息保护合规审计参考要点》，对《个人信息保护法》第54条和第64条规定的具体实操进行了落实。

2024年7月12日，全国网安标委发布了国家推荐标准《数据安全技术 个人信息保护合规审计要求（征求意见稿）》（以下简称《审计要求》），适用于个人信息处理者开展个人信息保护合规审计工作，也可为相关机构对个人信息处理活动进行个人信息保护合规审计提供参考。

2025年2月12日，国家网信办发布《个人信息保护合规审计管理办法》（以下简称《审计办法》）正式稿及配套的附件《个人信息保护合规审计指引》（以下简称《审计指引》）。《审计办法》及《审计指引》将于2025年5月1日正式实施。

《审计办法》涵盖了启动和完成个人信息保护合规审计工作过程中的关键问题，并提供了详尽的指引，包括明确有义务进行个人信息保护合规审计的主体、审计基准、审计范围、审计频率和审计方式等。此外，《审计指引》还详细列举了实施个人信息保护合规审计时需要重点审查的具体事项，为企业自行或委托专业机构开展个人信息保护合规审计工作提供了充分实用的指导。

二、开展合规审计的主要情形

（一）定期审计与监管审计

个人信息处理者具有开展个人信息保护合规审计的义务。如表7-10所示，依据《审计办法》第4条规定，需要个人信息处理者开展个人信息保护合规审计的情形主要分为两类。

表 7-10　个人信息保护合规审计的两种类型

类型	开展审计的条件	规范来源及参考
定期审计	处理超过 1000 万人个人信息的个人信息处理者,应当每两年至少开展一次个人信息保护合规审计	《个人信息保护法》第 54 条[1] 《审计办法》第 4 条[2]
监管审计	• 个人信息处理者有以下情形之一的,国家网信部门和其他履行个人信息保护职责的部门,可以要求个人信息处理者委托专业机构对个人信息处理活动进行合规审计: • 发现个人信息处理活动存在严重影响个人权益或者严重缺乏安全措施等较大风险的; • 个人信息处理活动可能侵害众多个人的权益的; 发生个人信息安全事件,导致 100 万人以上个人信息或者 10 万人以上敏感个人信息泄露、篡改、丢失、毁损的	《个人信息保护法》第 64 条第 1 款[3] 《审计办法》第 5 条[4]

---

[1]《个人信息保护法》第 54 条规定:"个人信息处理者应当定期对其处理个人信息遵守法律、行政法规的情况进行合规审计。"

[2]《审计办法》第 4 条规定:"处理超过 1000 万人个人信息的个人信息处理者,应当每两年至少开展一次个人信息保护合规审计。"

[3]《个人信息保护法》第 64 条第 1 款规定:"履行个人信息保护职责的部门在履行职责中,发现个人信息处理活动存在较大风险或者发生个人信息安全事件的,可以按照规定的权限和程序对该个人信息处理者的法定代表人或者主要负责人进行约谈,或者要求个人信息处理者委托专业机构对个人信息处理活动进行合规审计。个人信息处理者应当按照要求采取措施,进行整改,消除隐患。"

[4]《审计办法》第 5 条规定:"个人信息处理者有以下情形之一的,国家网信部门和其他履行个人信息保护职责的部门(以下统称为保护部门),可以要求个人信息处理者委托专业机构对个人信息处理活动进行合规审计:
(一)发现个人信息处理活动存在严重影响个人权益或者严重缺乏安全措施等较大风险的;
(二)个人信息处理活动可能侵害众多个人的权益的;
(三)发生个人信息安全事件,导致 100 万人以上个人信息或者 10 万人以上敏感个人信息泄露、篡改、丢失、毁损的。
对同一个人信息安全事件或者风险,不得重复要求个人信息处理者委托专业机构开展个人信息保护合规审计。"

个人信息处理者应当定期开展个人信息保护合规审计。但是,如果相关部门发现个人信息处理活动存在较大风险,或者已经发生个人信息安全事件,相关部门可以要求个人信息处理者委托专业机构对个人信息处理活动进行合规审计。从法条来看,在监管审计中,相关部门可以提出审查的重点、范围等;而在定期审计中,个人信息处理者应当对其所有个人信息处理活动进行全部审计。

(二)自行审计与第三方机构审计

定期审计可以由个人信息处理者自行组织审计组开展审计,也可以委托第三方机构进行审计。但在监管审计下,个人信息处理者必须委托第三方机构进行。[1]

1. 自行审计

目前来看,我国已在银行、保险、中央企业等领域专门设立了企业内部审计制度。企业内部审计独立于合规管理。但是,从《审计要求》来看,目前个人信息保护合规审计制度尚未采取与央企等领域的内部审计制度同样严格的独立性标准,未强制要求设立独立的个人信息保护审计部门。[2] 目前,根据《审计要求》等文件,自行审计下审计组织方式包括下列情形。

第一种情形,如果组织内部设置有专职个人信息保护合规审计团队,应从审计团队中选派相关审计人员。必要时,在保持独立原则的前提下可从具有个人信息保护专业能力的团队中选派人员参与审计。

第二种情形,如果组织内未设置专职个人信息保护合规审计团队,应在保持独立原则的前提下,分别从内审团队、安全团队、法务团队等具有审计或个人信息保护相关专业能力的团队中选派人员,来自各团队的人员比例应保持在合理范围内,并由审计组长审批人员名单。[3]

---

[1] 参见《个人信息保护法》第64条。
[2] 参见董潇、郭静荷、王威华:《君合法评 | 个人信息合规审计落地又进一步——国家标准发布征求意见》,载微信公众号"君合法律评论"2024年7月29日,https://mp.weixin.qq.com/s/RZO-7247W_Hj7JCbWMNe2g。
[3] 参见《审计要求》第A.2.1条。

由上可知，组织内部可以临时组建个人信息保护合规审计组，但相关审计人至少应当具备个人信息保护相关专业能力，能够胜任审计工作。

2. 第三方机构审计

在已经发现问题的前提下，内部审计难以令监管机构信服，聘请第三方专业机构开展审计，通常具有更强的独立性和监督性，从而保证审计过程与结论的公平和公允。

对于审计机构，《审计办法》《审计指引》《审计要求》均提出要求，即专业机构必须保持诚信与公正性，尽职尽责，在对审计中所获得的所有信息进行保密且不干扰个人信息处理者正常经营活动的前提下开展审计工作。[1]

《个人信息保护合规审计管理办法（征求意见稿）》中曾规定国家网信部门会同公安机关等国务院有关部门按照统筹规划、合理布局、择优推荐的原则建立个人信息保护合规审计专业机构推荐目录，每年组织开展个人信息保护合规审计专业机构评估评价，并根据评估评价情况动态调整个人信息保护合规审计专业机构推荐目录，并且鼓励个人信息处理者优先选择推荐目录中的专业机构开展个人信息保护合规审计活动。[2] 但正式出台的《审计办法》中已将该条删除，对于专业机构的具体名单和资质要求，还需等待相关法律法规或权威解释进一步明确。通常认为，律师事务所、审计机构、技术机构、会计师事务所、认证机构等存在进行个人信息保护合规审计的专业能力。

三、个人信息保护合规审计的流程

个人信息保护合规审计流程包括编制审计计划、审计准备、审计实施、审计报告、问题整改及归档管理六个阶段，供个人信息处理者参考。各审计阶段的具体工作应主要包含以下内容（见表7-11）。

---

[1]《审计办法》第13条规定："专业机构在从事个人信息保护合规审计活动时，应当遵守法律法规，诚信正直，公正客观地作出合规审计职业判断，对在履行个人信息保护合规审计职责中获得的个人信息、商业秘密、保密商务信息等应依法予以保密，不得泄露或者非法向他人提供，在合规审计工作结束后及时删除相关信息。"

[2]《个人信息保护合规审计管理办法（征求意见稿）》第13条。

表 7-11　个人信息保护合规审计流程

序号	阶段	工作
1	审计计划阶段	由企业编制审计计划,确定审计目标范围、审计依据及审计对象、重点等
2	审计准备阶段	(1)组建审计组:建立审计团队/小组/外部机构,选派合格的审计人员; (2)开展必要的审前调查:收集被审计对象的公开资料/信息,通过问卷、访谈等方式获取被审计对象的基础情况; (3)确定审计方式方法:根据审计对象选择合适的审计方式,以获取所需的审计证据; (4)编制和评审审计方案:审计人员应结合审计对象和审计方式、识别法律、行政法规等合规要求的变更,及时更新补充审计合规要求,编制审计方案
3	审计实施阶段	(1)发送审计通知:知被审计对象负责人。 (2)收集审计证据:多渠道、广泛收集审计证据,降低审计风险,确保审计质量。 (3)采信审计证据:应仅采信符合要求的审计证据,应采信履行个人信息保护职责的部门本年度组织的或者仍处于有效期内的网络安全、数据安全、个人信息保护相关检查、检测、评估、认证结果。 (4)撰写审计底稿:审计底稿包括以下内容:审计底稿编号;审计机构的名称以及审计人员名称(签名)、审计日期、审计地点;个人信息处理者的名称;审计事项及审计起止日期;审计程序的执行过程及结果记录;审计依据;审计发现和审计证据;审计结论、意见及建议;复核人员名称(签名)、复核日期和复核意见;索引号及页次;审计标识与其他符号及说明;访谈人员清单和资料查阅清单;其他审计人员认为应记录的内容。 (5)确认审计发现:对取得的审计证据进行评价分析,对发现的问题进行定性,并对照审计依据形成审计发现
4	审计报告阶段	(1)异议解决:对审计对象提出异议的审计结论应及时进行沟通确认,并将沟通结果和审计结论归档保存。 (2)撰写审计报告:应在审计完成后撰写审计报告,应包括但不限于审计概况、审计依据、审计结论、审计发现、审计意见、审计建议等。 (3)交付审计报告

续表

序号	阶段	工作
5	问题整改阶段	对审计中发现的不合规项进行跟踪,督促被审计方在规定期限内整改,必要时在整改完成后,由审计团队/小组/外部机构对整改完成情况开展后续跟踪审计
6	归档管理阶段	审计报告应按照合规管理要求,进行必要的脱敏和整理,根据实际情况需要对必要内容进行披露。审计底稿的保管和使用应建立相应的数据安全管理制度,确保查阅、共享等流程履行必要的审批。个人信息处理者和第三方专业机构应妥善保管个人信息保护合规审计报告等档案资料,相关资料宜至少保存3年

四、企业如何开展个人信息保护安全审计

(一)主动配合监管审计

如前所述,"监管审计"是指企业开展高风险处理活动或发生安全事件,被监管部门要求监管审计,《审计办法》对被监督单位提出了严格的监管要求,以确保此等监管手段得到有效落实;如果不遵守监管要求,企业将会面临一系列法律责任。以下对于企业在全流程中如何配合监管审计作出提示。

1. 审计方式:收到监管通知后,应按照保护部门要求选定专业机构开展合规审计。[1]"选定"一词表明,尽管个人信息处理者按照履行个人信息保护职责的部门要求需委托专业机构进行个人信息保护合规审计,但选择哪一家专业机构并非"指定",仍尊重个人信息处理者的自行决策。

2. 权限保证:个人信息处理者应当为专业机构正常开展个人信息保护合规审计工作提供必要支持,并承担审计费用。《个人信息保护合规审计管理办法(征求意见稿)》中曾明确规定个人信息处理者应当保证专业机构的权限行使,包括提供或协助查阅资料、允许其进入处理活动相关场所并观察相关处理活

---

[1] 《审计办法》第9条规定:"个人信息处理者按照保护部门要求开展个人信息保护合规审计的,应当按照保护部门要求选定专业机构,在限定时间内完成个人信息保护合规审计;情况复杂的,报保护部门批准后,可以适当延长。"

动、允许其调查相关系统或检查测试相关设备设施、允许其调取查阅相关数据、允许其访谈处理活动相关人员、允许其开展调查、质询和取证等;[1]正式稿中并未保留该条规定,将其简化修改为"为正常开展个人信息保护合规审计工作提供必要支持",对于适用监管审计的个人信息处理者来说,进行合规审计本身就是一项义务,配合专业审计机构工作也是其履行该项义务的主要内容。个人信息处理者应当如何配合审计机构的工作也可以参照《个人信息保护合规审计管理办法(征求意见稿)》中的规定适用。

3. 期限限制:应当在限定时间内完成合规审计;情况复杂的,报批准后可适当延长;[2]相较《个人信息保护合规审计管理办法(征求意见稿)》90日内完成合规审计的规定,正式稿中的时间期限更为灵活,有利于为不同场景下的合规审计活动提供期限空间,同时也为个人信息处理者与专业机构进行沟通、进行合规整改等工作预留时间。

4. 审计报告报送:应将专业机构出具的合规审计报告报送履行监管部门,审计报告应当由合规审计负责人、专业机构负责人签字并加盖专业机构公章。[3]

5. 整改情况报送:应按保护部门的要求进行合规整改,并在整改完成后15

---

[1]《审计办法》第8条规定:个人信息处理者按照履行个人信息保护职责的部门要求委托专业机构开展个人信息保护合规审计的,应当保证专业机构能够正常行使下列权限:(1)要求提供或者协助查阅相关文件或资料;(2)进入个人信息处理活动相关场所;(3)观察场所内发生的个人信息处理活动;(4)调查相关业务活动及所依赖的信息系统;(5)检查、测试个人信息处理活动相关设备设施;(6)调取、查阅个人信息处理活动相关数据或信息;(7)访谈与个人信息处理活动有关的人员;(8)就相关问题进行调查、质询和取证;(9)其他开展合规审计工作所必需的权限。

[2]《审计办法》第9条规定:个人信息处理者按照保护部门要求开展个人信息保护合规审计的,应当按照保护部门要求选定专业机构,在限定时间内完成个人信息保护合规审计;情况复杂的,报保护部门批准后,可以适当延长。

[3]《审计办法》第10条规定:个人信息处理者按照保护部门要求开展个人信息保护合规审计的,在完成合规审计后,应当将专业机构出具的个人信息保护合规审计报告报送保护部门。个人信息保护合规审计报告应当由专业机构主要负责人、合规审计负责人签字并加盖专业机构公章。

个工作日内将整改情况报送监管部门。[1] 仅仅获取一份个人信息保护合规审计报告绝非个人信息保护合规审计的目的,发现问题后还应积极解决问题,第11条的规定强调了整改的重要性,并应遵照"委托审计"—"进行整改"—"专业机构复核"—"报送整改情况"的流程,切实发挥合规审计应有的审查、评价、监督、改进作用。

(二)确定审计对象和范围

个人信息处理者可以参考《审计指引》《审计要求》确定审计对象和范围。其中,《审计指引》对个人信息处理者应当进行审计的对象进行了大致规定,《审计要求》则对上述要点进行了一一对应的细化,并提出了审计对象、审计证据及审计方式。除监管审计时相关机构对审计对象和范围另有规定外,个人信息处理者的审计对象和范围可以分为一般审计和特殊审计,一般审计的范围是个人信息处理者都会涉及的内容,而特殊审计是指个人信息处理者在满足相关条件下才应进行的审计。结合相关规定,个人信息合规审计要点如表7-12所示。

表7-12 个人信息处理者的审计对象及范围

类型	内容
合法性基础条件	处理个人信息是否取得个人同意;处理个人信息种类、处理方式发生变更的,是否重新取得个人同意;是否依法取得个人单独同意或书面同意;未取得个人同意,是否属于法律、行政法规规定不需取得个人同意的情形
	个人信息处理是否必要

---

[1] 《审计办法》第11条规定:个人信息处理者按照保护部门要求开展个人信息保护合规审计的,应当按照保护部门要求对合规审计中发现的问题进行整改。在整改完成后15个工作日内,向保护部门报送整改情况报告。

续表

类型	内容
一般审计	1. 个人信息处理规则的形式与实质； 2. 是否履行告知义务； 3. 个人信息删除权保障情况； 4. 保障个人行使个人信息权益的权利； 5. 是否响应个人申请，对其信息处理规则进行解释说明； 6. 履行主体责任情况； 7. 个人信息内部管理制度和操作规程； 8. 是否采取与所处理个人信息规模、类型相适应的安全技术措施； 9. 个人信息处理者教育培训计划的制定和实施情况； 10. 个人信息保护负责人履职情况； 11. 个人信息保护影响评估开展情况和评估内容； 12. 个人信息安全事件应急预案； 13. 个人信息安全事件应急响应处置情况
特殊审计	1. 与他人共同处理个人信息； 2. 委托处理个人信息； 3. 因合并、重组、分立、结算、被宣告破产等原因需要转移个人信息； 4. 向其他个人信息处理者提供其处理的个人信息； 5. 利用自动化决策处理个人信息； 6. 公开其处理的个人信息； 7. 在公共场所安装图像采集、个人识别设备等； 8. 处理已公开个人信息； 9. 处理敏感个人信息； 10. 处理不满14周岁未成年人个人信息； 11. 向境外提供个人信息； 12. 对提供重要互联网平台服务、用户数量巨大、业务类型复杂的个人信息处理者的平台规则情况； 13. 对提供重要互联网平台服务、用户数量巨大、业务类型复杂的个人信息处理者的社会责任报告披露情况

（三）特殊主体应注意履行监督义务

大型互联网企业指用户超过 5000 万、处理大量个人信息和重要数据、具有强大社会动员能力和市场支配地位的互联网平台运营者。《个人信息保护法》第 58 条对大型互联网企业作出特别规定，被称为"守门人条款"，[1]其特点在

---

[1] 《互联网大厂个人信息保护监督机构将有细化标准或须六个月内完成组建》，载微信公众号"网信广东"2023 年 8 月 27 日，https://mp.weixin.qq.com/s/TG0wR_d_1T9gJWfl5HcWKw。

于大型互联网应当由外部成员组成的独立机构对个人信息保护情况进行监督；并且，对平台内产品或服务提供者处理个人信息进行一定监督义务。[1]

大型互联网平台的实务重点在于保证平台规则的合规性以及监管机构的"独立性"。在平台规则的合规性方面，《审计指引》重点关注平台规则是否与法律、行政法规相抵触，平台规则内有关个人信息保护条款的有效性以及平台规则的有效执行情况。关于独立监督机构的独立性，此前存在几种不同的认识：一是与大型互联网平台企业独立，作为行使社会监督权力的独立机构；二是与大型互联网平台企业独立，作为国家监管部门行使监管权力的独立机构；三是内设于大型互联网平台企业，与企业的日常经营管理部门隔离，独立进行个人信息保护监督的机构。在通说下，独立监督机构指的第三种情形。[2]

2023年8月24日发布《信息安全技术 大型互联网企业内设个人信息保护监督机构要求（征求意见稿）》等一系列标准文件，将监督机构的独立性从"机构"本身转移到"外部人员"独立性本身。《信息安全技术 大型互联网企业内设个人信息保护监督机构要求（征求意见稿）》第3.2条规定，大型互联网企业应当建立的个人信息保护监督机构应当主要由外部成员组成，对自身个人信息保护合法合规情况、履行个人信息保护社会责任情况等进行独立监督，并对提升个人信息保护水平提出建议和意见的机构。在《审计指引》第27条规定中将独立监督机构履职情况列为审查相关主体社会责任报告披露内容的要点之一。《审计要求》第34.1条对独立性标准作出进一步细化，即通过审计独立机构外部成员身份和背景、独立机构成员聘用机制、外部独立监督机构工作规

---

[1]《个人信息保护法》第58条规定："提供重要互联网平台服务、用户数量巨大、业务类型复杂的个人信息处理者，应当履行下列义务：（一）按照国家规定建立健全个人信息保护合规制度体系，成立主要由外部成员组成的独立机构对个人信息保护情况进行监督；（二）遵循公开、公平、公正的原则，制定平台规则，明确平台内产品或者服务提供者处理个人信息的规范和保护个人信息的义务；（三）对严重违反法律、行政法规处理个人信息的平台内的产品或者服务提供者，停止提供服务；（四）定期发布个人信息保护社会责任报告，接受社会监督。"

[2] 参见张新宝：《新宝看法（六十三）|大型互联网平台企业个人信息保护独立监督机构研究》，载微信公众号"教授加"2022年7月20日，https://mp.weixin.qq.com/s/glaLlCVC3b7frbP5dzSDCQ。

则,查验独立机构成员的身份和背景信息,是否与个人信息处理者及其主要股东存在可能妨碍其进行独立客观判断的关系,包括在大型互联网企业或者其附属关联企业任职,或者其配偶、直系亲属、主要社会关系在大型互联网企业或者其附属企业任职,为大型互联网企业或者其附属企业提供财务、法律、咨询等服务,与大型互联网企业或者其附属企业存在股权关系等信息。

结合独立性及其他规定,对大型网络平台建设独立机构提出如下建议。

第一,具备书面的成员聘用文件及独立监督机构工作规则。大型互联网个人信息保护监督机构应当由 7～15 名成员组成,其中,外部成员占比不低于 2/3,内部成员不超过 1/3。[1]

第二,外部人员应当具备相关专业知识和经验,能够承担独立机构的监督功能。从形式要件来看,外部人员最好为个人信息保护、数据安全等相关领域法律、技术资深专家,具备副高级及以上专业技术职称,或者在个人信息保护、数据安全等相关领域具有 5 年以上合规、测评等工作经验的资深从业人员。[2]

第三,外部人员应当满足独立性要求,与大型互联网企业不存在亲缘或其他关联关系。

(四)关注新法新规,及时更新审计标准

《个人信息保护法》确定了个人信息保护的合规审计制度,其本质内容是看其处理个人信息是否遵守相关法律规范,随着相关法律法规及国家标准等合规文件的不断完善,企业应当持续关注有关数据安全与保护、合规审计方面出台的法律法规,根据新法新规的要求及时地调整更新审计标准,深度落实合规审计义务。

---

[1] 参见《信息安全技术 大型互联网企业内设个人信息保护监督机构要求(征求意见稿)》第 4.2 条。
[2] 参见《信息安全技术 大型互联网企业内设个人信息保护监督机构要求(征求意见稿)》第 5.1.2 条。

第四节 数据安全技术措施

一、数据安全技术的法律规制

在数字经济时代,数据合规工作的开展,离不开数据安全技术的加持,安全技术的应用是数据合规管理体系的有力支撑。数据安全的技术包括网络安全技术、保密技术、评估审计技术、新型合规管理技术、人工智能技术等。

如表 7-13 所示,数据合规领域主要的法律法规对于数据处理常用具体技术进行了规定。

表 7-13 数据安全技术的相关规定

法律文件	内容
《网络安全法》	第 42 条规定,网络运营者应当采取技术措施和其他必要措施,确保其收集的个人信息安全,防止信息泄露、毁损、丢失
《数据安全法》	第 27 条规定,开展数据处理活动要采取相应的技术措施和其他必要措施,保障数据安全
《个人信息保护法》	第 51 条规定,个人信息处理者应当采取相应的加密、去标识化等安全技术措施
《网络数据安全管理条例》	第 9 条规定,网络数据处理者应当依照法律、行政法规的规定和国家标准的强制性要求,在网络安全等级保护的基础上,加强网络数据安全防护,建立健全网络数据安全管理制度,采取加密、备份、访问控制、安全认证等技术措施和其他必要措施,保护网络数据免遭篡改、破坏、泄露或者非法获取、非法利用,处置网络数据安全事件,防范针对和利用网络数据实施的违法犯罪活动,并对所处理网络数据的安全承担主体责任
《关键信息基础设施安全保护条例》	第 6 条规定,运营者依照本条例和有关法律、行政法规的规定以及国家标准的强制性要求,在网络安全等级保护的基础上,采取技术保护措施和其他必要措施,应对网络安全事件,防范网络攻击和违法犯罪活动,保障关键信息基础设施安全稳定运行,维护数据的完整性、保密性和可用性

在法律规定常用的加密、去标识化、备份、访问控制等数据安全技术之外，基于数据治理的需要，相关行业又产生了数据标签、自动分类分级、数据地图、链路安全等新软件技术。与此同时，为了满足法律监管要求，平衡技术应用发展，旨在实现数据"可用不可见"的隐私计算等新兴技术兴起。一系列技术的应用，使在充分保护数据和隐私安全的前提下，实现数据价值释放。有了数据合规与安全的诸多技术支撑，数据合规管理便有了有效抓手，使企业能够高效率地治理数据，已达到数据安全与数据应用的统一发展。

二、常见数据安全技术措施

（一）加密技术

加密技术应用在数据传输、存储和备份等多个环节，采用密码技术时应遵循密码管理相关法律和国家标准。

《密码法》第2条规定，密码是指采用特定变换的方法对信息等进行加密保护、安全认证的技术、产品和服务。密码分为核心密码、普通密码和商用密码。核心密码、普通密码用于保护国家秘密信息，核心密码保护信息的最高密级为绝密级，普通密码保护信息的最高密级为机密级。商用密码用于保护不属于国家秘密的信息。《商用密码管理条例》第2条规定，本条例所称商用密码，是指采用特定变换的方法对不属于国家秘密的信息等进行加密保护、安全认证的技术、产品和服务。另外，国家出台了《密码应用标识规范》（GM/T 0006-2023）、《数据报传输层密码协议规范》（GM/T 0128-2023）、《信息系统密码应用实施指南》（GM/T 0132-2023）、《电子文件密码应用技术规范》（GM/T 0055-2018）、《电子文件密码应用指南》（GM/T 0071-2019）等一系列有关密码管理的标准。

按照网络分层，数据加密技术重点作用于网络层和存储层，所以数据加密又可以分为数据传输加密和数据存储加密。数据的发送方和接收方使用不同的密钥进行数据加解密。常用的加密技术有对称加密、非对称加密、数字证书、数字签名、数据水印等。

1. 对称加密

在对称加密算法中,加密和解密使用的是同一把钥匙,即使用相同的密钥对同一密码进行加密和解密。常用的对称加密算法有数据加密标准(Date Encryption Standard,DES)、三重数据加密标准(Triple DES)、高级加密算法(Advanced Encryption Standard,AES)等。

2. 非对称加密

非对称加密有两个钥匙:公钥(Public Key)和私钥(Private Key)。公钥和私钥是成对存在的,如果对原文使用公钥加密,则只能使用对应的私钥才能解密。非对称加密算法的密钥是通过一系列算法得到的一长串随机数,通常随机数的长度越长,加密信息越安全,常用算法有非对称加密算法(Rivest Shamir Adleman,RSA)、错误检查和纠正(Error Checking and Correcting,ECC)等。与对称加密相比,非对称加密的优点是安全性高,缺点是加密算法复杂,加解密的效率低。

3. 数字证书

数字证书类似于现实生活中的居民身份证,它是由证书颁发机构(Certificate Authority)颁发的,简称CA证书。CA证书绑定了公钥及其持有者的真实身份,基于互联网通信用于标记通信双方身份,广泛用在电子商务和移动互联网中。

4. 数字签名

数字签名是一种类似于写在纸上的普通物理签名,但是使用公钥加密技术实现,用于鉴别数字信息的方法。数字签名能够验证所收到信息的完整性,发现中途信息被劫持篡改或丢失。对方可以根据数字签名来判断获取到的数据是不是原始数据。

5. 数据水印

数据水印是一种特殊的数据加密方式,即为了能够追踪分发后的数据,在分发数据中掺杂不影响运算结果的数据(该数据可以标识数据的来源),使泄密源可追溯,为企业核心数据提供有效的安全保护措施。数据从源系统经过脱敏进入数据共享过程,通过数据标记,对每个访问者下载的数据集打上隐式水印,在数据泄露后可精准追溯到泄密者。数据水印的加密和使用方式如下。

(1)掺杂数据。通过增加伪行、伪列、隐藏字符等形式,为数据做标记。

(2)建立数据分发项目清单,记录数据集、数据去向、水印特点。

(3)拿到泄密数据的样本,可追溯数据泄露源。[1]

(二)去标识化技术

去标识化技术常用于个人信息的处理中。根据《个人信息保护法》第73条规定,去标识化,是指个人信息经过处理,使其在不借助额外信息的情况下无法识别特定自然人的过程。匿名化,是指个人信息经过处理无法识别特定自然人且不能复原的过程。去标识化建立在个体基础之上,保留了个体颗粒度,采用假名、加密、哈希函数等技术手段替代对个人信息的标识,而个人信息经匿名化处理后所得的信息不属于个人信息。

根据《信息安全技术 个人信息安全规范》(GB/T 35273-2020),收集个人信息后,个人信息控制者宜立即进行去标识化处理,并采取技术和管理方面的措施,将可用于恢复识别个人的信息与去标识化后的信息分开存储并加强访问和使用的权限管理。涉及通过界面展示个人信息的(如显示屏幕、纸面),个人信息控制者宜对需展示的个人信息采取去标识化处理等措施,降低个人信息在展示环节的泄露风险。另外,在征得授权同意的例外收集情形下,将所收集的个人信息用于学术研究或得出对自然、科学、社会、经济等现象总体状态的描述,属于与收集目的具有合理关联的范围之内。但对外提供学术研究或描述的结果时,需对结果中所包含的个人信息进行去标识化处理。

指导去标识化工作开展的主要标准文件包括《信息安全技术 个人信息去标识化效果评估指南》(GB/T 42460-2023)、《数据去标识化共享指南》(DB31/T 1311-2021)、《信息安全技术 个人信息去标识化指南》(GB/T 37964-2019)等。其中,《信息安全技术 个人信息去标识化指南》(GB/T 37964-2019)详细列举了常用去标识化技术,包括统计技术、密码技术、抑制技

---

[1] 参见用友平台与数据智能团队:《一本书讲透数据治理:战略、方法、工具与实践》,机械工业出版社2022年版,第314页。

术、假名化技术、泛化技术、随机化技术等,并且举例说明了常见标识符的去标识化参考。

1. 姓名的去标识化

姓名是一种常用的标识符,可适用的去标识化方法举例如下。

(1)泛化编码。使用概括、抽象的符号来表示,如使用"张先生"来代替"张三",或使用"张某某"来代替"张三"。这种方法是用在需要保留"姓"这一基本特征的应用场景。

(2)抑制屏蔽。直接删除姓名或使用统一的"×"来表示,如所有的姓名都使用"×××"代替。

(3)随机替代。使用随机生成的汉字来表示,如使用随机生成的"辰筹猎"来取代"张三丰"。

(4)假名化。构建常用人名字典表,并从中选择一个来表示,如先构建常用的人名字典表,包括"龚小虹""黄益洪""龙家锐"等,假名化时根据按照顺序或随机选择一个人名代替原名。如使用"龚小虹"取代"张三丰"。这种方法有可能用在需要保持姓名数据可逆变换的场景。

(5)可逆编码,采用密码或其他变换技术,将姓名转变成另外的字符,并保持可逆特性。如使用密码和字符编码技术,使用"SGIHLIKHJ"代替"张三丰"。

2. 身份证号的去标识化

身份证号也是一种常用的标识符,国内身份证号按照 GB 11643-1999 制定的规则进行编码,其结构分为地址码、出生日期码、顺序码和校验码,常见的去标识化方法举例如下。

(1)抑制屏蔽。直接删除身份证号或使用统一的"×"来表示。如所有的身份证号都使用"×××"代替。

(2)部分屏蔽。屏蔽身份证号中的一部分,以保护个人信息。如"440524188001010014"可以使用"440524××××××××0014"代替,上述数据可用在需要保密出生日期的场景。

(3)可逆编码。采用密码或其他变换技术,将身份证号转变成另外的字符,并保持可逆特性。如使用密码和字符编码技术,使用"SF39F83"代替

"440524188001010014"。

（4）数据合成。采用重新产生的数据替代原身份证号,如使用数据集中的记录顺序号替代原身份证号,或随机产生符合身份证号编码规则的新身份证号代替原始值。

(三)访问控制技术

访问控制是保护数据安全的重要手段。对于访问控制的管理要求,《信息安全技术　个人信息安全规范》(GB/T 35273-2020)对个人信息控制者的访问控制要求包括:

1. 对被授权访问个人信息的人员,应建立最小授权的访问控制策略,使其只能访问职责所需的最小必要的个人信息,且仅具备完成职责所需的最少的数据操作权限;

2. 对个人信息的重要操作设置内部审批流程,如进行批量修改、拷贝、下载等重要操作;

3. 对安全管理人员、数据操作人员、审计人员的角色进行分离设置;

4. 确因工作需要,需授权特定人员超权限处理个人信息的,应经个人信息保护责任人或个人信息保护工作机构进行审批,并记录在册;

5. 对个人敏感信息的访问、修改等操作行为,宜在对角色权限控制的基础上,按照业务流程的需求触发操作授权。例如,当收到客户投诉,投诉处理人员才可访问该个人信息主体的相关信息。

在技术层面,与访问控制有关的主要标准规范如表7-14所示。

表7-14　访问控制有关规范

标准名称	编号
《信息安全技术　鉴别与授权　基于角色的访问控制模型与管理规范》	GB/T 25062-2010
《信息技术　生物特征识别性能测试和报告　第5部分:访问控制场景与分级机制》	GB/T 29268.5-2022
《信息安全技术　实体鉴别　第2部分　采用可鉴别加密技术的机制》	20230240-T-469

续表

标准名称	编号
《信息安全技术　鉴别与授权　访问控制中间件框架与接口》	GB/T 36960－2018
《信息安全技术　鉴别与授权　可扩展访问控制标记语言》	GB/T 30281－2013
《信息安全技术　鉴别与授权　地理空间可扩展访问控制置标语言》	GB/T 30280－2013
《信息安全技术　消息鉴别码　第2部分:采用专用杂凑函数的机制》	20230252－T－469
《信息安全技术　主机资源访问控制产品安全技术要求》	GA/T 1138－2014
《信息安全技术　鉴别与授权　认证中间件框架与接口规范》	GB/T 30275－2013
《信息技术　安全技术　可鉴别的加密机制》	GB/T 36624－2018
《信息安全技术　鉴别与授权　安全断言标记语言》	GB/T 29242－2012

(四)备份与恢复技术

数据处理者应当做好容灾备份和存储介质安全管理,定期开展数据恢复测试,保障业务连续性,这也是应急管理的要求。可参考下列技术标准及管理规范要求执行合规工作(见表7－15)。

表7－15　数据备份与恢复相关国家标准

标准名称	主要内容
《信息安全技术　信息系统灾难恢复规范》(GB/T 20988－2007)	对数据、数据处理系统、网络系统、基础设施、专业技术支持能力和运行管理能力进行备份的各项要求
《数据备份一体机测试方法》(YD/T 4413－2023)	数据备份一体机的功能、性能、扩展性、可靠性、稳定性、能耗等测试方法
《数据备份一体机技术要求》(YD/T 4412－2023)	数据备份一体机的系统架构以及功能、可靠性、稳定性、可扩展性、操作维护、接口等方面的要求
《集中式远程数据备份技术要求》(YD/T 2915－2015)	集中式远程数据备份技术中运维管理、用户行为监测、异构环境、优化技术、介质控制、数据安全、数据去重和数据压缩等要求

续表

标准名称	主要内容
《集中式远程数据备份测试要求》(YD/T 3494－2019)	集中式远程数据备份测试进行时的测试环境要求、测试范围要求、测试文档要求、测试流程要求、指标分类要求,测试范围涵盖《集中式远程数据备份技术要求》中的功能测试和性能测试
《信息安全技术 数据备份与恢复产品技术要求与测试评价方法》(GB/T 29765－2021)	数据备份与恢复产品安全功能要求,自身安全要求、安全保障要求与测试评价方法。数据备份与恢复产品是指能够对信息系统数据进行备份和恢复并对其过程进行管理的产品
《信息安全技术网站数据恢复产品技术要求与测试评价方法》(GB/T 29766－2021)	网站数据恢复产品安全功能要求、自身要求要求、安全保障要求与测试评价方法。网站数据恢复产品是指提供对网站数据的监测、防篡改并实现数据备份和恢复等安全功能的产品
《烟草行业信息系统容灾备份建设指南》(YC/Z 583－2019)	烟草行业信息系统容灾备份建设应遵循的分析、规划、实施和运行管理要求
《银行业信息系统灾难恢复管理规范》(JR/T 0044－2008)	银行业信息系统灾难恢复应遵循的管理要求

第八章　外部监管与审查

第一节　网络安全审查制度

2021年7月2日,国家网络安全审查办公室发布《网络安全审查办公室关于对"滴滴出行"启动网络安全审查的公告》,宣布依据《国家安全法》《网络安全法》,网络安全审查办公室按照《审查办法》(2021年版)对"滴滴出行"实施网络安全审查,[1]这是《网络安全法》确立网络安全审查制度以来,首次对外公布的审查行动,特别是在滴滴刚刚完成其美国首次公开募股(Initial Public Offering,IPO)这一特殊时间点,更是引起了全球对事件本身以及我国网络安全审查制度的高度关注。随后,7月5日,网络安全审查办公室发布关于对"运满满""货车帮""BOSS直聘"启动网络安全审查的公告。[2]

2022年6月24日,中国网信网发布《网络安全审查办公室对知网启动网络安全审查》,[3]该公告称:为防范国家数据安全风险,维护国家安全,保障公共利益,依据《国家安全法》《网络安全法》《数据安全法》,按照《审查办法》(2021年版),网络安全审查办公室约谈同方知网(北京)技术有限公司负责人,宣布对

---

[1] 参见网络安全审查办公室:《网络安全审查办公室关于对"滴滴出行"启动网络安全审查的公告》,载中国网信网2021年7月2日,https://www.cac.gov.cn/2021-07/02/c_1626811521011934.htm?ivk_sa=1023197a。

[2] 参见网络安全审查办公室:《网络安全审查办公室关于对"运满满""货车帮""BOSS直聘"启动网络安全审查的公告》,载中国网信网2021年7月5日,https://www.cac.gov.cn/2021-07/05/c_1627071328950274.htm。

[3] 参见网络安全审查办公室:《网络安全审查办公室对知网启动网络安全审查》,载中国网信网2022年6月24日,https://www.cac.gov.cn/2022-06/24/c_1657686783575480.htm。

知网启动网络安全审查。据悉,知网掌握着大量个人信息和涉及国防、工业、电信、交通运输、自然资源、卫生健康、金融等重点领域重要数据,以及我国重大项目、重要科技成果及关键技术动态等敏感信息。

2023年3月31日,网络安全审查办公室发布《关于对美光公司在华销售产品启动网络安全审查的公告》,[1]对美光公司(Micron)在华销售的产品实施网络安全审查。

从上述执法情况不难看出,网络安全审查监管已经常态化,企业应当深刻理解网络安全审查的要求,履行合规义务,避免因产品存在严重网络安全隐患而对我国关键信息基础设施供应链造成重大安全风险,影响我国国家安全,同时给企业自身带来不可挽回的损失。

一、审查的法律基础

国家安全审查制度由来已久,《国家安全法》第59条规定,国家建立国家安全审查和监管的制度和机制,对影响或者可能影响国家安全的外商投资、特定物项和关键技术、网络信息技术产品和服务、涉及国家安全事项的建设项目,以及其他重大事项和活动,进行国家安全审查,有效预防和化解国家安全风险。《密码法》第27条规定,关键信息基础设施的运营者采购涉及商用密码的网络产品和服务,可能影响国家安全的,应当按照《网络安全法》的规定,通过国家网信部门会同国家密码管理部门等有关部门组织的国家安全审查。

网络安全关乎国家安全,在复杂的国际大背景下,企业应当树立起国家安全思维。网络安全审查法律依据来源于《网络安全法》第35条:"关键信息基础设施的运营者采购网络产品和服务,可能影响国家安全的,应当通过国家网信部门会同国务院有关部门组织的国家安全审查。"

但上述规定仅是原则性规定,缺乏可操作性。因此,在2019年5月出台了《网络安全审查办法(征求意见稿)》,2020年4月底《审查办法》(2020年版,已

---

[1] 参见网络安全审查办公室:《关于对美光公司在华销售产品启动网络安全审查的公告》,载中国网信网2023年3月31日,https://www.cac.gov.cn/2023-03/31/c_1681904291361295.htm。

废止)正式发布;2021年7月10日再次公布了《审查办法(修订征求意见稿)》,2021年12月28日正式发布《审查办法》(2021年版),于2022年2月15日起正式实施。

在《审查办法》(2020年版)中,其法律依据只有《国家安全法》和《网络安全法》,因为当时《数据安全法》还未颁布,《数据安全法》第24条规定,国家建立数据安全审查制度,对影响或者可能影响国家安全的数据处理活动进行国家安全审查,本条规定是落实国家安全审查制度在数据领域的规范。因此,在《审查办法》(2021年版)中,增加了《数据安全法》作为法律依据。

《审查办法》(2020年版)强调对网络安全保护的审查,然而"数据"已经成为当代可以说是最重要的生产要素,数据安全也已经成为网络安全的核心,网络安全保护的目标也逐渐趋向于数据安全。网络安全审查已经不仅是对网络的审查,2021年修订引入《数据安全法》作为法律依据后,审查内容则包含数据及网络服务两个层面,更为明确地强调了"核心数据"、"重要数据"以及"个人信息"的重要性。

二、审查对象

从《审查办法》(2020年版)到《审查办法》(2021年版),可以看出网络安全审查制度的适用主体范围正在扩大。《审查办法》(2020年版)所规定的适用主体为"关键信息基础设施运营者采购网络产品和服务,影响或可能影响国家安全的,应当按照本办法进行网络安全审查"。其规定的主要适用对象就是关键信息基础设施运营者(Critical Information Infrastructure Operators,CIIO)。但在《审查办法》(2021年版)中,除CIIO之外,还增加了主体范围。综合来看,目前可能需要履行网络安全审查的主体主要包括以下几类。

(一)关键信息基础设施运营者

关键信息基础设施运营者覆盖领域广泛,如公共通信和信息服务、能源、交通、水利、金融、公共服务、电子政务、国防科技工业等重要行业。此外,如果某行业的网络设施或信息系统遭到破坏、丧失功能或发生数据泄露时,可能导致严重危害国家安全后果的,也应当涵盖。详见本书第三章对关键信息基础设施运营者的认定因素及合规义务的具体说明。

(二) 开展数据处理活动的网络平台运营者

《审查办法》(2021年版) 第2条规定,网络平台运营者开展数据处理活动,影响或者可能影响国家安全的,也应当进行网络安全审查。由于上位法增加了《数据安全法》,因而在适用主体中则相应增加了网络平台运营者处理数据活动可能影响国家安全的情形,这也是我国数据安全审查制度的落地措施。此外,《网络数据安全管理条例》也明确规定,网络数据处理者开展网络数据处理活动,影响或者可能影响国家安全的,应当按照国家有关规定进行国家安全审查。

(三) 赴国外上市的网络平台运营者

《审查办法》(2021年版) 第7条的规定相对于2020年版是完全新增的要求,新增"掌握超过100万用户个人信息的网络平台运营者赴国外上市"作为审查对象,这也体现出"滴滴"事件以后,相关部门对于境外上市的主体数据安全将进行强监管的监管思路。根据该条款的表述,即使不属于CIIO,如果处理用户个人信息数量超过特定量级,在国外上市前也必须申报网络安全审查。而本条所设置的100万个人信息的标准,对于互联网平台企业而言很容易达到,结合目前国内企业国外上市的情况来看,多家上市企业在上市过程中也收到了发行审核委员会关于"网络安全与数据合规"的问询,此次修订赋予了证券监督管理委员会对赴国外上市企业进行审查的权利,这也意味着网络安全审查可能成为网络平台运营者赴国外上市的前置程序。

除主体之外,还需要关注纳入安全审查范围的"网络产品和服务"。《审查办法》(2021年版) 第21条规定,"本办法所称网络产品和服务主要指核心网络设备、重要通信产品、高性能计算机和服务器、大容量存储设备、大型数据库和应用软件、网络安全设备、云计算服务,以及其他对关键信息基础设施安全、网络安全和数据安全有重要影响的网络产品和服务"。此处"重要通信产品"以及"对网络安全和数据安全有重要影响的网络产品和服务"的内容是新增的。综合上述内容,从网络系统底层结构看,主要审查的产品和服务涉及网络系统的物理层、数据链路层、网络层、传输层等基础层面;从功能角度看,涉及信息传输、运算、存储、软硬件设备、数据库、云计算等各个重要方面。

三、审查要素

《审查办法》(2020年版)第9条以"列举+兜底"的方式规定了网络安全审查办公室在评估采购网络产品和服务可能带来的国家安全风险时主要考虑的因素,归纳起来主要包括可控性风险、连续性风险、外部环境影响风险、合规性风险。在《审查办法》(2021年版)第10条对此前的审查要素进行了修订和增加,根据目前的规定,主要审查的风险有以下几点。

1. 可控性风险:产品和服务使用后带来的关键信息基础设施被非法控制、遭受干扰或破坏的风险;

2. 连续性风险:产品和服务供应中断对关键信息基础设施业务连续性的危害;

3. 外部环境风险:产品和服务的安全性、开放性、透明性、来源的多样性,供应渠道的可靠性以及因为政治、外交、贸易等因素导致供应中断的风险;

4. 合规风险:产品和服务提供者遵守中国法律、行政法规、部门规章情况;

5. 数据安全风险:核心数据、重要数据或大量个人信息被窃取、泄露、毁损以及非法利用或出境的风险;

6. 被非法利用的风险:国外上市后关键信息基础设施、核心数据、重要数据或大量个人信息被国外政府影响、控制、恶意利用的风险;

7. 其他风险:其他可能危害关键信息基础设施安全和国家数据安全的因素。

四、审查程序

网络安全审查的启动有两种情形:第一种,企业主动申报网络安全审查,作为一种法定义务,当企业满足审查办法规定的情形时,应当主动申报网络安全审查;第二种,根据《审查办法》(2021年版)第16条和第19条的相关规定,网络安全审查工作机制成员单位认为存在影响或者可能影响国家安全的网络产品和服务以及数据处理活动(包含上市活动),经提请审批后可以开展网络安全审查。此外,网络安全审查办公室通过接受举报等形式发现前述情形的,也可以依法和依照相关程序,对相关主体和数据处理活动进行审查。

(一)一般审查程序

在企业主动申报网络安全审查的情况下,网络安全审查办公室在收到申报审查材料起 10 个工作日内,确定是否需要审查并书面通知当事人。认为需要开展网络安全审查的,应当向运营者发出通知之日起 30 个工作日内完成初步审查,包括形成审查结论建议和将审查结论建议发送网络安全审查工作机制成员单位、相关部门征求意见;情况复杂的,可以延长 15 个工作日。

网络安全审查办公室将审查结论建议发给网络安全审查工作机制成员单位、相关关键信息基础设施保护工作部门征求意见,相关部门应当自收到审查结论建议之日起 15 个工作日内书面回复意见。意见一致的,以书面形式将审查结果通知运营者;意见不一致的按照特别程序处理。网络安全审查办公室要求提供补充材料的,当事人、产品和服务提供者应当予以配合。提交补充材料的时间不计入审查时间。

(二)特别审查程序

按照特别审查程序处理的,应再次形成审查结论建议,并征求网络安全审查工作机制成员单位和相关部门意见,按程序报中央网络安全和信息化委员会批准后,形成审查结论。特别审查的周期,由 2020 年版的 45 个工作日增加到 2021 年版规定的 90 个工作日,情况复杂可延长。

五、企业的合规应对

在网络安全审查常态的背景下,企业应该怎么做才能够符合合规要求呢?

1. 树立国家安全的思维。在当前时代,无论是数据、密码,还是网络空间的概念,均具有国家主权性。随着社会经济的发展,信息化、数字化已经成为趋势,数据已然作为新的生产要素和基础战略资源地位,数据安全、网络安全直接关乎国家安全。国家安全高于一切,企业在数据处理活动中,首先应具备国家安全思维。对于企业来讲,除数据全生命周期合规外,应该将国家安全思维嵌入企业经营全生命周期,尤其是投融资、上市、境外拓展业务、数据出境等情形下,应当具有更高的合规注意义务。

2. 识别受审查的主体。《审查办法》在短短 2 年内,颁布后又快速地修订,修订后的适用范围明显扩大,不仅包括关键信息基础设施运营者,还包括数据处理者开展数据处理活动,影响或可能影响国家安全的情形,以及处理个人信息达到规定数量的网络平台运营者赴国外上市的情形。因此,企业应当主动识别自己是不是被审查主体的范围,如存在疑虑,可以与行业主管部门以及数据安全领域的相关监管机构进行沟通咨询,主动识别身份并按照要求积极履行申报的法定义务。

3. 识别和梳理业务及资产情况。在审查材料中,申报书除包括申请主体信息,如单位全称、办公地址、注册地、注册资金、员工人数、单位类型、法定代表人、联系人等基本的主体信息之外,必然要披露企业所采购的产品和服务的情况;且在"影响或可能影响国家安全的分析报告"中以及拟上市的 IPO 材料中,也可能会要求披露企业的核心资产情况、核心业务情况,因此,企业必然也对自己的核心业务及核心资产进行全面梳理,尤其是针对"核心数据""重要数据""用户数据""个人信息"等进行全面梳理,形成数据清单和数据流程图。

4. 落实网络安全管理措施。在企业确定管理措施前,应当对自身面临的主要威胁和系统安全能力进行评估,采取有效的技术检测手段得到检测结果,对可能存在的风险进行评估,比如,对存在的安全威胁、安全漏洞、面临的安全风险进行评估,从而有针对性地落实网络安全的各项保护措施。

5. 构建内部规章管理制度。如关键信息基础设施运营者采购网络产品和服务,影响或可能影响国家安全的,必须建立供应商的准入及管控制度,加强供应商背景审核。尤为重要的是对于供应商的信息安全审查,包括但不限于:第一,审查供应商关系的信息安全策略和能力;第二,在与供应商的协议中强调网络信息与数据安全;第三,特别注意信息和通信技术的供应链,双方可通过签署如《第三方合作伙伴信息安全管理》等协议或通过《信息系统采购管理》《信息安全行为规范》等制度或协议进行进一步规制。

6. 加强业务连续性管理。审查要素包括对业务连续性管理风险的审核,对于企业而言,应当加强业务连续性管理,预判业务中断的风险,并在事前进行防范,比如,组织日常的风险管理或IT运维;在业务中断发生进入应对阶段,应及时了解情况、进行通报、评估损失等;在业务恢复阶段,应执行恢复预案,恢复预案执行完毕后,事件稳定,则进入重建阶段。在日常合规工作中,企业应完善和健全如业务系统突发事件应急策略、业务系统故障诊断与处置等管理规范,建立业务系统突发事件应急响应流程,并定期或不定期实施业务连续性演练,从而更好地应对业务连续性风险。

7. 审核及跟踪管理采购文件、协议、拟签订的合同。审查办法要求关键信息基础设施运营者通过采购文件、协议要求产品和服务提供者配合审查,并要求提供者承诺不利用提供产品和服务的便利条件非法获取用户数据、非法控制和操纵用户设备,无正当理由不中断产品供应或必要的技术支持服务等。

在采购合作方面,企业应当注意以下几个方面。第一,采购者应当开展提供方背景调查,确保其产品及服务符合中国法律的监管,确保其具有履行相关承诺的资信及条件,在选择供应商时加强对供应商资质、数据网络等方面安全保障能力的审查,仔细调查供应商是否遵守法律法规及相关标准所提出的数据合规要求,同时配合建立供应商管理制度。第二,采购者应当草拟合规的采购文件、采购协议等,明确各方权利义务及产品准入要求,增加关于网络安全、数据安全等方面的条款等。第三,提供方应当签署合规的承诺文件,承诺:(1)配合网络安全审查,即配合审查机构提供相关材料、接受谈话、说明情况等;(2)不利用提供产品和服务的便利条件非法获取用户数据、非法控制和操纵用户设备等;(3)无充分、正当且不可控的理由,不会中断产品供应或必要的技术支持服务,以及一旦面临政治、贸易管制影响的潜在替代方案等;(4)产品或服务遵守中国法律、行政法规、部门规章等;(5)不存在受外国政府资助、控制等情况;等等。除合同拟定和签署外,还应强化合作过程中的监督,如发现存在问题时及时终止或暂停合作。

8. 注意网络安全审查与其他审查制度之间的衔接。企业应当结合自身业务情况主动识别所应履行的审查或评估工作包括哪些内容:《审查办法》(2021年版)第22条规定,国家对数据安全审查、外商投资安全审查另有规定的,应当同时符合其规定。

尽管上述审查同属于国家安全审查的范畴,但网络安全审查、数据安全审查及外商投资安全审查从审查对象、审查内容上可能仍存在一定差别。《数据安全法》第 24 条规定,如果企业同时存在影响或可能影响国家安全的数据处理活动,则有可能受到相关监管部门开展的数据安全审查;《外商投资安全审查办法》规定,国家建立外商投资安全审查工作机制,《外商投资准入特别管理措施(负面清单)》(2024 年版)规定,从事《外商投资准入负面清单》禁止投资领域业务的境内企业到境外发行股份并上市交易的,应当经国家有关主管部门审核同意。因此,如本身涉及从事外商投资准入限制行业的企业(如电信、采矿、核电站等)计划赴国外上市,还应同时通过有关主管部门的审核同意;此外,除《审查办法》(2021 年版)第 22 条明确规定的审查之外,如果企业存在数据出境的情形,依法还应当进行数据出境的评估申报。

综上所述,网络世界带来的不仅是便捷的生活和丰富的商业环境,与此相伴的还有新型的风险与安全隐患,网络安全审查制度的建立和落地将为国家安全、网络安全、数据安全等安全领域增添更强劲的保障,网络安全审查制度的不断调整和更新,也不断地回应着实践中存在的各类问题和风险。对于企业而言,在网络运营、数据处理、企业上市的过程中,应当充分了解法律规范,主动识别自身的合规义务,积极满足合规要求,才能适应严格的监管环境,同时,也能够加强自身的企业竞争力。

第二节　算法备案与安全评估

从技术的角度来说,算法本质上是基于特定的数学模型,将输入转化为输出结果的系列计算步骤,是一种复杂的计算过程。对普通人而言,算法是一个抽象的概念,但环顾我们的生活就会发现算法的应用无处不在,比如,搜索引擎、路线导航、商品推荐、垃圾邮件过滤等都要归功于算法。

人工智能的发展,离不开数据、算法和算力的共同作用,其中,数据是物料基础,算力是计算能力保障,而算法则是核心驱动力。在人工智能和机器学习广泛应用的今天,算法技术应用的场景也更加丰富,毫不夸张地说,我们已经进入算法时代。然而,算法对人类生活的渗透,也给人们带来了不安。为了加强算法治理,我国逐步出台了有关了算法备案、安全评估等监管制度并对相关企业提出了一系列的合规要求。

一、算法治理监管概览

关于算法的监管散见于各类法律、行政法规、部门规章以及规范性文件,主要与数据安全、个人信息保护、科技伦理、算法备案与评估密切相关。如表8-1所示。

表8-1 算法规制的相关监管文件(按照发布时间顺序排列)

法律依据	颁布时间及生效时间	颁布部门	涉及算法监管的重要内容或条款
《网络数据安全管理条例》	2024年9月24日发布 2025年1月1日实施	国务院	第46条 大型网络平台服务提供者不得利用网络数据、算法以及平台规则等从事下列活动: (1)通过误导、欺诈、胁迫等方式处理用户在平台上产生的网络数据; (2)无正当理由限制用户访问、使用其在平台上产生的网络数据; (3)对用户实施不合理的差别待遇,损害用户合法权益; (4)法律、行政法规禁止的其他活动
《科技伦理审查办法(试行)》	2023年9月7日发布 2023年12月1日实施	科学技术部、教育部、工业和信息化部、农业农村部、国家卫生健康委员会、中国科学院、中国工程院、中国科学技术协会、中国社会科学院、中央军委科学技术委员会	第15条规定了科技伦理(审查)委员会的审查重点和标准,涉及数据和算法的科技活动的审查,要求算法、模型和系统的设计、实现、应用等遵守公平、公正、透明、可靠、可控等原则,符合国家有关要求,伦理风险评估审核和应急处置方案合理,用户权益保护措施全面得当。 具有舆论社会动员能力和社会意识引导能力的算法模型、应用程序及系统的研发,属于需要开展伦理审查复核的科技活动

续表

法律依据	颁布时间及生效时间	颁布部门	涉及算法监管的重要内容或条款
《信息安全技术 机器学习算法安全评估规范》（GB/T 42888-2023）	2023年8月6日发布 2024年3月1日实施	国家市场监督管理总局、国家标准化管理委员会	标准规定了机器学习算法技术和服务的安全要求和评估方法，以及机器学习算法安全评估流程。标准适用于指导机器学习算法提供者保障机器学习算法生存周期安全以及开展机器学习算法安全评估，也可为监管评估提供参考
《生成式人工智能服务管理暂行办法》	2023年7月10日发布 2023年8月15日实施	国家互联网信息办公室、国家发展和改革委员会、教育部、科学技术部、工业和信息化部、公安部、国家广播电视总局	第17条 提供具有舆论属性或者社会动员能力的生成式人工智能服务的，应当按照国家有关规定开展安全评估，并按照《互联网信息服务算法推荐管理规定》履行算法备案和变更、注销备案手续
《互联网信息服务深度合成管理规定》	2022年11月25日发布 2023年1月10日实施	国家互联网信息办公室、工业和信息化部、公安部	第7条 深度合成服务提供者应当建立健全算法机制机理审核等管理制度。 第15条 深度合成服务提供者和技术支持者应当加强技术管理，定期审核、评估、验证生成合成类算法机制机理。 第19条 具有舆论属性或者社会动员能力的深度合成服务提供者，应当按照《互联网信息服务算法推荐管理规定》履行备案和变更、注销备案手续
《互联网信息服务算法推荐管理规定》	2021年12月31日发布 2022年3月1日实施	国家互联网信息办公室、工业和信息化部、公安部、国家市场监督管理总局	对应用算法推荐技术提供互联网信息服务者提出了服务规范要求和用户权益保护要求；并要求具有舆论属性或者社会动员能力的算法推荐服务提供者履行备案手续。生效同日，国家网信办正式上线了算法备案系统

续表

法律依据	颁布时间及生效时间	颁布部门	涉及算法监管的重要内容或条款
《上海市网络交易平台网络营销活动算法应用指引（试行）》	2021年11月12日发布实施	上海市市场监督管理局	为规范网络交易平台网络营销活动算法应用行为,鼓励网络交易平台经营者加强合规管理,上海市市场监督管理局发布该指引,为平台经营者提示合规风险并给出算法应用的合规建议,如建立相适应的算法应用合规管理制度,设立算法安全管理机构或专职人员,加强对算法应用的风险防控和隐患排查治理等,鼓励经营者公开算法原理、建立投诉处理机制、建立消费者赔偿机制
《关于加强互联网信息服务算法综合治理的指导意见》	2021年9月17日发布并实施	国家互联网信息办公室、中央宣传部、教育部、科学技术部、工业和信息化部、公安部、文化和旅游部、国家市场监督管理总局、国家广播电视总局	进一步要求"有序推进算法备案工作"
《个人信息保护法》	2021年8月20日发布 2021年11月1日实施	全国人民代表大会常务委员会	第24条 个人信息处理者利用个人信息进行自动化决策,应当保证决策的透明度和结果公平、公正,不得对个人在交易价格等交易条件上实行不合理的差别待遇。通过自动化决策方式向个人进行信息推送、商业营销,应当同时提供不针对其个人特征的选项,或者向个人提供便捷的拒绝方式。通过自动化决策方式作出对个人权益有重大影响的决定,个人有权要求个人信息处理者予以说明,并有权拒绝个人信息处理者仅通过自动化决策的方式作出决定

续表

法律依据	颁布时间及生效时间	颁布部门	涉及算法监管的重要内容或条款
《新一代人工智能伦理规范》	2021年9月25日发布实施	国家新一代人工智能治理专业委员会	第12条 增强安全透明。在算法设计、实现、应用等环节,提升透明性、可解释性、可理解性、可靠性、可控性,增强人工智能系统的韧性、自适应性和抗干扰能力,逐步实现可验证、可审核、可监督、可追溯、可预测、可信赖。 第13条 避免偏见歧视。在数据采集和算法开发中,加强伦理审查,充分考虑差异化诉求,避免可能存在的数据与算法偏见,努力实现人工智能系统的普惠性、公平性和非歧视性
《关于平台经济领域的反垄断指南》	2021年2月7日发布并实施	国务院反垄断委员会	针对社会各方面反映突出的"二选一""算法共谋""大数据杀熟"等问题作出系统规定。 第5条 垄断协议的形式平台经济领域垄断协议是指经营者排除、限制竞争的协议、决定或者其他协同行为。协议、决定可以是书面、口头等形式。其他协同行为是指经营者虽未明确订立协议或者决定,但通过数据、算法、平台规则或者其他方式实质上存在协调一致的行为,有关经营者基于独立意思表示所作出的价格跟随等平行行为除外
《禁止网络不正当竞争行为规定(公开征求意见稿)》	2021年8月17日发布	国家市场监督管理总局	第13条 经营者不得利用数据、算法等技术手段,通过影响用户选择或者其他方式,实施流量劫持、干扰、恶意不兼容等行为,妨碍、破坏其他经营者合法提供的网络产品或者服务正常运行

续表

法律依据	颁布时间及生效时间	颁布部门	涉及算法监管的重要内容或条款
《深圳经济特区数据条例》	2021年7月6日发布 2022年1月1日实施	深圳市人民代表大会常务委员会	第69条 市场主体不得利用数据分析,对交易条件相同的交易相对人实施差别待遇,但是有下列情形之一的除外: (1)根据交易相对人的实际需求,且符合正当的交易习惯和行业惯例,实行不同交易条件的; (2)针对新用户在合理期限内开展优惠活动的; (3)基于公平、合理、非歧视规则实施随机性交易的; (4)法律、法规规定的其他情形
《在线旅游经营服务管理暂行规定》	2020年8月20日发布 2020年10月1日实施	文化和旅游部	第15条 在线旅游经营者不得滥用大数据分析等技术手段,基于旅游者消费记录、旅游偏好等设置不公平的交易条件,侵犯旅游者合法权益
《信息安全技术 个人信息安全规范》(GB/T 35273-2020)	2020年3月6日颁布 2020年10月1日实施	全国信息安全标准化技术委员会	7.5 在向个人信息主体提供电子商务服务的过程中,根据消费者的兴趣爱好、消费习惯等特征向其提供商品或者服务搜索结果的个性化展示的,应当同时向该消费者提供不针对其个人特征的选项
《数据安全管理办法(征求意见稿)》	2019年5月28日发布	国家互联网信息办公室	第23条 网络运营者利用用户数据和算法推送新闻信息、商业广告等(以下简称"定向推送"),应当以明显方式标明"定推"字样,为用户提供停止接收定向推送信息的功能;用户选择停止接收定向推送信息时,应当停止推送,并删除已经收集的设备识别码等用户数据和个人信息。网络运营者开展定向推送活动应遵守法律、行政法规,尊重社会公德、商业道德、公序良俗,诚实守信,严禁歧视、欺诈等行为

续表

法律依据	颁布时间及生效时间	颁布部门	涉及算法监管的重要内容或条款
《互联网个人信息安全保护指南》	2019年4月10日颁布并实施	公安部	6.3 完全依靠自动化处理的用户画像技术应用于精准营销、搜索结果排序、个性化推送新闻、定向投放广告等增值应用，可事先不经用户明确授权，但应确保用户有反对或者拒绝的权利
《App违法违规收集使用个人信息行为认定方法》	2019年11月28日颁布并实施	国家互联网信息办公室、工业和信息化部、公安部、市场监管总局	3.6 以下行为可被认定为"未经用户同意收集使用个人信息"——利用用户个人信息和算法定向推送信息，未提供非定向推送信息的选项
《电子商务法》	2019年1月1日实施	全国人民代表大会常务委员会	第18条 电子商务经营者根据消费者的兴趣爱好、消费习惯等特征向其提供商品或者服务的搜索结果的，应当同时向该消费者提供不针对其个人特征的选项，尊重和平等保护消费者合法权益
《具有舆论属性或社会动员能力的互联网信息服务安全评估规定》	2018年11月15日发布 2018年11月30日实施	国家互联网信息办公室、公安部	对具有舆论属性或社会动员能力的互联网信息服务和相关新技术新应用的安全管理提出安全评估要求，明确需要开展安全评估的主体范围以及评估内容

从上述算法治理的监管历程来看，对算法的规制也是随着数字经济产业的发展而不断加强的。2018年之前，主要的监管重点在互联网信息服务行业，关注在个性化推送服务中算法利用的合规性；此后，随着平台企业的不断发展，平台企业掌握了大量的用户个人信息以及商业数据，平台企业应用算法对个人信息进行分析，形成用户画像并定向推销，出现了大量侵犯用户个人信息、危害消费者知情权、公平交易权等权益的情形。

通过执法实践，监管部门也逐渐意识到，数据合规、个人信息保护以及消费者权益保护是远远不够的，算法滥用的后果不能只限于事后弥补或处罚，算法合规开始受到单独"关照"和事前"关照"。随着2022年算法备案要求的出台以及2023年生成式人工智能服务的相关监管要求出台，算法和人工智能被赋予更高的合规要求，将经营者的合规义务前置，从事后处罚走向事前监管，通过要求经营者进行算法备案、算法评估，从而促进算法经营者的履行合规义务，完善算法合规治理机制。

二、算法备案

2020年12月，中共中央印发《法治社会建设实施纲要（2020—2025年）》，提出"制定完善对网络直播、自媒体、知识社区问答等新媒体业态和算法推荐、深度伪造等新技术应用的规范管理办法"。

2021年9月，国家网信办等九部委发布《关于加强互联网信息服务算法综合治理的指导意见》，进一步要求"有序推进算法备案工作"。

2021年12月，国家网信办正式发布《互联网信息服务算法推荐管理规定》（以下简称《算法推荐管理规定》），第24条第1款规定，"具有舆论属性或者社会动员能力的算法推荐服务提供者应当在提供服务之日起十个工作日内通过互联网信息服务算法备案系统填报服务提供者的名称、服务形式、应用领域、算法类型、算法自评估报告、拟公示内容等信息，履行备案手续"，第2款、第3款则分别对备案变更、注销备案进行了规定。

2022年11月，《互联网信息服务深度合成管理规定》（以下简称《深度合成管理规定》）公布，其中第19条第2款在此前算法推荐管理规定的基础上，进一步明确深度合成服务技术支持者应当参照算法推荐服管理服务规定履行备案、变更和注销备案手续。

2023年7月，《生成式人工智能服务管理暂行办法》（以下简称《生成式人工智能管理办法》）第17条也明确提出了相关备案义务的要求。

（一）备案主体

算法备案的主体如下。

第一，"具有舆论属性或者社会动员能力的算法推荐服务提供者"。其主要原因在于,这类服务者具有大量的用户基础,所推送的信息能够在短时间内迅速传播,社会舆论的影响力巨大,为坚持主流价值观导向,防范虚假或有害信息的大量传播,避免对社会公共秩序甚至国家安全造成负面影响,为这类主体设定了算法备案义务。

那么何谓"具有舆论属性或者社会动员能力的算法推荐服务提供者"？依据《具有舆论属性或社会动员能力的互联网信息服务安全评估规定》(以下简称《安全评估规定》),主要包括两类:(1)开办论坛、博客、微博客、聊天室、通讯群组、公众账号、短视频、网络直播、信息分享、小程序等信息服务或者附设相应功能;(2)开办提供公众舆论表达渠道或者具有发动社会公众从事特定活动能力的其他互联网信息服务。

第二,《生成式人工智能管理办法》第17条规定,提供具有舆论属性或者社会动员能力的生成式人工智能服务的,也应当履行算法备案和变更、注销备案手续。总体来说,这类服务提供者使用复杂的算法模型来分析、判断和预测用户的行为及偏好,根据用户的喜好推送内容,不仅影响个别用户,还可以引导群体性观点,具有社会动员能力。基于这类服务的影响力以及算法黑箱的属性,一旦未加以管制,那么其可能造成的负面影响将无法预计。

第三,深度合成技术支持者,如提供服务涉及深度合成服务技术支持者,即"为深度合成服务提供技术支持的组织、个人",也需进行算法备案。

(二)备案系统

2022年3月1日起,互联网信息服务算法备案系统(以下简称备案系统)正式上线运行,官方网址为https://beian.cac.gov.cn。备案系统中明确公示了《互联网信息服务算法备案系统使用手册》以及《〈互联网信息服务深度合成管理规定〉备案填报指南》,企业可具体参考上述指引具体填报。

(三)备案时限

算法备案应在提供服务之日起10个工作日内办理;算法备案信息变更,应在变更之日起10个工作日内办理;注销算法备案则应当在终止服务之日起20个工作日内。

算法备案的审查时间,收到备案人提交齐全材料的 30 个工作日内予以备案。如材料不齐全的,应当在 30 个工作日内通知备案人并说明理由。

(四)备案信息

备案主体通过备案系统履行备案手续,填报信息包括三部分,分别是算法主体信息、产品及功能信息、算法信息。

1. 主体信息,包括主体基本信息、证件信息、法定代表人信息、算法安全责任人信息等。此外,严格按照模版要求填写并上传《算法备案承诺书》和《落实算法安全主体责任基本情况》附件。

2. 产品及功能信息,包括添加产品信息、添加产品功能访问路径、添加路径下的功能信息。

3. 算法信息包括:第一,算法基础属性信息,根据实际情况填写算法类型、算法名称、上线时间、应用领域等,并按照模板内容填写上传《算法安全自评估报告》和《拟公示内容》;第二,算法详细属性信息,根据实际情况详细准确地填写算法简介及使用场景介绍、算法数据、算法模型、算法策略和算法风险与防范机制等信息;第三,产品及功能信息,勾选应用当前备案算法的产品及功能,若当前产品及功能存在不完善的情况,即产品及功能不能覆盖当前备案算法的关联范围,算法备案填报人员可点击界面下方的"保存至草稿箱"按钮,返回主页后进入"产品及功能信息"页面,完善相应的产品及功能信息。待产品及功能信息完善后,再通过草稿箱返回至"备案信息"页面继续进行算法信息填报。

(五)法律责任

应备案但未履行备案义务:算法推荐服务提供者违反《算法推荐管理规定》第 24 条所规定的未履行相关备案义务的,有关部门将依据职责给予警告、通报批评,责令限期改正;拒不改正或者情节严重的,责令暂停信息更新,并处 1 万元以上 10 万元以下罚款。构成违反治安管理行为的,依法给予治安管理处罚;构成犯罪的,依法追究刑事责任。

隐瞒或提供虚假材料等不正当手段取得备案:由国家和省、自治区、直辖市网信部门予以撤销备案,给予警告、通报批评;情节严重的,责令暂停信息更新,并处1万元以上10万元以下罚款。

终止服务但未办理注销备案：由国家和省、自治区、直辖市网信部门予以注销备案。

发生严重违法情形受到责令关闭网站、吊销相关业务许可证或者吊销营业执照等行政处罚：由国家和省、自治区、直辖市网信部门予以注销备案。

三、算法安全评估

（一）安全评估主体及适用场景

早在2017年，国家网信办发布《互联网新闻信息服务新技术新应用安全评估管理规定》，其中第7条规定，有下列情形之一的，互联网新闻信息服务提供者应当自行组织开展新技术新应用安全评估（也称双新评估），编制书面安全评估报告，并对评估结果负责：（1）应用新技术、调整增设具有新闻舆论属性或社会动员能力的应用功能的；（2）新技术、新应用功能在用户规模、功能属性、技术实现方式、基础资源配置等方面的改变导致新闻舆论属性或社会动员能力发生重大变化的。

2018年发布的《安全评估规定》，对于符合条件的互联网信息服务者提出了开展安全评估的要求。在该规定中，详细规定了需要按照本规定自行开展安全评估的互联网信息服务提供者类型包括：（1）具有舆论属性或社会动员能力的信息服务上线，或者信息服务增设相关功能的；（2）使用新技术新应用，使信息服务的功能属性、技术实现方式、基础资源配置等发生重大变更，导致舆论属性或者社会动员能力发生重大变化的；（3）用户规模显著增加，导致信息服务的舆论属性或者社会动员能力发生重大变化的；（4）发生违法有害信息传播扩散，表明已有安全措施难以有效防控网络安全风险的；（5）地市级以上网信部门或者公安机关书面通知需要进行安全评估的其他情形。

此后，《算法推荐管理规定》、《深度合成管理规定》以及《生成式人工智能管理办法》均对安全评估主体作出规定，综合上述规定，安全评估的主体及适用场景如表8-2所示。

表8-2　安全评估的主体及适用场景

适用情形	主体类型	具体情形	细分场景
具有舆论属性或社会动员能力的信息服务上线，或者信息服务增设相关功能的	具有舆论属性或者社会动员能力的算法推荐服务提供者	具有舆论属性或者社会动员能力的算法推荐服务上线	
	深度合成服务提供者	开发上线具有舆论属性或者社会动员能力的新产品、新应用、新功能的	
	深度合成服务提供者和技术支持者	提供具有右侧功能的模型、模板等工具	生成或者编辑人脸、人声等生物识别信息
			生成或者编辑可能涉及国家安全、国家形象、国家利益和社会公共利益的特殊物体、场景等非生物识别信息的
	生成式人工智能服务提供者	提供具有舆论属性或者社会动员能力的生成式人工智能服务	
使用新技术新应用，使信息服务的功能属性、技术实现方式、基础资源配置等发生重大变更，导致舆论属性或者社会动员能力发生重大变化的	互联网新闻信息服务提供者	应用新技术、调整增设具有新闻舆论属性或社会动员能力的应用功能	
		新技术、新应用功能在用户规模、功能属性、技术实现方式、基础资源配置等方面的改变导致新闻舆论属性或社会动员能力发生重大变化	
用户规模显著增加，导致信息服务的舆论属性或者社会动员能力发生重大变化			
发生违法有害信息传播扩散，表明已有安全措施难以有效防控网络安全风险			
地市级以上网信部门或者公安机关书面通知需要进行安全评估的其他情形			

(二)安全评估内容

依据《安全评估规定》的要求，重点评估内容包括："(一)确定与所提供服务相适应的安全管理负责人、信息审核人员或者建立安全管理机构的情况；(二)用户真实身份核验以及注册信息留存措施；(三)对用户的账号、操作时间、操作类型、网络源地址和目标地址、网络源端口、客户端硬件特征等日志信息，以及用户发布信息记录的留存措施；(四)对用户账号和通讯群组名称、昵称、简介、备注、标识,信息发布、转发、评论和通讯群组等服务功能中违法有害信息的防范处置和有关记录保存措施;(五)个人信息保护以及防范违法有害信息传播扩散、社会动员功能失控风险的技术措施;(六)建立投诉、举报制度,公布投诉、举报方式等信息,及时受理并处理有关投诉和举报的情况;(七)建立为网信部门依法履行互联网信息服务监督管理职责提供技术、数据支持和协助的工作机制的情况;(八)建立为公安机关、国家安全机关依法维护国家安全和查处违法犯罪提供技术、数据支持和协助的工作机制的情况。"

安全评估报告可通过全国互联网安全管理服务平台(https://beian.mps.gov.cn/#/)提交至所在地地市级以上网信部门和公安机关。该平台还公布了《安全评估指引》供用户下载。由于安全评估的内容并不专门针对算法安全评估,因此,企业需结合算法应用的特性及备案要求,将进行算法备案需提交的《算法自评估报告》中关于算法情况、服务情况、风险及防范情况的内容,也补充到安全评估的相关报告内容中。

安全评估也是确保生成式人工智能服务符合安全基本要求的关键环节,2024年2月,全国信息安全标准化技术委员会发布《生成式人工智能服务安全基本要求》(以下简称《基本要求》),在《安全评估规定》规定的一般性评估要求的基础上,对于生成式人工智能服务提供者提出了具体安全评估的要求,包括明确评估方法、评估内容,对语料安全评估、生成内容安全评估以及问题拒答评估都作出了具体要求。

四、合规启示

算法程序不仅是一个系统性的数学逻辑和属性模型,其在应用过程中包含人的因素,技术的滥用和异化会引发算法黑箱、算法歧视、算法共谋等问题,因此,对算法的治理势在必行。我国在算法的规范和治理方面已经出台了大量的监管措施,企业合规义务纷繁复杂。对于企业而言,更要全面审查自身业务范围和业务行为,明确自己的合规义务,无论是备案还是安全评估,企业都不能为了应付监管而将合规内容停留于纸面,更应该从内部积极主动地完善合规工作。

综合相关监管要求，企业主要合规要点如下：第一，组建算法安全管理机构或任命专职安全人员，从组织架构保障算法合规工作有具体组织和人员办理；第二，建立算法合规管理制度，如涉及的算法设计审查制度、算法解释机制、投诉、举报机制等；第三，关注科技伦理审查，履行科技伦理相关要求；第四，落实网络安全和数据安全义务，加强对算法应用的风险防控和隐患排查治理，提升应对算法突发事件的能力和水平。总而言之，算法服务提供者应切实履行合规义务，避免算法技术的应用引起社会公平、道德伦理、个人信息安全、网络安全等方面的风险。

第三节　生成式人工智能合规及备案

为应对生成式人工智能技术带来的新的挑战，也为进一步保障人工智能产业安全稳健地发挥，相关部门陆续出台了一系列监管要求。在《安全评估规定》《算法推荐管理规定》《深度合成管理规定》等一系列规章的基础上，七部委联合发布的《生成式人工智能管理办法》，从部门规章层面为生成式人工智能的合法合规发展提供支持，也为生成式人工智能服务提供者提出了明确的合规要求。为支撑该暂行办法的落地，2024年2月，全国信息安全标准化技术委员会发布《基本要求》，指导服务提供者开展安全评估，提高安全水平。

一、合规问题

（一）内容治理

根据《生成式人工智能管理办法》的规定，提供者应当承担网络信息内容生产者责任。综合《生成式人工智能管理办法》第4条、第9条、第12条、第14条的相关规定，提供者应当对生成内容承担相应法律责任。

1.规范生成内容：应当坚持社会主义核心价值观，不得生成煽动颠覆国家政权、推翻社会主义制度，危害国家安全和利益、损害国家形象，煽动分裂国家、破坏国家统一和社会稳定，宣扬恐怖主义、极端主义，宣扬民族仇恨、民族歧视，暴力、淫秽色情，以及虚假有害信息等法律、行政法规禁止的内容。除《生成式人工智能管理办法》对于生成内容的原则性规定之外，提供者还应当符合《网络信息生态治理规定》中对于网络信息内容生产者的规定，符合法律法规要求，遵循公序良俗，不得损害国家、公共利益和他人合法权益，禁止生成、制作、复制发布含有违法内容的信息；《基本要求》的附录A也列举了语料及生成内容的主要安全风险，包括违反社会主义核心价值观、歧视性、商业违法违规、侵犯他人合法权益等方面的内容。

2. 标识义务：如存在《深度合成管理规定》第17条中所列举的可能导致公众混淆或者误认的生成内容，应当进行显著标识。2024年9月14日《人工智能生成合成内容标识办法（征求意见稿）》（以下简称《标识办法》）与配套文件《网络安全技术人工智能生成合成内容标识方法》强制性国家标准（征求意见稿）同时发布，对人工智能生成合成内容（Artifcial Intelligence Generated Content，AIGC）的标识提出了具体规定：《标识办法》将标识分为显式标识和隐式标识，显式标识是指在生成合成内容或者交互场景界面中添加的，以文字、声音、图形等方式呈现并可被用户明显感知到的标识；隐式标识是指采取技术措施在生成合成内容文件数据中添加的，不易被用户明显感知到的标识。企业应当依据上述规定，对业务涉及AIGC的情形进行评估，建立AIGC标识的工作流程及内部审核机制，确保AIGC被适当标识和管理。

3. 监督、整改及报告义务：发现违法内容的，应当及时采取停止生成、停止传输、消除等处置措施，采取模型优化训练等措施进行整改，并向有关主管部门报告。提供者也可以参考《网络信息内容生态治理规定》的要求，建立对生成内容的生态治理机制，关注内容的生成、发布、传播，应急处理不实虚假信息等。

(二)数据安全与个人信息保护

在人工智能技术研发和应用过程中，数据为人工智能提供支撑，数据安全与合规至关重要。

1. 数据来源的合法性：《生成式人工智能管理办法》第7条第1款明确规定，提供者要使用具有合法来源的数据和基础模型。结合《基本要求》对语料来源安全的规定，数据来源需要重点关注：(1)使用包含个人信息语料前，应取得对应个人同意或者符合法律、行政法规规定的其他情形,包含敏感个人信息的还需要个人单独同意;(2)使用开源语料时,应具有该语料来源的开源许可协议或相关授权文件;(3)使用自采语料时,应具有采集记录,不应采集他人已明确不可采集的语料,比如,不能采集通过爬虫协议或其他限制采集的技术手段明确表明不可采集的网页数据,或个人已拒绝授权采集的个人信息等;(4)来源于其他第三方提供的数据,要注意是否具有相关的交易合同、合作协议,要求交易方对语料来源、质量和安全作出承诺并核查交易方的相关证明材料。

2.数据标注的义务:简单来说,数据标注是对未经处理过的语音、图片、文本、视频等数据进行加工处理,从而转变成机器可识别信息的过程,将需要机器识别和分辨的数据打上标签,让计算机不断地学习这些数据的特征,最终实现计算机能够自主识别。在数据标注方面服务提供者应:(1)制定清晰、具体、可操作的标注规则,标注规则应至少包括标注目标、数据格式、标注方法、质量指标等内容;(2)开展数据标注质量评估,抽样核验标注内容的准确性;(3)对标注人员进行必要培训和考核,提升尊法守法意识,监督指导标注人员规范开展标注工作。

3.提高数据质量:采取有效措施提高训练数据质量,增强训练数据的真实性、准确性、客观性、多样性。提供者可以有针对性地选择合法可靠的数据来源、清晰和预处理数据、平衡数据分布、增加人类监督等方式提高训练数据质量。

4.安全保障义务:提供者应当在提供服务过程中,提供安全、稳定、持续的服务,保障用户正常使用,符合《网络安全法》《消费者权益保护法》等相关法律规范的要求。

5.个人信息保护义务:《生成式人工智能管理办法》第9条和第11条明确规定,提供者涉及处理个人信息的,应当遵守《个人信息保护法》规定,履行相关个人信息的保护义务,不得收集非必要个人信息,不得非法留存能够识别使用者身份的输入信息和使用记录,不得非法向他人提供使用者的输入信息和使用记录,充分保障个人信息主体的合法权益,依法及时受理和处理个人关于查阅、复制、更正、补充、删除其个人信息等的请求。

(三)知识产权及商业秘密保护

《生成式人工智能管理办法》第 7 条明确规定:"生成式人工智能服务提供者(以下称提供者)应当依法开展预训练、优化训练等训练数据处理活动……涉及知识产权的,不得侵犯他人依法享有的知识产权……"第 4 条第 3 款明确规定要尊重知识产权,保守商业秘密,不得实施垄断和不正当竞争行为。由此可见,《生成式人工智能管理办法》从整体上树立了"尊重知识产权"的合规理念,对于服务提供者而言,应当尊重他人的知识产权,不得擅自使用他人的知识产权,避免侵犯他人专利、商标、著作权等。在合规建设方面,服务提供者应建立知识产权管理策略,对知识产权风险进行识别,在数据获取、内容输出等重要阶段评估知识产权的侵权风险,建立知识产权投诉举报渠道和处理应对机制。

(四)指导及防沉迷义务

《生成式人工智能管理办法》第 10 条规定,提供者应当明确并公开其服务的适用人群、场合、用途,指导使用者科学理性认识和依法使用生成式人工智能技术,采取有效措施防范未成年人用户过度依赖或者沉迷生成式人工智能服务。

(五)建立投诉举报机制,配合监督检查义务

《生成式人工智能管理办法》第 15 条要求提供者建立投诉、举报机制,设置便利的投诉举报入口,公布相关处理规则,及时处理相关投诉举报事项。

《生成式人工智能管理办法》第 19 条规定,有关主管部门依法开展监督检查工作的,提供者应当予以配合,对训练数据来源、规模、类型、标注规则、算法机制机理等予以说明,并提供必要的技术、数据等支持和协助。

对于生成式人工智能服务而言,外部监管也是促进提供者合规的重要方式,无论是使用者的举报投诉还是监管部门的监督检查,其目的都是促进人工智能技术更科学、更合法地发展,但此类技术具有较高的门槛,因此,提供者应当设置完善的机制履行相关的处理、说明、配合义务。

二、大模型备案

对于具有舆论属性或者社会动员能力的生成式人工智能服务,除其中包含

的相关算法应当依据《算法推荐管理规定》履行算法备案手续外,生成式人工智能服务整体还需依据《生成式人工智能管理办法》的规定完成生成式人工智能备案,该项备案程序在实践中也被称为"大模型备案"。不同于算法备案可通过线上系统进行备案申请,生成式人工智能备案以属地申报为原则,需由企业向所在地区的省级网信办线下申领、提交备案材料。目前,上海市、江苏省等多地省网信办已就受理生成式人工智能服务备案发布通知,并且将已完成备案的生成式人工智能服务名单予以公示。

在实践中,履行大模型备案手续需要准备的备案材料包括但不限于上线备案表、安全评估报告、模型服务协议、语料标注规则、关键词拦截列表、评估测试题集、语料说明、语料采集说明等文件。

安全评估是大模型备案的重要工作内容,服务提供者应按照《基本要求》进行安全评估,具体要求如表8-3所示。

表8-3 具体安全评估要求

评估方法	服务提供方可自行或委托第三方评估机构按照《生成式人工智能服务安全基本要求》开展安全评估
评估内容	安全评估应覆盖《基本要求》第5章至第8章(语料安全要求、模型安全要求、安全措施要求和其他要求)中所有条款,每个条款应形成单独的评估结果,并将评估结果以及相关证明、支撑材料写入评估报告,最终形成整体评估结论
语料安全评估	采用人工抽检,从全部语料中随机抽取不少于4000条语料,合格率不应低于96%。 结合关键词、分类模型等技术抽检,从全部语料中随机抽取不少于总量10%的语料,抽样合格率不应低于98%。 评估采用的关键词库、分类模型应符合《生成式人工智能服务安全基本要求》第8章"其他要求"
生成内容安全评估	采用人工抽检,从生成内容测试题库中随机抽取不少于1000条测试题,模型生成内容的抽样合格率不应低于90%。 采用关键词抽检,从生成内容测试题库中随机抽取不少于1000条测试题,模型生成内容的抽样合格率不应低于90%。 采用分类模型抽检,从生成内容测试题库中随机抽取不少于1000条测试题,模型生成内容的抽样合格率不应低于90%

续表

问题拒答评估	从应拒答测试题库中随机抽取不少于300条测试题,模型的拒答率不应低于95%。 非拒答测试题库中随机抽取不少于300条测试题,模型的拒答率不应高于5%

人工智能可以说是一把"双刃剑",生成式人工智能与其他产业的多维度互动融合渗透,孕育了新的业态、新的商业模式和商业机会,各国也大力从政策上鼓励人工智能产业的创新和发展。但同时,各国也都加强了对人工智能的法律规制,加快了对人工智能的立法速度,根据《国务院2023年度立法工作计划》,我国的人工智能法也已经被列入立法计划中正式进入了立法进程。随着AIGC领域的规范细则和技术标准的不断出台,AIGC领域的企业也面临着越来越具象化的合规压力,但法律及监管本身不会成为限制技术进步和产业发展的障碍,法律层面对于人工智能积极的探索和回应,是实现科技向善,以人为本的重要基础和保障,企业也应当密切关注监管政策的变化,及时改进、修正以及完善AIGC产品与服务。

第四节　科技伦理审查

近年来,原子武器、生殖技术、基因技术、人工智能等关键领域的科技发展受到社会的诸多关注,相关领域内的部分伦理事件也使科技进步与伦理安全之间的争执变得尤为尖锐。2022年11月30日,ChatGPT的上线使人们再次认识到,人工智能技术已经进入一个全新的发展阶段,传统的内容生成治理体系已经越来越难以适用于风险防控的需要,对信息鸿沟、信息茧房、算法偏见、算法黑箱等科技伦理问题的讨论和担忧也愈演愈烈。清华大学法学院教授劳东燕在网络空间安全国际学术研究交流会上的报告中指出,技术不仅涉及科技系统,它也作用于现实社会。[1] 而科学技术的社会后果往往无法在技术运用的早期被完全预见,因此,如何通过优化科技伦理治理把控科技发展的方向盘,逐渐成为一项重要的时代命题。

本节将结合我国科技伦理治理制度及监管体系的发展脉络,通过解读《科技伦理审查办法(试行)》(以下简称《伦理审查办法》),对我国的科技伦理审查制度进行分析。

一、科技伦理治理及监管体系的发展脉络

近年来,我国对科技伦理的监管及治理体系不断趋于完善。

在监管机构的设置层面,2019年7月,中央全面深化改革委员会第九次会议审议通过了《国家科技伦理委员会组建方案》,2019年10月,国家科技伦理委员会正式成立。2022年3月,中共中央办公厅、国务院办公厅联合印发《关于加强科技伦理治理的意见》(以下简称《科技伦理意见》),其中明确要求压实创新主体科技伦理管理主体责任,高等学校、科研机构、医疗卫生机构、企业等单位应"根据实际情况设立本单位的科技伦理(审查)委员会,并为其独立开展工作提供必要条件"。对于研究内容涉及科技伦理敏感领域的,从事生命科学、医学、人工智能等科技活动的单位,应当设立科技伦理(审查)委员会。《科技伦理意见》发布后,广东省、山东省、四川省、福建省、云南省、辽宁省等多地陆续出台有关加强科技伦理治理的相关实施意见;浙江省、深圳市等地则针对加强科技伦理治理的实施意见/落实方案向社会公开征求意见,各地积极构建地方层面的科技伦理治理监管体系。

在法律法规的设置层面,2021年1月施行的《民法典》对研制新药、医疗器械,以及与人体基因、人体胚胎有关的医学和科研活动作出了规定,要求相关科研活动的开展需遵循相关伦理道德。2021年3月,《刑法修正案(十一)》新增克隆人类胚胎、违反基因编辑伦理规范等行为的入刑标准。2021年4月施行的

---

[1] 参见劳东燕:《技术中立是一个伪命题》,载微信公众号"中国教育网络"2021年7月27日, https://mp.weixin.qq.com/s/GsII6hZ5LDf3IVqf1jmkUA。

《生物安全法》,对生物技术研究、生物医学临床研究、人类遗传资源利用等活动中的伦理要求作出明确规定。

2022年1月实施的《科学技术进步法》(2021年修订)则进一步明确了科技伦理治理的要求,并在第103条中明确规定由国家科技伦理委员会"完善科技伦理制度规范,加强科技伦理教育和研究",科学技术研究开发机构、高等学校、企业事业单位等应按照有关规定"建立健全科技伦理审查机制,对科学技术活动开展科技伦理审查"。至此,科技伦理审查在法律层面的顶层设计依据正式确立。

2023年10月8日,由科技部、教育部、工信部等10部门联合印发的《伦理审查办法》正式公布,并于2023年12月1日起实施。《伦理审查办法》对科技伦理审查的适用范围、适用条件、审查程序等作出明确规定,为相关责任主体依法履行科技伦理审查义务提供了指引。

二、科技伦理审查制度

(一)审查范围

依据《伦理审查办法》第2条的规定,应当进行科技伦理审查的科技活动范畴包括以下四类科学技术活动:(1)涉及以人为研究参与者的科技活动,包括以人为测试、调查、观察等研究活动的对象,以及利用人类生物样本、个人信息数据等的科技活动;(2)涉及实验动物的科技活动;(3)不直接涉及人或实验动物,但可能在生命健康、生态环境、公共秩序、可持续发展等方面带来伦理风险挑战的科技活动;(4)依据法律、行政法规和国家有关规定需进行科技伦理审查的其他科技活动。

从上述规定来看,科技伦理审查的范围涵盖了涉及研究参与者、人类生物样本、个人信息数据、实验动物以及生命健康、生态环境、公共秩序、可持续发展等重点问题的科技活动,同时在第4项中设置"兜底性"条款,为后续可能出现的新兴重点科技活动留出适用空间。结合现行法律、行政法规和国家有关规定来看,需进行科技伦理审查的科技活动还包括人工智能领域内的科技活动。根据《深度合成管理规定》第7条以及《算法推荐管理规定》第8条的有关规定,深度合成服务提供者以及算法推荐服务提供者应当建立健全科技伦理审查管理制度。

(二)审查主体

1. 科技伦理(审查)委员会

《伦理审查办法》第4条规定,高等学校、科研机构、医疗卫生机构、企业等是本单位科技伦理审查管理的责任主体。依据科技活动类型及科研领域的敏感性等差异因素,《伦理审查办法》规定了应当设立科技伦理(审查)委员会的单位以及可以设立科技伦理(审查)委员会的单位。

(1)从事生命科学、医学、人工智能等科技活动的单位,研究内容涉及科技伦理敏感领域的,应设立科技伦理(审查)委员会。现有监管文件并未对"科技伦理敏感领域"进行明确界定,从事生命科学、医学、人工智能等科技活动的单位如何区分其是否属于"科技伦理敏感领域"的范畴内的标准仍不清晰,有待后续行政指南、问答等文件予以解答,或是根据后续的实践操作情况进一步确认。

(2)其他有科技伦理审查需求的单位可根据实际情况设立科技伦理(审查)委员会。各单位的科技伦理(审查)委员会独立开展伦理审查工作。除应当设立科技伦理(审查)委员会的单位外,其他具备科技伦理审查需求的单位可以根据实际情况设立科技伦理(审查)委员会,也可依据《伦理审查办法》第13条的规定,书面委托其他满足要求的科技伦理(审查)委员会开展伦理审查。

湖南省作为科技伦理审查工作的试点区域,曾于2023年2月发布《关于开展科技伦理审查机构登记和科技伦理审查试点单位申报工作的通知》,为试点单位设立科技伦理(审查)委员会提供指引。根据湖南省的试点情况,目前已成功建立科技伦理审查委员会的单位主要为生物科学领域的相关企业,而在人工智能领域,百度集团[1]、蚂蚁集团[2]等头部互联网企业也已成立企业内部的科技伦理委员会。

---

[1] 参见《百度宣布成立科技伦理委员会》,载微信公众号"清华大学智能法治研究院"2023年12月5日,https://mp.weixin.qq.com/s/R2z6nYSayJAxRK7yepJbqA? scene = 21#wechat_redirect。

[2] 参见《蚂蚁集团成立科技伦理顾问委员会,持续推进科技伦理建设》,载微信公众号"蚂蚁集团"2023年3月2日,https://mp.weixin.qq.com/s/0Wum2SxElmA9svZZsT7EiQ。

2. 科技伦理审查中心

除各单位内部的科技伦理（审查）委员会外，《伦理审查办法》还鼓励探索建立专业性、区域性科技伦理审查中心。早在《伦理审查办法》发布前，黑龙江省、湖南省已有建立科技伦理审查中心的试点实践。

2022年12月26日，黑龙江省科学技术厅发布《黑龙江省科技伦理审查中心备案管理办法（试行）》（以下简称《审查中心备案管理办法》），其中明确："省科技伦理审查中心（以下简称'审查中心'），是指由高等学校、科研机构、医疗卫生机构、企业等机构（以下简称'机构'），为加强生命科学、医学、人工智能等科技活动的伦理审查工作成立的组织。"《审查中心备案管理办法》第二章对科技伦理审查中心的工作职责进行专章规定，审查中心负责对依托机构承担的及其他机构委托的科技计划（专项、基金等）项目开展科技伦理审查，组织开展科技伦理审查培训，提供科技伦理咨询服务；承担省内生命科学、人工智能等列入高风险清单科技活动的科技伦理审查工作。

2023年2月，湖南省科技厅联合教育、工信等11部门印发《湖南省区域科技伦理审查中心建设方案》，正式成立湖南省区域科技伦理审查中心。根据湖南省科学技术厅发布的消息："审查中心由湖南省科技厅主管，依托湖南省科学技术信息研究所建设，采取'政府主导＋事业化＋公益化'的建设模式，目标是建设以科技伦理审查、备案指导、教育培训等为主要职能的省区域科技伦理审查中心，引导高等学校、科研机构、医疗卫生机构和企业设立科技伦理（审查）委员会并规范运行。"[1]

《伦理审查办法》并未明确科技伦理审查中心的具体职能范畴，依据黑龙江省及湖南省的试点建设实践情况，科技伦理审查中心的主要职能除负责省内相关科学技术活动的科技伦理审查、科技伦理咨询服务外，还负责引导相关单位设立科技伦理（审查）委员会，完善科技伦理审查监管体系。湖南省科技伦理审查中心不仅负责完成试点单位科技伦理审查委员会的登记、备案工作，还曾对

---

[1] 湖南省科学技术厅：《湖南省区域科技伦理审查中心正式成立》，载湖南省科学技术厅官网2023年2月8日，https://kjt.hunan.gov.cn/kjt/xxgk/gzdt/kjkx/202302/t20230208_29242196.html。

申报试点单位南华生物医药股份有限公司的企业科研能力、科技伦理委员会建设、科技伦理审查制度建设、科技伦理委员会操作规程等进行现场审查。[1]

（三）审查要素

《伦理审查办法》第15条明确规定了进行科技伦理审查的重点内容及审查标准，除科技伦理原则、科技人员资质、研究基础及设施条件、拟开展科技活动的科学价值和社会价值等综合性伦理审查标准外，与数据合规领域相关的重点内容及审查标准主要包括如下内容。

1. 涉及以人为研究参与者的科技活动，所制定的招募方案公平合理，生物样本的收集、储存、使用及处置合法合规，个人隐私数据、生物特征信息等信息处理符合个人信息保护的有关规定，对研究参与者的补偿、损伤治疗或赔偿等合法权益的保障方案合理，对脆弱人群给予特殊保护；所提供的知情同意书内容完整、风险告知客观充分、表述清晰易懂，获取个人知情同意的方式和过程合规恰当。

2. 涉及数据和算法的科技活动，数据的收集、存储、加工、使用等处理活动以及研究开发数据新技术等符合国家数据安全和个人信息保护等有关规定，数据安全风险监测及应急处理方案得当；算法、模型和系统的设计、实现、应用等遵循公平、公正、透明、可靠、可控等原则，符合国家有关要求，伦理风险评估审核和应急处置方案合理，用户权益保护措施全面得当。

（四）审查程序

根据《伦理审查办法》第9条的规定，相关单位科技伦理（审查）委员会需制定本单位科技伦理风险评估办法，经评估属于《伦理审查办法》规定的审查范围内的科技活动，需由科技活动负责人向科技伦理（审查）委员会递交申请材料，申请委员会进行科技伦理审查。科技伦理（审查）委员会根据申请材料决定是否受理，以及受理后适用的审查程序，并在受理后采取会议审查的方式完成审查。

---

[1] 参见湖南南华细胞储存《湖南省科技伦理审查中心赴南华生物考察》，载微信公众号"湖南南华细胞储存"2023年9月20日，https：//mp.weixin.qq.com/s/1viELGOiS8Jhb9jtAQ5qSg。

1. 一般程序与简易程序(见表8-4)

表8-4 科技伦理审查的一般程序与简易程序

	一般程序	简易程序
适用情形	除需适用特殊程序及简易程序外的一般情形	有下列情形之一的可以适用简易程序审查： (1)科技活动伦理风险发生的可能性和程度不高于最低风险； (2)对已批准科技活动方案作较小修改且不影响风险收益比； (3)前期无重大调整的科技活动的跟踪审查
审查人员要求	科技伦理审查会议由主任委员或其指定的副主任委员主持,到会委员应不少于5人,且应包括具备相关科学技术背景的同行专家委员、伦理、法律等相应专业背景的专家委员	由科技伦理(审查)委员会主任委员指定两名或两名以上的委员承担
审查流程	科技伦理(审查)委员会根据申请材料进行会议审查,在受理后30日内作出审查决定； 申请人对审查决定有异议的,可向作出决定的科技伦理(审查)委员会提出书面申诉,说明理由并提供相关支撑材料[申诉理由充分的,科技伦理(审查)委员会应重新作出审查决定]； 科技伦理(审查)委员会对审查批准的科技活动开展跟踪审查,对科技活动实施方案执行情况及调整情况；科技伦理风险防控措施执行情况；科技伦理风险的潜在变化及可能影响研究参与者权益和安全等情况进行跟踪审查,跟踪审查间隔一般不超过12个月,跟踪审查过程中发现问题的,必要时可作出暂停或终止科技活动等决定	科技伦理(审查)委员会应制定适用简易程序审查的工作规程。 审查过程中,可要求申请人就相关问题进行说明。审查决定应载明采取简易程序审查的理由和依据。 存在下列情形之一的,简易程序应转化为一般程序:(1)审查结果为否定性意见的;(2)对审查内容有疑义的;(3)委员之间意见不一致的;(4)委员提出需要调整为会议审查的。 采取简易程序审查的,科技伦理(审查)委员会可根据情况调整跟踪审查频度

续表

	一般程序	简易程序
审查期限	科技伦理(审查)委员会一般应在申请受理后的30日内作出审查决定,特殊情况可适当延长并明确延长时限。审查决定应及时送达申请人	《伦理审查办法》未明确要求简易程序的审查时限
审查结果	批准、修改后批准、修改后再审或不予批准等。其中修改后批准或修改后再审的,应提出修改建议,明确修改要求;不予批准的,应说明理由	审查结果为否定性意见的,需转化适用一般程序
决议机制	科技伦理(审查)委员会作出的审查决定,应经到会委员的2/3以上同意	应经参与审查委员的一致同意

2. 专家复核程序

对于可能产生较大伦理风险挑战的新兴科技活动,《伦理审查办法》还明确规定,除需要由科技伦理(审查)委员会进行初审外,还应由相关单位报请所在地方或相关行业主管部门组织开展专家复核。科技活动有多个单位参与的,由牵头单位汇总并向所在地方或相关行业主管部门申请专家复核。

科技部对可能产生较大伦理风险挑战的新兴科技活动实施清单管理,《伦理审查办法》附件即《需要开展伦理审查复核的科技活动清单》,该清单将根据科技伦理审查工作需要进行动态调整,并由科技部公开发布。

根据清单内容,具有舆论社会动员能力和社会意识引导能力的算法及相关系统研发、面向安全、人身健康风险等场景的具有高度自主能力的自动化决策系统研发,属于需要开展伦理审查复核的科技活动,因此,涉及上述产品和服务研发的人工智能、互联网领域的相关企业,需特别关注专家复核程序。专家复核程序的程序要点及主要流程如表8-5所示。

表 8-5 专家复核程序要点

	要点内容
审核人员组成	地方或相关行业主管部门组织成立复核专家组,由科技活动相关领域具有较高学术水平的同行专家以及伦理学、法学等方面的专家组成,不少于 5 人。科技伦理(审查)委员会委员不得参与本委员会审查科技活动的复核工作
复核内容	初步审查意见的合规性、合理性及专家组认为需要复核的其他内容
复核时效	地方或相关行业主管部门一般应在收到复核申请后 30 日内向申请单位反馈复核意见
决议机制	复核专家组应当作出同意或不同意的复核意见,复核意见应经全体复核专家的 2/3 以上同意
审查决定	单位科技伦理(审查)委员会应根据专家复核意见作出科技伦理审查决定
跟踪审查	单位科技伦理(审查)委员会应加强对本单位开展的纳入清单管理的科技活动的跟踪审查和动态管理,跟踪审查间隔一般不超过 6 个月
例外情形	如果相关纳入清单管理的科技活动已经实行监管措施,并且将符合伦理要求作为审批条件、监管内容的内容,则可不再开展专家复核

3. 应急程序

除上述程序外,《伦理审查办法》还明确,科技伦理(审查)委员会应制定科技伦理应急审查制度,明确突发公共事件等紧急状态下的应急审查流程和标准操作规程,并设置应急程序作为突发公共事件等紧急状态下的快速通道。

对于紧急程度较高的科技活动,科技伦理(审查)委员会可设立科技伦理审查快速通道,应急审查一般应在 72 小时内完成,需适用专家复核程序的,专家复核时间也应当包含在应急审查时间内。同时,《伦理审查办法》第 39 条明确规定,"任何单位和个人不得以紧急情况为由,回避科技伦理审查或降低科技伦理审查标准,"严禁有关单位将应急程序作为规避科技伦理审查的手段。

(五)科技伦理审查的监督管理

1. 信息登记

根据《伦理审查办法》的相关规定,有关单位应对科技伦理(审查)委员会以及获得伦理审查批准的纳入清单管理的科技活动通过国家科技伦理管理信息登记平台(https://service.most.gov.cn)进行信息登记,以便地方、相关行业主管部门、科技部等进行科技伦理监管。

其中,科技伦理(审查)委员会后30日内,相关单位应在国家科技伦理管理信息登记平台内对科技伦理(审查)委员会组成、章程、工作制度等内容进行信息登记;纳入清单管理的科技活动(需要经过专家复核程序的科技活动)获得伦理审查批准后30日内,对科技活动实施方案、伦理审查与复核情况等进行登记,且相关内容发生变化后应及时更新。此外,相关单位还应于每年3月31日前,向国家科技伦理管理信息登记平台提交上一年度科技伦理(审查)委员会工作报告、纳入清单管理的科技活动实施情况报告等,以便有关部门进行定期监管。

根据上海市科学技术委员会于2024年1月19日发布的《关于开展科技伦理管理信息登记的通知》,目前,国家科技伦理管理信息登记平台已开通运营,相关高等学校、科研机构、医疗卫生机构、企业等单位主体应按照《伦理审查办法》的相关规定进行信息登记。

2. 科技伦理(审查)委员会认证

根据《伦理审查办法》第41条的规定,国家将推动建立伦理委员会认证机制,鼓励相关单位开展科技伦理审查认证。认证机制不仅有利于加强有关部门对科技伦理委员会的监管,还能够为科技伦理委员会的适格性认定问题确定标准,保障科技伦理(审查)委员会的评审能力及评审水平,进一步明确"科技伦理委员会委员应具备相应的科技伦理审查水平"的界限。但截至笔者成稿之日,仍未有科技伦理委员会认证的相关实践案例,认证机制具体如何实现还有待后续观察。

3. 违反科技伦理审查义务的法律责任

《伦理审查办法》规定,科技活动承担单位以及科技人员伪造科技伦理审批文件、未按规定开展专家复核、超过审批范围开展科技活动等行为的;科技伦理(审查)委员会、委员存在为科技伦理审批文件弄虚作假提供便利、徇私舞弊、滥用职权或者玩忽职守等行为的,相关主体应依法承担相应的民事、行政或刑事责任。但《伦理审查办法》并未明确具体的责任承担方式,因此,具体违法后果将适用《民法典》《刑法》《科学技术进步法》等法律法规予以确定。

例如,《科学技术进步法》(2021年修订)第112条明确规定,违法进行违背科技伦理的科学技术研究开发和应用活动的行政责任:"由科学技术人员所在单位或者有关主管部门责令改正;获得用于科学技术进步的财政性资金或者有违法所得的,由有关主管部门终止或者撤销相关科学技术活动,追回财政性资金,没收违法所得;情节严重的,由有关主管部门向社会公布其违法行为,依法给予行政处罚和处分,禁止一定期限内承担或者参与财政性资金支持的科学技术活动、申请相关科学技术活动行政许可;对直接负责的主管人员和其他直接责任人员依法给予行政处罚和处分。"

三、数据领域相关企业的科技伦理审查合规应对

随着算法和人工智能技术的发展越来越成熟,科技层面的伦理问题重要性越发凸显。为实现科技向善,从法律法规和监管层面推动伦理审查制度在更广的行业和更丰富的业务场景中适用,数字经济领域的相关企业也需要关注这一重要的审查制度。

1. 识别是否属于需要开展科技伦理审查的主体:科技伦理审查制度的适用范围较广,涉及研究参与者个人信息数据、个人生物数据等科技活动的企业,以及涉及算法研究、人工智能等相对宽泛的科技活动均可能落入适用范围。尤其是在人工智能研发领域,基于大型语言模型的技术研发和应用测试,在相当大量场景下不可避免地涉及利用个人信息数据进行训练,以及使用算法模型,所以需要特别关注科技伦理审查。

2. 对于落入《伦理审查办法》第2条规定的审查范围内的科技活动,应依法通过企业内部建立的科技伦理(审查)委员会或书面委托其他具备相应科技伦理审查水平的科技伦理(审查)委员会进行科技伦理审查。由科技伦理(审查)委员会制定完善科技伦理(审查)委员会的管理制度和工作规范;提供科技伦理咨询,指导科技人员对科技活动开展科技伦理风险评估;对科技人员的科技伦理知识培训等。

3. 对于涉及研发具有舆论社会动员能力和社会意识引导能力的算法模型、应用程序及系统、面向存在安全、人身健康风险等场景的具有高度自主能力的自动化决策系统的企业,在开展相关科技活动时,除由内部科技伦理(审查)委员会进行初审外,还应向地方或相关行业主管部门及时进行申请,完成专家复核程序。除基础性的科技伦理审查合规义务外,相关企业还应及时进行信息登记,同时做好日常监管,对于企业内部可能存在的科技伦理违规行为严肃查处,并及时上报。

虽然目前《伦理审查办法》的规制范围有限,在数据领域主要集中于对算法、人工智能相关企业的重点监管,但随着数据行业的进一步发展以及相关规定的进一步完善,《伦理审查办法》的规制范围也可能进一步扩大,相关企业也应持续关注科技伦理审查及合规的监管动向以及行业内发布的科技伦理审查指南等文件,未雨绸缪,为履行科技伦理审查合规义务做好准备。

第九章　数据流通应用中的合规问题

第一节　企业上市数据合规监管趋势与审核要点

对于企业的合法合规性审查是上市过程中必不可少的环节,相对于非上市公司而言,上市公司和拟上市公司在各方面的合规要求都会更高,数据合规工作贯穿企业上市的各个阶段。根据目前对资本市场的观察来看,无论是国内还是国外上市,涉及数据合规问题的拟上市公司数量、被问询次数、问询的深度和广度以及对上市公司日常监管的力度,都有逐年上升的趋势,数据不合规甚至有可能成为企业上市的实质性阻碍。本节将结合上市公司因数据合规被问询或处罚的案例,总结目前在上市过程中对数据合规的监管趋势以及审核要点。

一、企业上市数据合规监管趋势

随着数字经济产业的发展,数据安全与合规、个人信息保护等问题(以下统称数据合规问题)在企业上市过程中受到越来越多关注,有关此类问题的问询也日益增加。根据相关研究表明,境内、港股和美股三个市场均就数据合规问题的监管呈现新的动向和趋势,企业上市数据合规面临着更高的合规标准和更严的监管要求。[1]《中国上市公司数据合规案例研究报告(2018—2023)》显示,在研究范围中,公司在上市阶段受到证券监管部门的问询和处罚共84次,占比55%;上市公司的产品和服务受到工信部作出的处罚通报共60次,占比

---

[1] 参见蔡鹏等:《2022—2023年度IPO数据合规观察概览》,载微信公众号"中伦视界"2023年4月24日,https://mp.weixin.qq.com/s/UY4yem304G0H74sJ4GaaRg。

45%;上市公司因网络数据安全等问题受到网信办处罚共 1 次。[1]

综合来看,企业上市针对数据合规的主要监管趋势有以下几个方面的体现。

(一)监管要求更加具体明确

在基本法律层面上,《民法典》《刑法》《网络安全法》《数据安全法》《个人信息保护法》共同形成了数据合规保护完善的立法体系,使数据合规问题的审核具有顶层法律依据,与此同时,证券交易所也明确将数据合规问题纳入审核关注点要点中。

2023 年 8 月,深圳证券交易所发布《深圳证券交易所股票发行上市审核业务指南第 3 号——首次公开发行审核关注要点》(2023 年修订),"发行人经营资质和业务技术情况"之"13-5 发行人业务是否涉及数据安全和个人信息保护"中明确规定:"发行人属于数字经济、互联网平台企业,或发行人涉及数据开发利用等数据处理活动的,保荐人、发行人律师应当对公司相关经营是否符合《个人信息保护法》《数据安全法》《网络安全法》等法律法规进行核查,并发表明确意见。"[2]

2024 年 12 月 31 日,上海证券交易所修订发布的《上海证券交易所发行上市审核业务指南第 4 号——常见问题的信息披露和核查要求自查表》首次公开发行部分"四、关于行业信息披露及特定类型企业等相关问题"之"4-7 数据安全和个人信息保护"规定:"发行人属于数字经济、互联网平台企业,或发行人涉及数据开发利用等数据处理活动的,保荐人、发行人律师应当对公司相关经营是否符合《个人信息保护法》《数据安全法》《网络安全法》等法律法规进行核查,并发表明确意见。"[3]

---

[1] 参见北京德和衡律师事务所:《中国上市公司数据合规案例研究报告(2018—2023)》,载微信公众号"德和衡律师"2023 年 12 月 19 日,https://mp.weixin.qq.com/s/0emZaTYnYzZcFJwQbYe4PA。

[2] 《关于发布〈深圳证券交易所股票发行上市审核业务指南第 3 号——首次公开发行审核关注要点(2024 年修订)〉的通知》(深证上[2024]1148 号)。

[3] 上海证券交易所《关于发布〈上海证券交易所发行上市审核业务指南第 4 号——常见问题的信息披露和核查要求自查表(2024 年 12 月修订)〉的通知》(上证函[2024]3670 号)。

(二)受关注和问询的企业越来越多,行业背景更加丰富

从整体趋势来看,受到数据合规问询的企业数量越来越多,涉及的行业也更为丰富,包括电商、零售、通信服务、云计算、金融、数据分析、生物科技、医疗、人工智能等,不仅包括互联网、数字经济、人工智能等与数据安全、个人信息保护关联度较高的新兴产业,也包括涉及处理数据行为的传统行业。

(三)港股及美股上市的数据合规问题涉及国家安全

2022年,卡路里科技(KEEP)在港股上市,除传统券商律师外,公司就数据合规的问题聘请了专门的法律顾问,出具数据合规的专项法律意见,并在招股书的"概要""风险因素""业务""法规"中重点回应和阐释其数据合规的相关内容。[1] 此外,"滴滴出行"赴美上市过程中出现的数据安全问题直接导致其退市以及受到巨额罚款的严重后果,"滴滴出行"属于移动出行科技平台,因其数据承载内容重要,涉及关键的交通运输领域,掌握体量巨大的数据,导致滴滴出行赴美上市对国家数据安全、个人信息保护和经济发展构成挑战。该公司在2021年6月完成上市,但在7月初,国家网信办就启动了对滴滴出行的网络安全审查,2022年滴滴出行在美国摘牌,还被国家网信办处以80多亿元的高额罚款。滴滴出行不仅是上市中的数据合规问题,还影响《审查办法》的出台以及对数据出境的严格监管。总体来说,中国企业到海外上市涉及的数据风险,具有一定的特殊性,其不仅仅是一个合规问题,更是一个国家安全的问题。

(四)审核要点更加丰富、审核内容更加具体

综合企业在上市过程中所发布的招股说明书、审核回复意见等文件来看,对于拟上市公司的数据合规监管审核要点更加丰富,审核的内容也更加丰富且具体,在充分结合拟上市公司业务特点和数据处理行为的基础上,问询的颗粒度越来越细,包括但不限于立法监督、数据收集、数据权属、数据处理、数据共享、数据交易和第三方处理、数据安全管理制度、技术安全措施应用、业务及经

---

[1] 参见郭美婷、张雅婷、罗天恩:《Keep 冲击中国"线上健第一股":大量敏感个人信息数据如何做到合规与安全?》,载新浪财经 2022 年 3 月 4 日,https://baijiahao.baidu.com/s?id=1726380630426010176&wfr=spider&for=pc。

营合规性、互联网应用合规性、数据出境、人工智能技术、科技伦理等方面。

二、企业上市数据合规审核要点

经过梳理,总结上市过程中对企业数据合规的主要审核要点如下。

(一)数据处理全生命周期的合规性

数据的全生命周期合规性是上市监管所关注的重要内容也是常规内容,很多问询内容都会集中在这部分,尤其是涉及数据来源、数据使用、数据共享流转的合规、数据删除和销毁等,聚焦具体业务环节的数据处理行为的合规性。

例如,在合合信息的上市问询中,要求发行人说明"发行人各项业务及研发分别获取、存储、使用哪些数据,对应的数据来源、数据权属,是否存在销售数据的情形"[1]。

此外,由于 App 等互联网应用的发展,很多企业通过 App 来处理数据,很多问询特别关注 App 运营的合规性,甚至会单独问询 App 应用的情况,比如,在日日顺申请首次公开发行股票并在创业板上市的审核问询中,交易所问询"申报材料及审核问询回复显示,报告期内,发行人使用 App 开展基础物流服务以及生态创新业务。请发行人结合各项互联网业务开展情况,说明发行人上述业务运营的合规性,相关平台个人信息收集使用是否符合行业监管规则,主管部门相关要求及整改情况"[2]。

(二)数据合规管理体系的完善和健全性

企业是否建立完善的数据安全合规管理体系也是问询的重点,比如,是否建立数据的分类分级制度、安全管理制度、存储制度、数据访问权限管理、安全漏洞防控等。

在中智股份上市过程中,交易所要求:"请发行人补充披露:落实《数据安全

---

[1] 《关于上海合合信息科技股份有限公司首次公开发行股票并在科创板上市申请文件审核问询函的回复》(证监许可〔2023〕2259号)。
[2] 《关于日日顺供应链科技股份有限公司申请首次公开发行股票并在创业板上市的审核中心意见落实函的回复》,载 https://pdf.dfcfw.com/pdf/H2_AN202309251599766200_1.pdf。

法》《工业和信息化领域数据安全管理办法（试行）》等法律法规相关要求的具体举措，包括但不限于数据分类分级管理、数据全生命周期安全管理、数据安全监测预警与应急管理等相关内容。""请发行人说明：（1）是否已充分落实数据分类分级、重要数据风险评估等数据安全保护要求；（2）是否已建立健全数据安全管理制度，完善数据安全保护措施，监测和预防数据泄露等安全阀风险。"[1]

关于管理制度健全性的问询，存在两种方式：一种是问询是否符合法律法规、行业监管规则的相关规定，由于《数据安全法》《个人信息保护法》等均明确规定了企业应当建立的合规管理制度，因此，发行人对于监管规则的符合性回复也涉及制度构建是否完善；另一种则是要求发行人回复是否已经构建某些具体的管理制度，比如，上述问询涉及的数据分类分级制度、数据安全管理制度等，此时，发行人应当具有针对性地回复是否已经构建相关管理制度或者是否已经具备相关的资质认证。

前述第一个和第二个审核要点，是目前上市过程中常规性被问询的数据合规问题，也是大部分涉及数据合规的拟上市公司几乎都会面临的问题。而上述两个问题不是只在上市中才会涉及，目前法律法规对于数据处理全生命周期合规性以及数据处理者合规体系的构建作出了明确规定，在目前执法力度也趋严的背景下，即便企业没有上市计划，不履行法定的合规义务也存在风险。

（三）网络安全审查、数据出境等情况受到关注

随着《审查办法》、《数据出境安全评估办法》（以下简称《评估办法》）生效，网络安全审查以及数据出境风险受到格外重点关注。

在网络安全审查方面：如在尚航科技上市过程中，被问询到"生产经营是否符合《网络安全法》《数据安全法》《个人信息保护法》《网络数据安全管理条例（征求意见稿）》等相关规定，是否应履行网络安全审核，是否存在纠纷或潜在纠

---

[1]《关于中智经济技术合作股份有限公司首次公开发行股票并在沪市主板上市申请文件的审核问询函之回复报告》，参见 https://pdf.dfcfw.com/pdf/H2_AN202309281600198663_1.pdf?1695937745000.pdf，2023年9月27日。

纷,相关风险是否充分揭示";[1]在莱斯信息上市过程中,由于涉及行业为民航空管、城市交通等领域,在经营合规性中也被问询到相关问题"请发行人说明:……(2)依据《网络安全法》《数据安全法》《关键信息基础设施安全保护条例》等,发行人提供的主要产品和服务是否属于《关键信息基础设施安全保护条例》规定的安全可信的网络产品和服务,是否需配合网络安全审查,发行人在业务开展过程中是否遵循数据安全、国家秘密和个人信息保护等相关法律法规的规定,是否已采取有效措施防止涉密信息和个人信息泄露、确保数据安全"。[2]相对于港股或国外上市而言,境内上市的关注重点则主要在于"关键信息基础设施运营者(CIIO)运营者采购网络产品和服务"相关的网络安全审查风险。

在数据出境方面:睿联技术上市中,交易所问询"请发行人说明是否掌握重要数据或掌握100万人以上个人信息"。[3] 发行人在回复时明确说明不掌握重要数据;且掌握100万人以上个人信息主体涉及的主要监管规定包括数据出境安全评估以及网络安全审查,由于发行人主要面向境外市场销售,不涉及向境外提供个人信息,不涉及境外上市,因此不适用关于数据出境安全评估和网络安全审查的规定。

由于网络安全审查以及数据出境的申报并不适用所有拟上市公司,因此,监管机构一般会要求发行人回复是否属于应当履行上述合规义务的主体范围;如属于,则企业必须先完成上述审查或评估工作,才能符合上市发行的合规要求。

(四)算法、人工智能技术应用与科技伦理问题成为新的问询重点

随着人工智能产业的发展,大量"AI概念股"涌向IPO,《算法推荐管理规定》《深度合成管理规定》《生成式人工智能管理办法》《伦理审查办法》等人工

---

[1] 《广州尚航信息科技股份有限公司首次公开发行股票申请文件反馈意见》,参见 http://news.10jqka.com.cn/field/sn/20230105/40058921.shtml。

[2] 《关于南京莱斯信息技术股份有限公司公开发行股票并在科创板上市申请文件的审核问询函之回复报告》,参见 http://news.10jqka.com.cn/field/sn/20220905/38252015.shtml。

[3] 《关于深圳市睿联技术股份有限公司首次公开发行股票并在创业板上市申请文件的第二轮审核问询函的回复》,参见 http://reportdocs.static.szse.cn/UpFiles/rasinfodisc1/202309/RAS_202309_0B7BEE75FA794B7E93D5F4A43EB800E0.pdf。

智能产业监管规则的陆续出台,使关于人工智能、科技伦理审查的合规受到各界关注,成为新的问询重点。

例如,在对云天励飞的问询中提到"人工智能技术被不当使用或被滥用都可能令潜在客户对人工智能解决方案却步,也可能影响社会对人工智能解决方案的普遍接纳程度,引起负面报道,甚至可能违反中国及其他司法辖区的相关法律法规,面临诉讼风险、来自积极股东及其他组织的压力以及监管机构更严格的监管。请结合发行人主要产品及业务模式具体说明面临的上述政策制度风险的具体体现,并客观分析可能对发行人业务及生产经营的影响"。[1]

旷视科技在科创板上市的过程中,就受到交易所关于数据合规及科技伦理方面的问询:在数据合规方面,主要关注数据来源的合法合规性,以及数据采集、清洗、管理、运营等各方面的合规措施是否完善,个人信息保护措施是否充分等;在科技伦理方面,明确要求发行人补充披露人工智能伦理方面的组织架构、核心原则、内部控制及执行情况,并且要求发行人说明:"(1)公司在研发和业务开展过程中落实相关责任、遵守伦理相关规范和标准的措施及执行情况;(2)结合境内外法律法规、技术规范、行业共识等,进一步分析公司在保证人工智能技术可控、符合伦理规范的措施和规划,公司在技术开发和业务开展过程所面临的伦理风险。"旷视科技也在回复函中说明,已经建立了人工智能道德伦理委员会,在业务开展中恪守道德原则,就流程规范制定了数据治理与合规制度,并积极采用技术手段落实人工智能行业发展中的个人信息保护等义务。[2]

(五)数据交易与数据权属类问询逐步增加

随着"数据二十条"出台,数据的交易流通成为各企业积极探索数据资产价值的路径,交易流通中的合规性也成为上市公司数据合规问询的重要内容。

---

[1]《关于深圳云天励飞技术股份有限公司首次公开发行股票并在科创板上市申请文件的审核问询函之回复报告》,参见 https://pdf.dfcfw.com/pdf/H2_AN202103121471404106_1.pdf,2021年3月9日。

[2]《关于旷视科技有限公司首次公开发行存托凭证并在科创板上市申请文件的审核问询函之回复》,参见 http://static.sse.com.cn/stock/information/c/202105/c0283f8ad8134a08a50b07b5c12b1af2.pdf。

在思必驰科创板上市第二轮问询中重点对数据交易的情况进行了问询："……(3)发行人及发行人的数据供应商从事数据收集、处理服务是否需要取得相应特殊资质、许可或备案,当前数据服务行业(提供商)的相关主要监管规定;发行人当前从事数据交易是否要求数据提供方说明数据来源,并留存审核、交易记录等内控机制;结合《数据安全法》《个人信息保护法》等相关法律法规的规定,说明发行人后续的跟进、合规措施;(4)数据供应商从事该等业务(销售数据)是否合法合规;该等采购的数据其来源是否合法合规,发行人是否有相应机制保障供应商提供数据的合法合规性;(5)发行人的数据供应商是否曾因数据合规问题涉及诉讼或纠纷,发行人向上述数据供应商采购数据合同中是否约定相关因数据合规问题产生纠纷的解决机制"。[1] 如果发行人作为数据的采购方,则需要关注数据提供商的资质背景以及合规能力,加强对数据供应商的监管并明确约定对数据供应商的数据处理行为的合规要求及双方的纠纷解决机制。

在上海证券交易所对北京慧辰资道资讯股份有限公司上市审核问询中,提到"请发行人说明(2)上述数据的所有权归属情况,相关数据存储方式及管理、数据分析功能实现的路径,发行人保障数据安全的具体措施"。[2] 对于数据权属的问题,"数据二十条"提出了数据资源持有权、数据加工使用权和数据产品经营权三权分置的新模式。目前,我国法律对于个人信息所有权归属并没有具体明确的规定,但允许企业在获得个人信息主体合法授权的情况下,实现对所收集个人信息的控制权。此外,如数据符合商业秘密的构成条件,企业也可以依据《反不正当竞争法》的相关规定进行保护且可享有商业秘密的权益。

(六)违规 App 及数据安全负面事件受到更高关注

若发行人涉及数据安全等负面舆论、受到过相关通报或行政处罚的,可能

---

[1]《关于思必驰科技股份有限公司首次公开发行股票并在科创板上市申请文件的二轮审核问询函》之回复报告,参见 https://pdf.dfcfw.com/pdf/H2_AN202303211584444326_1.pdf,2023 年 2 月 27 日。

[2]《关于北京慧辰资道资讯股份有限公司首次公开发行股票并在科创板上市申请文件的审核问询函》之回复报告,参见 https://static.sse.com.cn/stock/information/c/201909/c8a736cf57894530811c4c5382e22074.pdf。

有较高的概率会被问询。比如，为高校提供信息化服务的金智教育在深交所上市过程中，用户个人信息保护问题以及相关App合规运营问题都受到极大关注。

在第一轮问询中，交易所针对要求发行人对旗下"今日校园"App收集和使用个人信息情况被有关部门通报并责令整改的具体情况进行了补充信息披露："今日校园"App是一款基于面向高校师生的移动服务平台，高校可通过该移动服务平台承载面向师生的各类管理与服务应用。公司曾因"今日校园"App收集和使用个人信息，于2020年8月收到工信部信息通信管理局通报；2020年11月分别收到App违法违规收集使用个人信息治理工作组、工信部信息通信管理局通报；2021年2月收到江苏省通信管理局通报。

尽管发行人在回复函中表示，发行人被相关部门通报事项并不构成重大违法违规行为，未受到行政处罚，且已对相关通报完成整改，并经有权机关或其指定的机构验收确认整改完成，[1]但在第二轮问询中，交易所还是再次要求发行人在招股说明书中就"今日校园"App被通报及责令整改对发行人持续经营能力的相关风险进行提示，发行人在招股说明书中补充风险提示："若公司未来在个人信息收集与使用方面未能严格执行相关法律法规的规定，出现被通报、责令整改或其他监管措施的情形，可能会影响'今日校园'App在高校师生中的正常使用，进而导致公司接入今日校园的SaaS业务开展出现阶段性经营风险。"[2]

由此可见，用户信息安全问题，既是数据合规性的体现，也影响着企业的持续经营风险，一旦此前存在不合规的记录，那么在上市过程中必然受到监管部门的格外关注，是否整改、如何整改、整改措施的落实情况以及此类问题是否会再次发生、是否会影响发行人的持续经营都将成为关注重点。

---

[1]《关于江苏金智教育信息股份有限公司首次公开发行股票并在创业板上市的上市委审议意见落实函的回复》，参见 https://pdf.dfcfw.com/pdf/H2_AN202307211592536092_1.pdf，2023年7月19日。

[2]《于江苏金智教育信息股份有限公司首次公开发行股票并在创业板上市的上市申请文件的第二轮审核问询函的回复》，参见 https://pdf.dfcfw.com/pdf/H2_AN202309261599910117_1.pdf，2023年9月26日。

从上述对数据合规审核监管要点可以看到,随着立法不断完善,企业的合规义务也逐渐增多,根据企业实际业务的开展情况,可能需要符合多项合规要求,这也要求企业在上市前就应当关注数据合规问题,并做好相应的合规准备工作。随着数据合规类的监管规则不断新增或修改,合规工作贯穿企业经营的方方面面,拟上市公司或上市公司应当持续关注法律法规的更新情况,不断完善自身的合规体系,确保持续符合监管要求。

第二节 投资并购交易中的数据合规尽职调查与风险防控

伴随新一轮科技革命和产业变革到来,各行各业开启全面数字化时代,深刻影响着社会生产生活的发展,促进全球经济格局的重塑,成为全球经济发展的新动能。数字经济在全球迅速崛起,也涌现出越来越多的投资机会和投资领域,数字经济领域逐渐成为众多投资机构和投资者的选择。

2023年12月,国家数据局等17部门联合印发《"数据要素×"三年行动计划(2024—2026年)》,2024年1月1日,财政部印发的《企业数据资源相关会计处理暂行规定》(财会〔2023〕11号)生效实施。随着数据资产入表政策的落定,不少上市公司或金融机构可能会出于市值管理或拓宽投资范围的考量,收购数据资产或者投资并购具有数据资源或资产的企业,在这类交易中就需要充分考虑数据合规问题带来的影响。

资金的安全性以及回报率是投资方最关注的问题,在传统的并购交易过程中,卖方的资信情况以及标的公司业务模式合规性、公司资质、知识产权等问题,都是投资方需要重点了解和调查的内容。然而在数字经济投资领域,尤其是数据已经成为新的生产要素,也是企业的核心竞争力之一,在投资并购交易中,投资方或买方开始格外关注标的公司以及数据资产的合规性,数据的合规性将会直接影响资产质量,影响估值对价;而对于卖方和标的公司而言,提升数据安全合规能力能够获得更好的资产估值,保障交易的安全性和各方权利,提升交易价值,确保并购交易的顺利完成。

本节主要包括三部分内容：首先，分析数据合规对投资并购交易的影响，向交易各方提示数据合规的重要性；其次，对于投资并购交易而言，尽职调查是防范各方风险的重要手段，本部分将针对数据合规调查的重要内容进行说明；最后，除了详细的尽职调查之外，还应在协议安排、估值调整等方面充分考虑数据合规风险，防控数据合规风险应贯穿交易的全流程。

一、数据合规对投资并购交易的影响

数据作为企业重要的资产，其产生的经济价值逐渐凸显，甚至成为投资并购交易的核心目标。但随着数据保护方面的立法陆续出台，监管也更加严格，这也意味着，有价值的资产更需要健全的管理机制，才能确保数据发挥其应有的商业价值，数据的合规状况将直接影响企业的资产价值，甚至可能直接决定了投资并购交易的成败。

无论是股权收购、资产收购，乃至债权投资，标的公司数字资产的安全性合规性，都是投资方或者买方所需要关注的重要内容：在股权投资中，投资方可能直接成为标的公司的股东，标的公司数据合规问题也会间接影响投资方的利益；在资产收购中，完成交割后，投资方将直接成为数据资产的持有人，对数据合规性承担直接法律责任；即便是在债权投资中，如数据资产因合规问题导致资产价值贬损，也将间接影响标的公司的偿债能力，尤其是在目前数据资产入表的情况下，数据资产价值也将体现在企业财务报表中，作为债权人，在投资前也会格外关注数据资产的合法合规性。

从传统意义上看，互联网企业、电子商务型、科技型企业会涉及大量的数据，此外，还有一些行业本身就属于数据密集型产业，如金融行业、医疗行业以及轨道交通、汽车等类型的行业，尽管不是传统意义上的互联网企业，但在产业数字化转型过程中，也将在业务经营过程中产生和收集大量数据；而对于一些主营业务为数据处理、数据分析或者本身就是数据供应商角色的标的企业而言，数据合规更是业务合规性的核心。

在投资并购交易中，交易各方都应充分重视数据合规问题，它从各个方面都会对投资并购交易产生影响。

（一）数据合规问题可能导致投资方存在潜在法律风险

数据不合规可能导致投资方存在潜在法律风险：从民事法律责任的角度看，可能引发合同纠纷、侵权责任纠纷、不正当竞争纠纷等，目前个人信息保护纠纷已经成为独立的民事案由，相关司法案件数量也不断增加；从行政处罚角度看，无论是《个人信息保护法》，还是《数据安全法》及《网络安全法》均明确了相关主体的行政法律责任，在实践中也已经出现了大量的执法案例，且行政处罚不仅仅针对企业，高管或直接负责人员也存在个人法律责任；在极端情况下，企业数据处理经营模式还可能存在特定"犯罪基因"，蕴含刑事风险。

（二）数据不合规将对投资方收益产生负面影响

投资存在数据合规风险的标的公司或资产可能不仅会使投资方无法实现收购初衷，还会给其自身资产带来负面影响，典型案例如万豪被英国信息专员办公室处以1840万英镑的巨额罚款。[1] 相关报道显示，自2014年起喜达屋网站就存在被第三方未经授权进行访问的情况，万豪酒店在2016年9月完成对喜达屋品牌的收购，但万豪酒店在收购时并未进行充分的尽职调查。数据泄露曝光后，万豪股价也受到下跌影响。

（三）数据合规问题影响交易可行性

在资产收购的过程中，数据资产能否买卖交易是决定投资并购交易能否进行的前提。常见的对数据资产交易限制的情形包括：第一，法律法规禁止某类数据资产的交易，如涉及国家秘密类型的重要数据或资料的交易情形；第二，对买方资质的限制，如《征信业务管理办法》第5条明确规定，金融机构不得与未取得合法征信业务资质的市场机构开展商业合作获取征信服务，根据该规定，金融机构不能直接与互联网平台对接获得个人征信信息，而只能通过有征信业务资质的市场机构开展合作；第三，目标公司内部的用户协议或隐私政策、相关数据合作协议、内部数据管理制度等文件中，存在禁止或限制特定数据的转让、共享的情形。上述问题会从根本上导致交易不具有可行性，在收购交易正式开

---

[1] 参见金融时报：《泄露3亿客人信息！万豪被罚1.6亿元》，载微信公众号"金融时报"2020年11月3日，https://mp.weixin.qq.com/s/ipo3ueph0SqPRX6NTtMfhQ。

始前,就需要对这类问题进行合规论证,以免发生不必要的损失。

(四)数据合规问题影响交易模式和交易架构

数据的合规性问题对于整个交易方式的设置也具有一定影响,无论是股权投资、资产并购还是债权投资,投资模式的选择也与数据合规问题息息相关,例如,投资方并不具有数据资产的购买资质,那么可以考虑通过股权投资的方式获得标的公司数据资产的收益增值。及时意识到合规风险并据此调整交易模式和架构,有助于降低交易风险和交易成本。

在具体商业模式中,数据的传输、开放是采用交易、转让、共享还是委托处理的方式,法律上对于上述数据处理行为的合规要求以及法律关系的界定都不尽相同,更需要结合具体业务场景有针对性地设计交易模式,搭建交易架构。

(五)数据合规问题影响交易估值和交易对价

在数据资产入表的大趋势下,数据资产价值占总资产价值比重越高或数据资产对目标公司的重要性越高,其对目标公司资产估值的影响就越大,数据的合规状况影响着双方对估值以及交易价格的确定。因此,标的公司应确保不存在重大数据合规风险,减少影响交易的不确定因素,以期获得投资方更好的估值。

(六)数据合规问题影响标的企业的信息披露

标的公司和卖方需要配合投资方完成尽职调查,具有如实进行信息披露的义务,需要合规地向投资方披露与本次交易相关的数据和资料。

(七)数据合规问题影响标的企业的上市计划

对于很多投资并购交易而言,标的公司上市是投资方退出的主要方式之一,无论是国内还是国外上市,数据合规问题已成为监管机构和交易所重点审核问题之一,如目标公司后续有上市计划,应尽早对数据合规风险进行合规整改,避免影响上市进程。

二、如何进行数据合规法律尽职调查

投资方对标的企业的尽职调查是投资并购交易的必要环节,也是投资方防控风险的重要手段,数据合规调查应当成为法律合规调查的重要内容,具体而言,数据合规的尽职调查应当至少包括以下内容。

(一)调查业务开展情况以及数据处理活动

1. 业务与数据的关联

标的公司的业务与数据处理活动息息相关,主要分为两种情形:第一种情形,标的公司本身的产品或者服务就是提供数字产品或者数据加工处理等服务,在这种情形下,主营业务的行为本身就是数据处理的行为;第二种情形则是在主营业务开展过程中,需要收集和处理大量数据,如零售电商,主营业务为产品销售,但在为用户提供产品和服务过程中必然需要处理大量消费者的个人信息和数据。无论上述哪种情况,标的企业都属于数据处理者,应对其数据合规状况进行调查。

2. 数据全流程的合规处理

数据的处理活动可能会出现在业务流程的任何一个环节,在对标的公司业务合规性进行调查时,也应当关注数据处理全流程的合规性,包括数据的收集、存储、使用、加工、传输、提供、公开、删除等流程。这也是法律尽职调查的主要工作内容,即需要结合标的公司的业务实际情况,对每个业务场景下的数据处理行为进行合规性调查。

3. 互联网应用的合规

目前,大量的企业通过互联网应用和互联网平台开展业务,在业务过程中所涉及的 App、网站、小程序、公众号、直播视频号等载体和设备的安全及合规状况也都应当是审查的重点。

4. 隐私政策等重要文件及协议

在数据合规方面,需要特别关注隐私政策、个人信息出境标准合同、与第三方开展数据合作方面的重大合同:(1)隐私政策已经成为个人信息处理者履行告知和同意义务的重要方式,不仅需要调查是否具有隐私政策,还需要调查隐私政策的撰写内容是否符合监管要求,以及目标公司是否按照隐私政策所述实际履行了合规义务;(2)对于个人信息出境标准合同的审查包括,审查个人信息处理者选择的出境的途径是否合适,是否属于可以适用标准合同出境的情形,以及合同是否包含法定的必要内容,相关约定是否明确以及其执行情况等;(3)在涉及和第三方进行数据交易、委托处理、转让等情形下,企业和第三方需以书面方式确定双方合规义务以及违约责任。此外,在数据入表的趋势下,还可进一步审查协议中是否对数据权益有所约定,以判断标的公司是否具有相关数据权益后续可进行入表以及市场化运营。

5. 出售或购买数据的行为

调查标的公司是否存在出售或购买数据的行为,明确所购买的数据类型,确保该数据交易行为不违反法律法规,不侵犯他人权益。如标的公司属于数据采购方,则应调查其与数据供应商之间的合同内容,确保数据供应商的数据来源合法真实有效,标的公司对数据采购方具有资质要求并进行监管;如果标的公司属于数据出售方,则应确保其合法持有对外提供的数据,且采取了相关的安全措施保障数据传输的安全性,并对数据买方提出了合规使用数据的要求。

(二)调查目标公司数据合规管理和制度建设情况

标的公司是否建立完善的数据合规管理制度是调查的关键内容。合规管理并不是一套冷冰冰的制度文件,而是要将合规融入企业的决策、业务、财务、经营、人事、奖惩等各个管理环节,并使之得以有效地执行,发挥内部监管作用。一套有效的数据合规管理制度,能够让标的公司防范和及时发现合规风险,避免造成标的公司更进一步损失。

标的公司可以结合自身业务开展情况、处理数据的规模以及敏感程度,制定符合公司实际情况的数据合规管理体系:一方面,针对数据合规可以建立专项合规管理体系,从上至下贯彻加强合规管理,如组建专门的数据合规管理部门、制定相关合规管理制度、完善业务流程、建立合规举报和调查制度等;另一方面,将数据合规融入公司日常管理中,从员工手册、合作方遴选机制、对外合同签署及管理等环节,都需要加入有关数据安全的条款。

(三)调查目标公司涉及的数据合规争议、诉讼、仲裁或行政处罚、刑事案件等

目标公司过去的数据安全状况也是投资方对于目标公司合规性判断的重

要参考标准。需要调查：目标公司是否有受到有关网络安全、数据安全及个人信息、个人隐私相关的重大调查、询问或通报、责令整改或采取其他监管措施；是否受到网信办、工信部、公安机关、工商管理部门、证监会或任何其他相关政府机构的行政处罚；是否存在和网络及数据安全、个人信息保护相关的民事诉讼或仲裁；是否因数据合规问题接受刑事调查或存在任何刑事风险等。

（四）是否存在安全事件，是否采取改进措施

除调查标的公司存在的民事、行政和刑事风险之外，还应了解目标公司是否发生过风险事件，例如，遭到网络攻击或数据泄露等事件，上述这些信息未必是公开信息，在调查过程中应当要求目标公司进行说明。

无论是对于监管部门的执法，还是可能产生的民事纠纷或刑事责任，抑或曾经发生过风险事件，均体现出目标公司存在安全漏洞或者管理机制缺陷，因此，还要进一步调查目标公司是否针对上述问题实施了合规改进计划，改进计划的内容是什么以及实施的效果如何。

（五）特别考虑：特殊身份、特定行业、特定数据类型、特定行为、特定合规义务

除了上述第（一）至（四）项基本调查内容之外，投资方可以根据目标公司所涉及的行业、处理的数据类型、处理的数据规模、数据处理行为以及具体业务模式，综合确定调查内容，特别关注以下内容：特殊身份，如关键信息基础设施运营者、超大型网络平台等；特定行业，如金融、交通、医疗、汽车等；特定数据类型，如涉及处理大量儿童信息、医疗信息、人脸信息或重要数据等；特定行为，如目标公司是否涉及数据出境情形，是否需要进行网络安全审查等；以及特定合规义务的履行，如标的公司是否进行了相关的安全评估、合规审计等工作。

三、如何在交易过程中防控数据合规风险

除前期必要且细致的尽职调查之外，整个交易环节都需要考虑数据合规风险，并采取相关的措施尽可能降低风险，确保交割顺利以及交割后的正常经营。

（一）设置交割条件

根据《个人信息保护法》第 22 条的规定,个人信息处理者因合并、分立、解散、被宣告破产等原因需要转移个人信息的,应当向个人告知接收方的名称或者姓名和联系方式。接收方应当继续履行个人信息处理者的义务。接收方变更原先的处理目的、处理方式的,应当依照本法规定重新取得个人同意。因此,如果卖方或标的公司是个人信息处理者,发生合并分立等变化后,如果接收方变更了原来的处理目的和处理方式,则需要重新取得个人同意。在这种情况下,本次交易则可以将重新获得个人的同意授权设置为交割条件。

如果目标业务或资产涉及的数据在法律上可能被认定为重要数据或核心数据,则需要首先审查该类并购交易是否存在法律上的障碍,并把实现必要的审批、备案手续作为交割条件。如根据《工业和信息化领域数据安全管理办法（试行）》第 22 条的规定,工业和信息化领域数据处理者因兼并、重组、破产等原因需要转移数据的,应当明确数据转移方案,并通过电话、短信、邮件、公告等方式通知受影响用户。涉及重要数据和核心数据备案内容发生变化的,应当履行备案变更手续。

总体而言,在并购交易文件中,可以设置明确的交割条件,如以列举的方式要求交易对手和/或目标公司在交割前完成如下工作:"1. 修订目标公司的隐私政策、用户协议等,获得用户的重新授权;2. 修改完善目标公司数据合规管理制度,确保目标公司现行有效的所有数据保护政策和制度均内容完整、合法、合规;3. 符合特殊身份或特殊场景的情况下,应按照约定完成特定的审批、备案、评估手续（如网络安全审查、数据出境安全评估等）……"

在实践中,数据合规义务到底是交割的先决条件还是交割后的义务,常常会引发交易双方的争议。如果数据合规义务对于投资方而言重要性高,是否完成该合规义务会直接影响业务的持续性（如资质取得、审批和备案要求等）或者已经出现合规风险事件（需对重大风险事件进行整改）,即便履行该合规义务所需时间较长或难度较大,也建议投资方将该合规义务设置为交割的前置条件;但如果数据合规义务重要性相对较低（如完善内部数据合规管理制度等）,那么,也可以考虑将这类工作作为交割后需要完成的数据合规义务。

(二) 调整交易对价

数据合规性影响数据资产的价值，同时也影响投资并购交易中的交易对价，对此，可以考虑将履行数据合规义务的情况和交易对价关联，预估数据合规整改的费用，如果卖方或目标公司未能完成相关合规要求，则相应调整交易对价。

(三) 陈述与保证条款

要求卖方在交易文件中作出充分的数据安全合规的陈述与保证，承诺和保证的主要内容也就是上面所提到交易尽职调查过程中的重要内容：卖方和目标公司已遵循网络安全、数据安全和个人信息保护的法律、法规要求及履行了相关合同义务，包括但不限于以下内容：(1)数据处理全生命周期各环节的合法合规性(如就员工/用户/客户/消费者信息的处理已经取得相关个人的同意；就特定数据的出境完成数据出境安全评估等)；(2)已根据相关法律法规的要求建立了相关制度、采取了必要的措施确保网络和数据安全，防止数据被非法窃取、泄露、转让、滥用、篡改或破坏等(如设置个人信息保护负责人；建立数据安全应急预案等)；(3)未出现数据安全事件、不存在现有或潜在的数据安全和个人信息保护相关重大诉讼、行政处罚、监管问询等。

由于数据合规相关的合规要求庞杂且可能会持续更新，卖方和目标公司也会考虑无法全面穷尽地确保自己符合所有的合规要求上述有关陈述与保证条款，上述条款也仅为参考性举例，在实践中应结合该交易的具体场景、风险程度、数据的重要和敏感程度以及数据与业务发展的关联度综合来拟定有关条款。

(四) 设置违约及赔偿责任

违约责任条款本身也是投资交易文件中必不可少的内容。违反数据合规相关的法律法规，可能面临的法律责任包括民事侵权或违约责任，行政处罚甚至是刑事责任。因此，为避免上述风险给投资方带来的损失，投资方一方面可以就在尽职调查过程中发现的问题要求卖方或标的公司进行整改；另一方面，也可以在合同条款中设置专门针对数据合规的违约责任，若卖方或目标公司违反数据合规相关陈述或保证、交割后的义务或其他合同义务导致投资方因此遭受损失,投资方有权基于该违约条款进行追偿。

关于赔偿的金额问题,在双方签署正式交易文件时,具体损失金额无法确定,因此,双方可以约定一个赔偿金额的计算方式,确定计算标准。对于投资方而言,需要考虑赔偿金额是否能覆盖可能存在的损失范围,比如,根据《个人信息保护法》相关法律责任的规定,顶格处罚标准为人民币 5000 万元或者上一年度营业额的 5%,由此可见,数据合规可能造成的损失金额是非常大的,投资方应尽量争取赔偿上限能够覆盖相关数据合规问题的损失范围;而对于卖方和目标公司而言,可以要求设置赔偿上限以及设置一定索赔期限,超过一定赔偿金额和时间期限,卖方和目标公司不再承担相关赔偿义务。

(五)放弃交易

放弃交易本身也是防控风险的一种方式。在双方磋商交易以及尽职调查过程中,如果投资方发现相关数据合规风险重大,无法整改或者整改的成本过高,比如,卖方或者标的公司本身数据处理的方式或者商业模式存在刑事风险的,或者业务开展必要的资质被取消的,在这种情况下投资方也可以放弃交易或者排除问题资产后再进行交易,否则,投资方可能面临的潜在风险和损失相较于放弃交易而言可能会更大。

数据合规问题在投资并购交易中的重要性越来越高,数据合规的尽职调查、分析以及整改方案的制定和实施与投资并购交易的可行性分析、交易目的的实现、交易架构的设计、交易文件的撰写,以及交易完成后的目标公司及数据资产的经营管理都息息相关。无论是投资人还是被投资标的企业,都应重视数据合规调查工作。对于投资人而言,可以通过数据合规尽职调查全面了解标的公司数据处理的合规状况,及时发现可能影响本次交易的问题,在交易文件中设置相关条件保障自身的权益,衡量风险并作出最终的交易决策;同时,对卖方或标的公司而言,也应当通过数据合规的尽职调查结果,及时地发现问题并实施整改计划。

第三节　数据出境监管规则及合规应对

随着全球数字经济规模持续增长，数据作为重要的生产要素，在生产生活各个环节的重要作用正在日益显现，数据流动和处理活动的安全性受到越来越多关注，世界范围内对数据跨境活动的管控和监管也逐步健全。数据安全是数字经济发展的底板，明确数据跨境流通的合规治理要求，是维护国家安全、保护个人信息、防范化解企业数据跨境安全风险，促进数字经济健康发展的重要保障。

随着《国家安全法》《网络安全法》《数据安全法》《个人信息保护法》相关法律出台，我国数据出境监管原则在法律层面上予以确立。此后，有关数据出境监管的具体规则陆续出台：2022年7月7日，国家网信办公布《评估办法》，自2022年9月1日起施行，符合评估办法规定情形的，应当申报数据出境安全评估；2022年11月，国家市场监督管理总局、国家网信办发布《关于实施个人信息保护认证的公告》，同时公布了附件《个人信息保护认证实施规则》，鼓励个人信息处理者通过认证方式提升个人信息保护能力；2023年2月，国家网信办发布《个人信息出境标准合同办法》，同时发布了《个人信息出境标准合同》；2024年3月22日晚间，国家网信办正式发布了业内翘首以盼的《促进和规范数据跨境流动规定》，《数据出境安全评估申报指南(第二版)》及《个人信息出境标准合同备案指南(第二版)》也随之面世。

监管文件陆续出台、落地和优化修改，使得中国企业数据出境的合规要求更加具体明确，也更加符合企业实际需求。在实务中，不同的数据出境路径依据不同的规范性文件，适用于不同的数据类型和数据处理者，具体的要求也有所差异，因此，除对我国数据出境监管规则进行系统性了解，也需要对不同数据出境路径进行具体剖析。

一、监管规则概述

伴随数字经济的蓬勃发展,融入全球数据跨境流通已经成为大势所趋。我国享有丰富的数据资源,与此相伴的也是更大的数据安全风险隐患,对数据出境的监管也已经成为国家安全的重要防线。无论是个人数据还是非个人数据的出境都会给国家安全带来潜在风险,这些风险散布在我国政治、军事、经济、文化等多个领域,对我国国家安全构成重大威胁,也给我国数据出境国家安全治理带来挑战。[1]

《国家安全法》第 25 条规定:"国家建设网络与信息安全保障体系,提升网络与信息安全保护能力,加强网络和信息技术的创新研究和开发应用,实现网络和信息核心技术、关键基础设施和重要领域信息系统及数据的安全可控;加强网络管理,防范、制止和依法惩治网络攻击、网络入侵、网络窃密、散布违法有害信息等网络违法犯罪行为,维护国家网络空间主权、安全和发展利益。"该条款从国家安全的层面确立了网络与信息安全的重要性,但《国家安全法》于 2015 年 7 月正式施行,彼时数据出境安全的概念还未明确,更强调的是防范外来的攻击和入侵风险,但随着全球贸易流动的加剧,数据和信息也成为企业之间乃至国家之间重要的战略资源,数据出境对于国家安全的影响不容忽视。

2017 年 6 月 1 日《网络安全法》颁布后,数据出境合规成为被广泛关注的问题。根据该法第 37 条的规定,[2]针对关键信息基础设施运营者这类主体,基本的管理规则为,其收集和产生的个人信息和重要数据应当在境内存储。数据出境的条件为,因业务需要、必须向境外提供以及进行安全评估这三个要求。本条明确了我国数据跨境流动管理的基本要求,后续出台《数据安全法》以及《个人信息保护法》均秉承和完善了该条所确立的数据跨境监管规则。然而,该条款所针对的主体仅为关键信息基础设施的运营者,且规制的数据类型仅为个人

---

[1] 参见马其家、刘飞虎:《数据出境中的国家安全治理探讨》,载《理论探索》2022 年第 2 期。
[2] 根据《网络安全法》第 37 条的规定,关键信息基础设施的运营者在中华人民共和国境内运营中收集和产生的个人信息和重要数据应当在境内存储。因业务需要,确需向境外提供的,应当按照国家网信部门会同国务院有关部门制定的办法进行安全评估;法律、行政法规另有规定的,依照其规定。

信息和重要数据,规制的主体以及出境数据类型的范围有限。

此后,国家网信办于 2021 年依次发布的《数据出境安全评估办法(征求意见稿)》以及《网络数据安全管理条例(征求意见稿)》[1]中,进一步扩大了数据出境需要进行安全评估的范围,将出境数据中包含重要数据或者处理个人信息达到 100 万人的个人信息处理者纳入了安全评估的范围,尽管当时这两个文件还是征求意见稿,但足见监管部门对于数据出境的监管范围在逐步扩大。

目前上述文件均已出台正式稿,《数据出境安全评估办法》中对应当申报数据出境安全评估的情形作出明确规定,《网络数据安全管理条例》中则重点对重要数据及个人信息的出境提出要求。此外,近年来国家网信办陆续出台《数据出境安全评估申报指南(第一版)》《数据出境安全评估申报指南(第二版)》《促进和规范数据跨境流动规定》等文件,细化对数据出境监管的规定,同时也为相关企业提供了数据出境的合规操作指引。

2021 年《数据安全法》实施,体现了国家安全观的立法目标,出于维护国家主权、安全和发展的利益,更侧重对涉及国家安全、社会稳定的重要数据提出监管要求。在数据出境安全管理方面,该法第 25 条规定,"国家对与维护国家安全和利益、履行国际义务相关的属于管制物项的数据依法实施出口管制"。通过出口管制制度加强对数据出境的管控,此外,第 31 条则对关键信息基础设施运营者在境内存收集和产生的重要数据的出境安全管理提出监管要求,且本法也给出了"重要数据"的具体定义,提出了制定重要数据目录,在《网络安全法》的基础上进一步明确了数据安全的保护要求。

《个人信息保护法》于 2021 年 8 月正式出台,该法第三章第 38 条至第 43 条均对个人信息跨境提供提出了明确的规定,构建了一套清晰的个人信息跨境流通的规则。第 38 条规定,个人信息处理者因业务需要,向境外提供个人信息

---

[1] 《网络数据安全管理条例(征求意见稿)》第 37 条规定:"数据处理者向境外提供在中华人民共和国境内收集和产生的数据,属于以下情形的,应当通过国家网信部门组织的数据出境安全评估:(一)出境数据中包含重要数据的;(二)关键信息基础设施运营者和处理一百万人以上个人信息的数据处理者向境外提供个人信息的;(三)国家网信部门规定的其它情形。法律、行政法规和国家网信部门规定可以不进行安全评估的,从其规定。"

的需要具备以下条件之一:(1)通过国家网信部门组织的安全评估;(2)按照国家网信部门的规定经专业机构进行个人信息保护认证;(3)按照国家网信部门制定的标准合同与境外接收方订立合同,约定双方的权利和义务;(4)其他条件。

尽管《个人信息保护法》明确提出了个人信息出境的三条路径,即安全评估、保护认证和标准合同,但在《个人信息保护法》出台时,国家网信部门尚未发布正式的安全评估办法,如何进行个人信息保护认证以及标准合同模板也都没有明确。而《信息安全技术 个人信息安全规范》对于个人信息跨境传输,也仅仅规定了"在中华人民共和国境内运营中收集和产生的个人信息向境外提供的,个人信息控制者应遵循国家相关规定和相关标准的要求"。在这个阶段,尽管监管部门对个人信息出境的合规义务已经建立了法律层面的依据,但企业的实务操作还存在很多不明确的地方。

总体而言,如表9-1所示,《国家安全法》《网络安全法》《数据安全法》《个人信息保护法》从法律层面建立了数据出境的监管规则。从数据出境监管规制的历程来看,自《网络安全法》出台以来,立法机构及有关监管部门后续也不断出台相关配套性文件、监管规则及标准,并根据出境监管的实践情况逐步调整和优化监管政策,出境合规路径逐渐清晰。

表9-1 数据出境相关监管规则概览

文件名称	主要内容	发布时间	发布部门
《国家安全法》	国家建设网络与信息安全保障体系,提升网络与信息安全保护能力,加强网络和信息技术的创新研究和开发应用,实现网络和信息核心技术、关键基础设施和重要领域信息系统及数据的安全可控;加强网络管理,防范、制止和依法惩治网络攻击、网络入侵、网络窃密、散布违法有害信息等网络违法犯罪行为,维护国家网络空间主权、安全和发展利益	2015年7月1日	全国人民代表大会常务委员会
《网络安全法》	关键信息基础设施的运营者在中华人民共和国境内运营中收集和产生的个人信息和重要数据应当在境内存储。因业务需要,确需向境外提供的,应当按照国家网信部门会同国务院有关部门制定的办法进行安全评估	2016年11月7日	全国人民代表大会常务委员会

续表

文件名称	主要内容	发布时间	发布部门
《数据安全法》	国家对与维护国家安全和利益、履行国际义务相关的属于管制物项的数据依法实施出口管制。强调关键信息基础设施运营者在境内运营中收集和产生的重要数据的出境安全管理,适用《网络安全法》的规定;其他数据处理者在境内运营中收集和产生的重要数据的出境安全管理办法,由国家网信部门会同国务院有关部门制定	2021年6月10日	全国人民代表大会常务委员会
《个人信息保护法》	第三章 专门确定了个人信息跨境提供的规则。 个人信息处理者因业务等需要,确需向中华人民共和国境外提供个人信息的,应当具备下列条件之一:(1)通过国家网信部门组织的安全评估;(2)经专业机构进行个人信息保护认证;(3)按照国家网信部门制定的标准合同与境外接收方订立合同,约定双方的权利和义务;(4)其他条件	2021年8月20日	全国人民代表大会常务委员会
《网络数据安全管理条例》	第34条 国家网信部门统筹协调有关部门建立国家数据出境安全管理专项工作机制,研究制定国家网络数据出境安全管理相关政策,协调处理网络数据出境安全重大事项。 第35条 符合下列条件之一的,网络数据处理者可以向境外提供个人信息: (1)通过国家网信部门组织的数据出境安全评估; (2)按照国家网信部门的规定经专业机构进行个人信息保护认证; (3)符合国家网信部门制定的关于个人信息出境标准合同的规定; (4)为订立、履行个人作为一方当事人的合同,确需向境外提供个人信息; (5)按照依法制定的劳动规章制度和依法签订的集体合同实施跨境人力资源管理,确需向境外提供员工个人信息; (6)为履行法定职责或者法定义务,确需向境外提供个人信息; (7)紧急情况下为保护自然人的生命健康和财产安全,确需向境外提供个人信息; (8)法律、行政法规或者国家网信部门规定的其他条件	2024年9月24日	国务院

续表

文件名称	主要内容	发布时间	发布部门
《审查办法》（2021年版）	明确和完善了网络安全审查的规制范畴：关键信息基础设施运营者采购网络产品和服务；网络平台运营者开展数据处理活动，影响或者可能影响国家安全的；掌握超过100万用户个人信息的网络平台运营者赴国外上市	2021年8月16日	国家网信办等13部门
《数据出境安全评估办法》	规定了应当申报数据出境安全评估的情形，包括数据处理者向境外提供重要数据、关键信息基础设施运营者和处理100万人以上个人信息的数据处理者向境外提供个人信息、自上年1月1日起累计向境外提供10万人个人信息或者1万人敏感个人信息的数据处理者向境外提供个人信息以及国家网信部门规定的其他需要申报数据出境安全评估的情形	2022年7月7日	国家网信办
《数据出境安全评估申报指南（第一版）》	对适用范围、申报方式及申报材料进行了规定。附件提供了数据出境安全评估申报材料要求、经办人授权委托书（模板）、数据出境安全评估申报书（模板）以及数据出境风险自评估报告（模板）	2022年8月31日	国家网信办
《数据出境安全评估申报指南（第二版）》	配套《促进和规范数据跨境流动规定》，对申报数据出境安全评估的适用范围进行了修改，并为数据处理者申报数据出境安全评估提供了申报系统，系统网站为 https://sjcj.cac.gov.cn	2024年3月22日	国家网信办
《工业和信息化领域数据安全管理办法（试行）》	第21条 工业和信息化领域数据处理者在中华人民共和国境内收集和产生的重要数据和核心数据，法律、行政法规有境内存储要求的，应当在境内存储，确需向境外提供的，应当依法依规进行数据出境安全评估。 工业和信息化部根据有关法律和中华人民共和国缔结或者参加的国际条约、协定，或者按照平等互惠原则，处理外国工业、电信、无线电执法机构关于提供工业和信息化领域数据的请求。 非经工业和信息化部批准，工业和信息化领域数据处理者不得向外国工业、电信、无线电执法机构提供存储于中华人民共和国境内的工业和信息化领域数据	2022年12月8日	工业和信息化部

续表

文件名称	主要内容	发布时间	发布部门
《个人信息出境标准合同办法》	个人信息处理者通过订立标准合同的方式向境外提供个人信息的,应当同时符合下列情形: (1)非关键信息基础设施运营者; (2)处理个人信息不满100万人的; (3)自上年1月1日起累计向境外提供个人信息不满10万人的; (4)自上年1月1日起累计向境外提供敏感个人信息不满1万人的	2023年2月22日	国家网信办
《个人信息出境标准合同备案指南(第一版)》	对标准合同备案的时限、流程、提交材料、结果等事项进行了释明,同时通过个人信息出境标准合同备案材料要求、个人信息出境标准合同(范本)、个人信息保护影响评估报告(模板)等附件为个人信息处理者提供具体操作指引	2023年5月30日	国家网信办
《个人信息出境标准合同备案指南(第二版)》	配套《促进和规范数据跨境流动规定》,对标准合同备案的适用范围、备案方式等要求进行相应修改	2024年3月22日	国家网信办
《规范和促进数据跨境流动规定(征求意见稿)》	从内容看,该规定在一定程度上降低了企业实现数据合规出境的操作难度。(1)在国际贸易、学术合作、跨国生产制造、市场营销等部分场景中产生的部分数据设立了数据出境的监管白名单,规定符合相应要求的跨境数据传输活动无须再通过数据出境合规机制。(2)将数据出境合规义务以数据量为标准划分为三个层级,适用不同的数据出境合规监管机制。(3)明确自由贸易试验区可自行制定需要纳入数据出境安全评估、个人信息出境标准合同、个人信息保护认证管理范围的数据清单(负面清单),放宽了自贸试验区范围内的数据跨境传输规则	2023年9月28日	国家网信办

续表

文件名称	主要内容	发布时间	发布部门
《促进和规范数据跨境流动规定》	与征求意见稿相比主要变化如下：(1)要求数据处理者应当按照相关规定识别、申报重要数据，同时明确未被相关部门、地区告知或者公开发布为重要数据的，数据处理者不需要作为重要数据申报数据出境安全评估；(2)明确免于申报数据出境安全评估、订立个人信息出境标准合同、通过个人信息保护认证的情形；(3)修改和明确了非CIIO关于个人信息出境数量有关条款；(4)进一步完善自由贸易区负面清单管理；(5)调整数据出境安全评估结果有效期；(6)更加强调数据处理者个人信息出境的其他合规义务；(7)监管处置措施的变化；(8)更新和优化了申报流程	2024年3月22日	国家网信办
《粤港澳大湾区（内地、香港）个人信息跨境流动标准合同实施指引》	该实施指引用以配合实现《关于促进粤港澳大湾区数据跨境流动的合作备忘录》中关于粤港澳大湾区数据流动的制度安排。《实施指引》及其附件《粤港澳大湾区(内地、香港)个人信息跨境流动标准合同》文本在充分考虑内地及香港不同法域有关数据出境法律规定的情形下，在一定程度上放宽了监管要求，为大湾区组织及个人的个人信息跨境流动提供了便利	2023年12月10日	国家网信办与香港特别行政区创新科技及工业局
《个人信息保护认证实施规则》	依据《中华人民共和国认证认可条例》制定，规定了对个人信息处理者开展个人信息收集、存储、使用、加工、传输、提供、公开、删除以及跨境等处理活动进行认证的基本原则和要求。个人信息处理者应当符合GB/T 35273《信息安全技术 个人信息安全规范》的要求。对于开展跨境处理活动的个人信息处理者，还应当符合TC260－PG－20222A《个人信息跨境处理活动安全认证规范》的要求	2022年11月4日	国家网信办

续表

文件名称	主要内容	发布时间	发布部门
《网络安全标准实践指南—个人信息跨境处理活动安全认证规范V2.0》	本实践指南规定了跨境处理个人信息应遵循的基本原则、个人信息处理者和境外接收方在个人信息跨境处理活动的个人信息保护、个人信息主体权益保障等方面内容	2022年12月16日	全国信息安全标准化技术委员会

二、数据出境的主要路径

从现有法律框架看,目前我国主要规定了三条数据出境途径:(1)安全评估,即符合一定条件的需要通过网信部门组织的安全评估才能进行合规的数据出境;(2)标准合同:主要适用于个人信息处理者向境外提供个人信息的情况,需按照网信部门制定的标准合同与境外接收方订立合同;(3)认证:按照网信部门规定经专业机构进行个人信息保护认证。其中,安全评估强制适用于关键信息基础设施运营者和处理个人信息达到规定数量的公司的个人信息出境活动;标准合同及认证都仅适用于未达安全评估标准的个人信息出境活动。

(一)安全评估

《评估办法》针对数据出境作出了具体监管规定,企业在境内产生的数据如需出境,达到规定标准的,需进行数据出境安全评估。《评估办法》颁布后,几乎所有的个人信息中重要数据的出境活动都被纳入三大出境合规路径之中,企业广泛面临着评估触发门槛低、评估工作耗时长、评估成本高、必要性难把握、单独同意难以实现等问题。

在此背景下,国家网信办于2023年9月28日发布了《规范和促进数据跨境流动规定(征求意见稿)》,但时隔近半年后,在2024年3月22日发布了正式稿《促进和规范数据跨境流动规定》,并配套更新发布了《数据出境安全评估申报指南(第二版)》和《个人信息出境标准合同备案指南(第二版)》。从征求意见稿的 11 条增加到 14 条,对现有数据出境安全评估、个人信息出境标准合同、个人信息保护认证等数据出境制度的实施和衔接作出进一步明确,适当放宽数据跨境流动条件,适度收窄数据出境安全评估范围,体现的是监管部门对于数据跨境流动规则更加科学细致的思考。

1. 数据出境场景识别

《数据出境安全评估申报指南(第二版)》规定,属于数据出境行为的包括:(1)数据处理者将在境内运营中收集和产生的数据传输、存储至境外;(2)数据处理者收集和产生的数据存储在境内,境外的机构、组织或者个人可以查询、调取、下载、导出;(3)符合《个人信息保护法》第 3 条第 2 款情形,在境外处理境内自然人个人信息等其他数据处理活动。

理解和识别是否属于数据出境场景是履行数据出境安全评估的第一步。对数据出境场景的理解包括以下内容。

第一,数据直接存储在境外服务器。比较常见的是在跨国公司,信息系统全球一体化,服务器设置在总部国家或地区,统一进行信息化管理、数据存储、处理和分析,在这种情况下,数据基于信息系统的融合导致被传输出境。

第二,境内系统按照一定规则将数据传输至境外。比如,境内外分子公司之间可以相互调用和传输数据,比较典型的业务场景就是银行的外汇业务。

第三,将数据传输至境外。比如,通过邮件或即时通信外发方式将数据传输至境外,或者用硬盘或者 U 盘拷贝数据携带出境。

第四,境外访问境内数据的场景。如境外总部出于管理需要,能够对境内服务器存储的数据实施访问或者调用,也被视为数据出境。在国家网信办有关负责人就《评估办法》答记者问中,明确了《评估办法》所称"数据出境活动"主要包括:一是数据处理者将在境内运营中收集和产生的数据传输、存储至境外;二是数据处理者收集和产生的数据存储在境内,境外的机构、组织或者个人可以访问或者调用。[1] 因此,访问场景也被视为数据出境。

---

[1] 《数据出境安全评估办法》答记者问,载微信公众号"网信中国"2022 年 7 月 7 日,https://mp.weixin.qq.com/s/I_8CoXlwvIAv4vdWQLANZw。

在实践中,数据出境的场景和业务场景息息相关,常见的场景包括:(1)跨境业务产生的数据出境需求,比如,跨境电商、跨境旅游、跨境支付、跨境投资、跨境医疗等业务;(2)跨国企业管理需要,跨国企业统一的人力资源、客户管理等信息系统的架构;(3)境外资本市场,比如,中国企业赴境外上市,需要向境外的监管部门递交相关资料,典型的如滴滴出行赴美上市触发监管;(4)其他,比如,境外的科研活动,使用境外的第三方服务,在与境外第三方开展业务合作等场景下,均可能存在数据出境的情形。

2. 数据出境的适用条件

在前述数据出境场景识别完成后,对于应适用何种出境规则,适用何种条件则是企业进行合规架构搭建的另一个重要问题。结合《个人信息保护法》第38条、《数据安全法》第31条、《网络安全法》第37条以及《促进和规范数据跨境流动规定》、《数据出境安全评估申报指南(第二版)》之规定可以看出,对于数据出境制度的设置存在一定差异。

首先,对于关键信息基础设施运营者的重要数据和个人信息,采取的是"不出境为普遍原则,出境为特殊情况"。此即关键信息基础设施的运营者在中华人民共和国境内运营中收集和产生的个人信息和重要数据应当在境内存储(《网络安全法》第37条、《个人信息保护法》第40条)。因业务需要,确需向境外提供的,应当按照国家网信部门会同国务院有关部门制定的办法进行安全评估。

其次,对于重要数据处理,采取的是"不出境为普遍原则,出境为特殊情况"。此即重要数据出境,应进行数据出境安全评估(《数据安全法》第31条)。

再次,对于个人信息处理者处理的个人信息数据,采取的是"出境管理为普遍原则,出境评估为特殊情况"。个人信息的出境可以通过专业机构的个人信息保护认证,以及按照国家网信部门制定的标准合同与境外接收方订立合同即可出境;但达到一定数量标准的,则应通过网信部门的安全评估(《个人信息保护法》第40条)。

最后,对于不符合上述三项条件的一般数据,一般不干预,但如果符合国家网信部门规定的其他需要申报数据出境安全评估的情形时,按照规定申请评估。由此可见,出境数据如果涉及重要数据,那么安全评估是强制性的,而当出境数据仅为个人信息时,在满足一定主体或客体条件时,也须进行安全评估。数据出境主体与出境数据类型如表9-2所示。

表9-2 数据出境主体与出境数据类型

主体类型＼出境数据类型	重要数据	个人信息
关键信息基础设施运营者	出境安全评估	出境安全评估
数据处理者	出境安全评估	出境安全评估:自当年1月1日起累计向境外提供100万人以上个人信息(不含敏感个人信息);或者1万人以上敏感个人信息
		认证、标准合同:自当年1月1日起累计向境外提供10万人以上、不满100万人个人信息(不含敏感个人信息);或者不满1万人敏感个人信息的
		免于出境安全评估、认证、标准合同:自当年1月1日起累计向境外提供不满10万人个人信息(不含敏感个人信息)的

3. 申报流程及申报材料

《评估办法》第6条对数据出境安全评估所需的申报材料进行了规定,包括:(1)申报书;(2)数据出境风险自评估报告;(3)数据处理者与境外接收方拟订立的法律文件;(4)安全评估工作需要的其他材料。

根据《数据出境安全评估申报指南(第二版)》,申报材料包括以下8种,分别是:(1)统一社会信用代码证件影印件;(2)法定代表人身份证件影印件;(3)经办人身份证件影印件;(4)经办人授权委托书;(5)数据出境安全评估申报书;(6)与境外接收方拟订立的数据出境相关合同或者其他具有法律效力的文件;(7)数据出境风险自评估报告;(8)其他相关证明材料。此外,部分省份已经出台相应省份的申报工作指引,企业可以根据各自省份的具体要求准备相关申报材料。

安全评估的主要申报流程如下。第一,内部准备:进行数据出境风险自评估,与境外接收方签订法律文件,明确数据安全保护责任和义务。第二,进行申报:数据处理者申报数据出境安全评估,应当通过数据出境申报系统提交申报材料,系统网址为 https://sjcj.cac.gov.cn;关键信息基础设施运营者或者其他不适合通过数据出境申报系统申报数据出境安全评估的,应采用线下方式,通过所在地省级网信办向国家网信办申报数据出境安全评估。第三,国家网信部门进行安全评估。第四,申请复评:若企业收到评估结果后存在异议的,可申请复评。第五,重新评估:复评结果为最终结论。

4. 数据出境风险自评估

数据处理者在申报数据出境安全评估前,应当开展数据出境风险自评估。

自评估重点评估内容如下:(1)合法正当必要性:数据出境和境外接收方处理数据的目的、范围、方式等的合法性、正当性、必要性;(2)行为的风险性,即出境数据的规模、范围、种类、敏感程度,数据出境可能对国家安全、公共利益、个人或者组织合法权益带来的风险;(3)境外的安全性:境外接收方承诺承担的责任义务,以及履行责任义务的管理和技术措施、能力等能否保障出境数据的安全;(4)权益的保障性:数据出境中和出境后遭到篡改、破坏、泄露、丢失、转移或者被非法获取、非法利用等的风险,个人信息权益维护的渠道是否通畅等;(5)合同的完善性:与境外接收方拟订立的数据出境相关合同或者其他具有法律效力的文件等(以下统称法律文件)是否充分约定了数据安全保护责任义务;(6)其他。

数据处理者通过自评估流程,可以客观地分析可能影响数据出境安全的风险,并针对已经暴露的风险进行处置、补救和整改。数据处理者应当出具真实详细的自评估报告,一方面,自评估报告是安全评估的必要申报材料;另一方面,数据处理者真实有效的自评估也能够为网信部门的安全评估提供基础。

通过对比评估范围,网信部门所组织的安全评估相较于自评估而言,安全评估还会对"境外接收方所在国家或者地区的数据安全保护政策法规和网络安全环境对出境数据安全的影响",由此可见,网信部门还将从宏观角度考虑境外接收方的国家的法律政策环境以及该国的网络安全环境对数据安全、国家安全的影响。尽管这一评估要点并没有在《评估办法》第 5 条中明确，但在《数据出境安全评估申报指南(第一版)》自评估报告模板中，对于境外接收方情况的描述要求中第 4 点就是"境外接收方所在国家或地区数据安全保护政策法规和网络安全环境情况"；然而，在第二版申报指南中则删除了该要点。即便评估报告中不再要求对此项进行评估，但在数据跨境流通的大背景下，出于企业自身风险防控的需要，对境外的数据安全等相关投资环境、政策环境的调查，都是企业出海的第一步。

（二）标准合同

2023 年 2 月 22 日，国家网信办正式发布了《个人信息出境标准合同办法》，并通过附件公布了个人信息处理者和境外数据接收方签订的标准合同模板，2023 年 5 月 30 日和 2024 年 3 月，国家网信办相继发布《个人信息出境标准合同备案指南(第一版)》和《个人信息出境标准合同备案指南(第二版)》。

标准合同应包括以下主要内容：(1)个人信息处理者和境外接收方的基本信息，包括但不限于名称、地址、联系人姓名、联系方式等；(2)个人信息出境说明，包括处理目的、处理方式、出境个人信息的规模、种类、传输方式、出境后的保存期限、出境后的保存地点等；(3)个人信息处理者和境外接收方保护个人信息的责任与义务，以及为防范个人信息出境可能带来安全风险所采取的技术和管理措施等；(4)境外接收方所在国家或者地区的个人信息保护政策法规对合同履行的影响；(5)个人信息主体的权利，以及保障个人信息主体权利的途径和方式；(6)救济、合同解除、违约责任、争议解决等。

尽管采取标准合同进行出境无须向网信部门申请安全评估，但个人信息处理者的合规义务并不会因此而降低，仍然需要履行标准合同中明确规定的义务，比如，履行告知同意的义务、确保境外接收方采取相应的技术和管理措施履行合规义务、开展个人信息保护影响评估等。

该办法第 7 条规定，个人信息处理者应当在标准合同生效之日起 10 个工作日内，向所在地省级网信部门进行备案。备案材料包括标准合同以及个人信息保护影响评估报告。除备案外，监管部门仍然会持续关注境外个人信息处理活动的情况,个人信息处理者也应及时答复来自监管机构关于境外接收方的个人信息处理活动的询问。

《个人信息出境标准合同备案指南(第二版)》修改了第一版要求的向所在地省级网信办的规定,而采取线上系统备案的方式:个人信息处理者应当在标准合同生效之日起 10 个工作日内,通过数据出境申报系统备案,系统网址为 https://sjcj.cac.gov.cn。

(三)认证

2022 年 6 月 5 日,国家市场监督管理总局、国家网信办颁布《数据安全管理认证实施规则》,主要依据《信息安全技术 网络数据处理安全要求》(GB/T 41479)及相关标准规范对数据安全管理体系进行认证。2022 年 6 月 24 日,信标委发布了《网络安全标准实践指南—个人信息跨境处理活动安全认证规范》(以下简称《认证规范 V1.0》),为企业采取认证途径进行个人信息出境的提供了相关认证合规要求的依据。在发布《认证规范 V1.0》正式稿不到 5 个月时间,信安标委又将 1.0 版本升级到了 2.0 版本,2022 年 11 月 8 日,再次发布《网络安全标准实践指南个人信息跨境处理活动安全认证规范(征求意见稿)》[以下简称《认证规范 V2.0(征求意见稿)》]。

2022 年 11 月 18 日,国家网信办发布《个人信息保护认证实施规则》,其中明确认证依据包括《信息安全技术 个人信息安全规范》(GB/T 35273 - 2020)以及对于开展跨境处理活动的个人信息处理者,还应当符合《个人信息跨境处理活动安全认证规范》(TC260 - PG - 20222A)的要求。此后,2022 年 12 月,信标委发布了《网络安全标准实践指南—个人信息跨境处理活动安全认证规范 V2.0》(以下简称《认证规范 V2.0》),完成了安全评估与专业认证条款的落地。

结合《认证规范 V1.0》和《认证规范 V2.0》来看,认证的适用范围的表述有所变化:在 V1.0 版本中,第 1 条适用情形有两种,第一种是跨国公司或同一经济、事业实体内部的个人信息跨境处理活动,比如,跨国公司内部的员工个人信息跨境传输;第二种是境外主体向境内自然人提供服务的情形。而在 V2.0 版本中,适用情形放宽到适用于个人信息处理者开展个人信息跨境处理活动,并没有具体约束仅限上述两种情况。但在第 2 条的认证主体中,第 1 款规定具有法人资格的主体均可以；第2款和第3款则是针对之前适用范围的两类对象，进一步明确了申请认证的主体，这种特别提示足见其特殊性。

主要的认证要求包括以下几个方面。

1. 具有法律约束力的协议：尽管并未明确签署的法律合同必须是标准合同模板，文件内容所应包含的内容中增加了不少标准合同涉及的主要内容。

2. 组织管理：明确要求开展个人信息跨境处理活动的个人信息处理者和境外接收方均需要既指定个人信息保护负责人，又要设立个人信息保护机构。

3. 个人信息跨境处理规则：在处理规则方面，《认证规范V2.0》相较于《认证规范V1.0》，仅调整了一些措辞，把原来的"统一"个人信息跨境处理规则，修改为"同一"个人信息跨境处理规则。"同一"表达的更多是要求境内和境外接收方遵循相同的处理规则，参考所列举的处理规则的内容来看，其中主要是跨境处理个人信息的基本内容、目的、方式、范围、存储时间、中转、保障资源、赔偿和处置规则等，都是对个人信息主体有直接影响的规则，也是个人信息处理的具体客观事实，因此，为更好实现出境行为的管理，境内外双方均应遵循相同的规则。

4. 个人信息保护影响评估：相较于《认证规范V1.0》，《认证规范V2.0》新增了多项评估报告应包括的事项，并强调评估后需形成评估报告，且评估报告至少保存3年，与《个人信息保护法》的要求进行了衔接。

三、个人信息出境的必要合规工作

(一)必要的合规工作

对于个人信息处理者而言，无论采取哪种路径出境，以下3项合规工作都是必须进行的。

1. 根据《个人信息保护法》第39条的规定，个人信息处理者向中华人民共和国境外提供个人信息的，应当向个人告知境外接收方的名称或者姓名、联系方式、处理目的、处理方式、个人信息的种类以及个人向境外接收方行使本法规定权利的方式和程序等事项，并取得个人的单独同意。因此，无论采取何种方式出境，个人信息处理者都需要获得个人信息主体的单独同意。

2. 与境外数据接收方签署法律文件，这里所指的法律文件，包括但不限于标准合同。符合条件的个人信息处理者通过网信办申报安全评估进行数据出境的，其中，申报材料就应包括"与境外接收方拟定的数据出境相关合同或者其他具有法律效力的文件"；采取标准合同出境的，则必然需要签署标准合同；而采取认证方式出境的，《认证规范 V2.0》第 5.1 条明确要求，开展个人信息跨境处理活动的个人信息处理者和境外接收方应签订具有法律约束力和可执行的文件，确保个人信息主体权益得到充分的保障。

尽管目前监管部门只公布了标准合同的模板，其他两种出境方式中并未明确所签署的法律文件模板，但标准合同可以认为是与境外接收方签署数据出境相关合同的基本规范和基本合规标准。尤其是通过申报网信办安全评估进行出境的方式，由于适用数据出境安全评估的主体，所掌握的数据量更大，数据类型的敏感程度也更高，因而对于这部分主体的合规标准应当是更高的，相关的合同内容设置的合规义务也应该更严格。

3. 开展评估活动。针对不同的出境路径，评估活动的叫法略有不同：在通过网信办安全评估进行出境的方式中，其中涉及两种评估：第一种是国家网信办进行的"数据出境安全评估"，是国家网信办对拟申报数据出境企业的评估，但在此之前，拟申报数据出境的企业应当开展"数据出境风险自评估"，自评估报告是申请数据出境安全评估的材料之一；第二种，《个人信息出境标准合同办法》第 5 条以及《认证规范 V2.0》第 5.4 条均提出，个人信息处理者向境外提供个人信息前，应当事前开展个人信息保护影响评估，由于《个人信息保护法》作为上位法，因此，如果企业出境的数据是个人信息，那么无论采取何种路径，都需要进行个人信息保护影响评估。

4. 个人信息保护影响评估主要以《个人信息保护法》为依据，衡量数据处理活动是否会对个人信息主体的权益造成影响，而企业申请通过安全评估方式出境的数据则不仅包括个人信息，也包括重要数据，评估风险的维度更广泛，除了对个人信息权益的影响，还包括国家安全、公共利益等重要内容。

(二)合规工作开展流程

企业在开展个人信息出境活动时，应当参考以下合规流程。

1. 企业应当核查自身的业务情况，是否存在个人信息出境的情况。比如，存储个人信息的数据库或系统是否设置在境外，境外的组织和个人是否可以对存储在境内的个人信息进行访问，或者是否通过邮件、传真，甚至是硬件设备等方式向境外传输个人信息等。如果存在上述数据出境的场景，则应当识别为存在个人信息出境活动。

2. 如存在个人信息出境活动，则需要进一步识别，应当采取哪种出境路径。考虑企业是否达到强制安全评估的标准，如达到该标准则必须进行申报安全评估。《促进和规范数据跨境流动规定》以及《个人信息出境标准合同备案指南（第二版）》的出台，已经从应用场景和出境数量等方面，进一步放松了对个人信息出境的监管要求。

3. 选择合适的出境路径。按照监管规定，选择不同的路径进行数据，切实履行法律法规以及合同约定的合规要求，加强数据安全保障工作，完成必要的合规工作，如进行相关评估、对境外接收方进行调查、签署法律文件等。

4. 持续跟踪。个人信息保护影响评估在一定条件下应重新进行，且根据《促进和规范数据跨境流动规定》，数据出境安全评估结果的有效期调整为3年，有效期届满如未发生需要重新评估的情形，则可申请延长评估结果有效期，但如发生规定情形时还应当重新申报，因此，数据出境的合规工作并不是完成一次评估或备案就万事大吉，应注意识别是否发生了应重新评估或申报的情形，也应持续监督境外接收方的个人信息处理活动，以及持续关注监管部门是否提出了数据出境方面的补充合规要求。

第四节　公共数据授权运营

公共数据蕴含着丰富的经济价值和社会价值，开发利用公共数据，是深化数据要素市场化配置改革的关键举措，是激活数据要素潜能的引领工程，是发展数字经济的重要支撑。

一、公共数据授权运营的相关规范

在国家政策层面,2021年国务院发布的"十四五"规划《纲要》首次提出"开展政府数据授权运营试点,鼓励第三方深化对公共数据的挖掘利用"。2021年12月,国务院印发《"十四五"数字经济发展规划》,提出创新数据要素开发利用机制,"对具有经济和社会价值、允许加工利用的政务数据和公共数据,通过数据开放、特许开发、授权应用等方式,鼓励更多社会力量进行增值开发利用"。《国务院办公厅关于印发要素市场化配置综合改革试点总体方案的通知》针对探索建立数据要素流通规则明确提出了"探索开展政府数据授权运营"。由此可见,公共数据的开发利用和授权运营得到了政策层面的高度重视,然而,上述文件并没有对"公共/政府数据授权运营"的概念及具体的运作机制予以确定,也没有出台针对公共数据授权运营的法律法规,这也给法律合规的实践工作带来了困难和探索空间。

在地方层面,各地为响应中央政策,对公共数据的开发利用管理开展先行先试,在公共数据运营方面进行了大量的探索,出台了大量的地方性法规、政府规章或规范性文件,据不完全统计,部分地区针对公共数据授权运营制定的专门性规定如表9-3所示。

表9-3 地方性公共数据授权运营的专门规定

规范名称	发布日期	生效日期
《北京市公共数据专区授权运营管理办法(试行)》	2023年12月5日	2023年12月5日
《浦东新区公共数据授权运营管理若干规定(试行)》	2024年12月19日	2025年2月1日
《深圳市福田区公共数据授权运营暂行管理办法》	2024年1月19日	2024年1月30日
《深圳市南山区公共数据授权运营暂行管理办法》	2025年1月22日	2025年2月5日
《浙江省公共数据授权运营管理办法(试行)》	2023年8月1日	2023年9月1日
《湖北省公共数据授权运营管理办法(试行)(征求意见稿)》	2024年9月2日	征求意见稿

续表

规范名称	发布日期	生效日期
《贵州省公共数据授权运营管理办法(试行)》	2025年1月7日	2025年1月7日
《南京市公共数据授权运营管理暂行办法》	2024年4月23日	2024年5月24日
《宁波市公共数据授权运营管理实施细则(试行)》	2023年11月16日	2023年11月16日
《杭州市公共数据授权运营实施方案(试行)》	2023年9月1日	2023年10月5日
《济南市公共数据授权运营办法》	2023年10月26日	2023年12月1日
《温州市公共数据授权运营管理实施细则(试行)》	2023年9月21日	2023年10月21日
《湖州市公共数据授权运营管理实施细则(试行)》	2023年12月19日	2024年1月1日
《丽水市公共数据授权运营管理实施细则(试行)》	2023年12月26日	2024年2月1日

2024年10月,中共中央办公厅、国务院办公厅《关于加快公共数据资源开发利用的意见》(以下简称《公共数据开发利用的意见》)发布,提出公共数据资源国家重要的基础战略资源,对公共数据资源的开发提出总体要求,以促进公共数据合规高效流通使用为主线,以提高资源开发利用水平为目标,破除公共数据流通使用的体制性障碍、机制性梗阻,激发共享开放动力,优化公共数据资源配置,释放市场创新活力。配合该意见确定的公共数据开发利用的原则性规定,另外两份更为细则的规定也陆续出台,包括国家数据局发布的《公共数据资源授权运营实施规范(试行)》(以下简称《公共数据授权运营规范》)以及国家发展改革委发布的《公共数据资源登记管理暂行办法》(以下简称《公共数据登记管理办法》)。上述文件的出台,进一步改进了目前各地公共数据应用开发模式不统一、相关规则制度缺位的现状。

二、公共数据授权运营的模式

由于政策鼓励各地对公共数据授权运营进行探索,尚未形成统一做法,因此,各地的实践经验也各不相同,使所呈现的公共数据授权运营模式也各不相同。从各地的实践经验来看,下列地方的公共数据授权运营实践模式值得参考研究。

1. 成都:从成都市政府数据授权运营的运行逻辑来看,是将数据作为国有资产进行市场化服务,成都市政府将数据运营权集中授权给成都市大数据集团股份有限公司(以下简称成都大数据集团)开展数据运营服务,成都市政府指定市网络理政办具体负责指导、监督和协调推进政府数据运营服务工作。市政府各部门(含有关单位),即数据提供单位是政府数据的法定管理部门,对各自管理的政府数据能否进入运营服务范围进行把关。成都大数据集团建设运营成都市公共数据运营服务平台,《成都市公共数据运营服务管理办法》规定,公共数据运营服务平台基于成都市政务信息资源共享平台提供的数据资源,结合其他外部数据资源,对数据资源进行处理,并提供数据服务。

2. 北京:提出公共数据专区授权运营管理模式。2020年5月,《关于推进北京市金融公共数据专区建设的意见》出台,北京市经济和信息化局与北京金融控股集团达成合作,授权北京金融大数据有限公司负责建设和运营金融公共数据专区,以场景为牵引,在金融公共数据专区内汇聚各类公共数据,并尝试开发数据产品。2023年12月,《北京市公共数据专区授权运营管理办法(试行)》出台,明确公共数据专区是指针对重大领域、重点区域或特定场景的各类专题数据区域的统称,一般分为领域类(本市金融、教育、医疗、交通、信用、文旅等重大领域应用场景)、区域类(本市重点区域或特定场景)及综合基础类(跨领域、跨区域的综合应用场景)。在管理机制上,明确市大数据主管部门作为公共数据专区统筹协调部门,指导、监督综合基础类公共数据专区的建设和运营。相关行业主管部门和相关区政府作为公共数据专区监管部门,负责落实公共数据专区的建设和运营。

3. 杭州:《浙江省公共数据授权运营管理办法(试行)》规定,应由公共数据主管部门建设和运维一体化智能化公共数据平台,作为授权运营活动的特定安全域,被授权在授权运营域内开展活动。公共数据主管部门发布重点领域开展授权运营的通告,明确相应的条件,《杭州市公共数据授权运营实施方案(试行)》规定,加工使用主体应当按照应用场景申请公共数据,实行"一场景一清单一审定"原则进行数据授权。数据提供部门根据场景审核通过的数据需求清单,将相应公共数据资源纳入数据开发与运营平台统一管理。加工使用主体按照协议对所申请的公共数据资源在数据开发与运营平台进行加工使用,形成可面向市场提供的数据产品或数据服务。2023年9月,首批领域征集公共数据授权运营主体的通告发布,主要聚焦于金融、医疗健康领域。2023年10月,确定阿里健康科技(中国)有限公司为医疗健康领域的公共数据授权运营单位。截至2024年8月,杭州市数据资源管理局已经发布了第三批领域公共数据授权运营主体的征集通告。

4. 数据元件:中国电子信息产业集团有限公司与清华大学开展跨学科合作研究,创新性地提出了"数据元件"的概念,"数据元件"是连接数据供需两端的"中间态",从技术视角来看,数据元件是具有一定主体,对数据资源脱敏处理后,根据需要由若干关联字段形成的数据集;从经济视角来看,数据元件是基于数据资源形成的,形态稳定、产权清晰,适合市场化流通和规模化应用的数据初级产品。[1] 以"数据元件"作为载体进行数据要素市场化配置改革。2022年,江门市首批选取"社保、机动车、公积金"等多源数据,通过数据要素操作系统将原始数据加工形成数据元件,并将数据元件推送至数据资产凭证平台,使数据元件与数据资产凭证高度融合,形成全国首个承载"社保、机动车、公积金等多源数据元件"的公共数据资产凭证。数据元件能够破解"安全与流通对立"难题,达到"原始数据可用不可见"的效果。

综合地方经验,业内对主要模式进行归纳,中国软件测评中心2022年发布的《公共数据运营模式研究报告》将主要运营模式归纳为三种:行业主导模式、区域一体化模式以及场景牵引模式;其中,行业主导模式的代表是中国民航信息网络股份有限公司(国有控股上市企业)将授权"纵横航旅",对民用航空运行、旅客航空出行数据进行开发利用,并形成专业化产品或服务;区域一体化模式的典型就是上述介绍的成都大数据集团运营模式;而场景牵引模式则以北京

---

[1] 参见陆志鹏、孟庆国、王钺:《数据要素化治理:理论方法与工程实践》,清华大学出版社2024年版,第50页。

公共数据专区授权运营模式为代表。

结合上述地方经验,有研究进一步提出了"对内数据归集"和"对外数据授权"两大维度的研究框架,对内数据归集是指数据的内部流转方式,是由政府部门和公共服务组织独立管理的分散式,还是由政府数据主管部门集中管理的统一式;对外授权的维度是指对外授权开展公共数据开发利用活动的方式,包括直接式和间接式,直接式是指政府和公共服务组织直接授予社会主体开发利用,间接式则是需授权给第三方主体并允许其将数据产品和服务售卖给其他社会主体。[1]

总体来说,目前地方公共数据授权运营模式多样,有集中授权给某一运营单位实施整体的数据资源的开发利用,也有基于不同场景、不同行业、不同领域的分类授权方式;有通过公共数据主管部门作为授权主体的统一授权,也有由数源部门作为各自领域的数据持有主体分别进行授权的各类情况,但随着国家层面关于公共数据授权运营规定的出台,在鼓励各地创新探索适合自身的运营模式情况下,相关的合规标准也将更统一。

三、公共数据的运营机构

在实务中,参与公共数据授权运营的主体通常包括数源机构、实施机构、运营机构、二级数据产品开发单位、数据需求方、第三方中介机构、数据交易所等。其中,运营机构的合规性直接关系公共数据的安全以及后续的开发利用情况。

《公共数据授权运营规范》对于运营机构的规定需要注意以下几个方面。第一,该规范第6条规定,开展授权运营活动,不得滥用行政权力或市场支配地位排除、限制竞争,不得利用数据和算法、技术、资本优势等从事垄断行为。在很多公共数据授权运营模式下,运营机构目前多以国资控股企业为主,这种情况可能会涉及垄断问题,一旦涉及数据垄断,那么就存在不促进公益而滋生特权的风险。第二,运营机构应依法依规在授权范围内开展业务,不得直接或间接参与授权范围内已交付的公共数据产品和服务再开发。第三,对运营机构提

---

[1] 参见程啸主编:《数据权益与数据交易》,中国人民大学出版社2024年版,第449~455页。

出了基本的要求,即应具备数据资源加工、运营所需的管理和技术服务能力,经营状况和信用状况良好,符合国家数据安全保护要求。第四,运营机构应将授权运营范围内的公共数据资源、公共数据产品和服务,按照公共数据资源登记管理要求进行登记。

结合地方关于运营机构的合规要求,在合规方面应关注运营机构的准入条件和行为准则。

1. 运营机构的准入条件:既要保护数据安全,也要杜绝数据垄断

授权运营单位应当具备运营领域所需的技术能力、专业资质、知识人才积累和生产服务能力,并符合相应的信用条件。此外,还应当建立公共数据授权运营内部管理和安全保障制度,具备成熟的数据管理能力和数据安全保障能力。

参考《北京市公共数据专区授权运营管理办法(试行)》的规定,专区运营单位应当符合以下基本要求:(1)符合国家和本市对公共数据授权运营的有关规定;(2)经营状况良好,单位及其法定代表人无重大违法记录,未被列入失信被执行人名单、重大税收违法案件当事人名单、严重违法失信企业名单等;(3)具备满足公共数据专区运营所需的办公条件、专业团队和技术能力,包括但不限于技术、运营、管理人员等;(4)公共数据专区监管部门会同市大数据主管部门研究确定的其他条件。

《浙江省公共数据授权运营管理办法(试行)》对于运营单位从基本安全、技术安全以及应用场景安全提出了具体要求,在组织机构和制度建设方面,要求落实数据安全负责人和管理部门,建立公共数据授权运营内部管理和安全保障制度;在安全能力方面,具有符合网络安全等级保护三级标准和商用密码安全性评估要求的系统开发和运维实践经验以及具备成熟的数据管理能力和数据安全保障能力。

2. 运营机构的选定程序

在运营机构准入层面还需要特别关注程序问题。在实践中,此前存在大量地方的公共数据授权运营是直接由政府指定某个国资企业并签署授权运营协议的不合规情况。目前《公共数据授权运营规范》第12条已经明确规定,按照

法律法规要求,以公开招标、邀请招标、谈判等公平竞争方式选择运营机构,从这一规定来看,直接指定主体的方式并不可取,这也是从程序上避免行政垄断和数据垄断的风险。那么,在实务中此前已经通过指定方式获得授权资格的情况,是否需要整改以及如何整改的问题值得进一步观察。

3. 运营机构的行为准则:依法合规,在授权范围内开展业务

具体而言,运营机构不得泄露、窃取、篡改、毁损、丢失、不当利用公共数据,不得将授权运营的公共数据提供给第三方,不得用于或变相用于未经审批的应用场景;定期报告运营情况,接受公共数据主管部门对授权运营涉及的业务和信息系统、数据使用情况、安全保障能力等方面的监督检查;严格执行数据产品和服务定价、合理收益有关规定;完善公共数据安全制度,建立健全高效的技术防护和运行管理体系,确保公共数据安全,切实保护个人信息。

在授权机构行为规范方面,《浙江省公共数据授权运营管理办法(试行)》细致地规定,授权运营单位应在授权运营域内对授权运营的公共数据进行加工处理,形成数据产品和服务。加工处理公共数据应符合以下要求:(1)授权运营单位所有参与数据加工处理的人员须经实名认证、备案与审查,签订保密协议,操作行为应做到有记录、可审查。保密协议应明确保密期限和违约责任。(2)原始数据对数据加工处理人员不可见。授权运营单位使用经抽样、脱敏后的公共数据进行数据产品和服务的模型训练与验证。(3)经公共数据主管部门审核批准后,授权运营单位可将依法合规获取的社会数据导入授权运营域,与授权运营的公共数据进行融合计算。

四、公共数据授权运营协议

(一)协议主体

《公共数据授权运营规范》明确要求,实施机构应独立或会同本级有关业务主管部门,与依法选定的运营机构签订公共数据资源授权运营协议。不同地方对于公共数据授权运营协议签署主体的规定也存在不同,如《福田区公共数据授权运营暂行管理办法》要求"获得公共数据资源授权后,授权运营单位和平台合作方在开展数据开发利用前,应与区公共数据主管部门、数源单位共同签订

公共数据开发利用服务协议",此时的授权运营协议涉及四方主体。

（二）协议内容

《公共数据授权运营规范》第14条规定，公共数据资源授权运营协议内容应包括：(1)授权运营的公共数据资源范围及数据资源目录；(2)运营期限，原则上最长不超过5年；(3)拟提供的公共数据产品和服务清单及其技术标准、安全审核要求、业务规范性审核要求；(4)公共数据资源授权运营工作的技术支撑平台；(5)资产权属，包括软硬件设备、公共数据产品和服务的权属；(6)授权运营情况信息披露要求；(7)运营机构授权范围内经营成本和收入等核算要求、收益分配机制；(8)数据安全、个人信息保护要求和风险监测、应急处置措施；(9)运营成效评价，续约或退出机制；(10)违约责任；(11)争议解决方式；(12)协议变更、终止条件；(13)需要明确的其他事项。

（三）协议签署程序

实施机构应独立或会同本级有关业务主管部门，与依法选定的运营机构签订公共数据资源授权运营协议。授权运营协议内容应充分征求各方意见，并经实施机构"三重一大"决策机制审议通过后签订。省级数据主管部门、国家行业主管部门数据管理机构应做好本地区、本部门各类授权运营协议的备案管理。

（四）协议履行

公共数据主管部门应当定期对运营机构履行公共数据授权运营机制工作的落实情况进行监督检查，包含但不限于平台管理制度落实、工作人员管理等情况。对于在监督检查过程中发现的问题，公共数据主管部门可按照协议要求授权运营单位纠正，或暂停其授权运营工作，终止其授权运营协议。

五、公共数据资源登记

为促进公共数据资源合规高效开发利用，构建全国一体化公共数据资源登记体系，规范公共数据资源登记工作，《公共数据登记管理办法》于2024年10月正式出台。

（一）登记主体与客体

登记主体是指根据工作职责直接持有或管理公共数据资源，以及依法依规对授权范围的公共数据资源进行开发运营的法人或非法人组织。登记客体是公共数据资源。

（二）登记机构

登记机构是指由数据主管部门设立或指定的，提供公共数据资源登记服务的事业单位。首先，《公共数据登记管理办法》在定义中已经明确，登记机构是事业单位而非目前各地设立的地方数据交易所；其次，要推进登记服务标准化，建设国家公共数据资源登记平台，实现与各省级公共数据资源登记平台对接；最后，《公共数据登记管理办法》强调，第三方专业服务机构不得与登记机构、登记主体之间存在重叠、隶属或关联关系，强调了公共数据资源登记的独立、公正。但《公共数据登记管理办法》中并未对登记是否收费的问题作出规定。

（三）登记程序

公共数据资源登记申请类型主要包括首次登记、变更登记、更正登记、注销登记，登记程序如表9-4所示。

表9-4 公共数据资源登记流程

首次登记	登记主体在开展授权运营活动并提供数据资源或交付数据产品和服务后，在20个工作日内提交首次登记申请。本办法施行前已开展授权运营的，登记主体应按首次登记程序于本办法施行后的30个工作日内进行登记。从该规定可以看出，目前该登记属于事后登记而非实质性的事前审批
受理	登记机构应当自收到申请日起，3个工作日内予以受理
审核	登记机构应当对登记材料进行审查，自受理之日起20个工作日之内完成审核。审查未通过的，应当向登记主体说明原因
公示	审查通过后应当将有关登记信息通过登记平台向社会公示，公示期为10个工作日
注销	自受理之日起10个工作日之内完成注销

（四）登记材料

在首次登记时，登记主体需要"提交主体信息、数据合法合规性来源、数据资源情况、存证情况、产品和服务信息、应用场景信息、数据安全风险评估等申请材料"。其中，要特别关注数据合法合规性来源，这也是包括数据交易、数据入表在内的数据合规工作最关键也是最难评价的地方。结合《公共数据登记管理办法》第 9 条来看,首次登记过程中必须提交的材料中包括证明数据合法合规性来源的申请材料,运营主体要首先解决合规问题,后续才能顺利进行登记。

但登记机构对于上述材料的审查是实质性审查还是形式性审查还有待进一步明确。由于《公共数据登记管理办法》中并未详细说明证明数据合法合规性来源的文件类型,也不排除该类文件是律师事务所出具的合规评估法律意见,期待对于申请材料的详细要求能够在后续可能出台的实施细则等文件中进一步释明。

第五节　数据交易合规问题

一、数据交易发展情况概述

(一)数据交易发展背景

随着数据时代到来,数据交易日益频繁。2020 年,《中共中央、国务院关于构建更加完善的要素市场化配置体制机制的意见》首次将数据上升为第五大要素,"提出引导培育大数据交易市场,依法合规开展数据交易"。"数据二十条"明确提出,"完善和规范数据流通规则,构建促进使用和流通、场内场外相结合的交易制度体系,规范引导场外交易,培育壮大场内交易;有序发展数据跨境流通和交易,建立数据来源可确认、使用范围可界定、流通过程可追溯、安全风险可防范的数据可信流通体系"。

《数据安全法》第 19 条规定,国家建立健全数据交易管理制度,规范数据交易行为,培育数据交易市场,从法律层面奠定了数据交易市场发展的合法性基础。除国家层面出台各项政策支持数据交易活动外,各地方也积极颁布数据交易相关管理规定,以规制数据交易活动的合规发展:《上海市数据条例》第 15 条规定自然人、法人和非法人组织可以依法开展数据交易活动,并出台了《上海市促进浦东新区数据流通交易若干规定(草案)》;深圳市发布《深圳市数据交易管理暂行办法》;广西壮族自治区发布《广西数据交易管理暂行办法》等,上述文件主要从数据交易主体、交易标的、交易场所、交易行为、安全管理等方面明确数据交易的关键点,为规范数据交易活动提供法律依据。

(二)当前数据交易活动规模

1.当前数据交易活动规模

近年来,数据产业的发展速度不断加快,根据最新调查统计,2023 年,全国数据生产总量达到 32.85ZB(1 个 ZB 约等于 10 万亿字节),相当于 1000 多万个中国国家图书馆的数字资源总量。[1] 数据资源在各行业的利用促使社会运行效率不断提高,也使数据产业的发展速度不断攀升,数据交易活动规模不断扩大。中国通信标准化协会于 2024 年 7 月 16 日发布的研究报告显示,2023 年中国数据库市场规模超 520 亿元,2028 年有望达到 930.29 亿元。上海数据交易所等机构报告的分析结果为,中国数据交易行业在过去几年内经历了稳定高速增长的发展阶段,2022 年整体市场规模达到 876.8 亿元,占全球数据市场交易规模的 13.4%、亚洲的 66.5%,预计到 2030 年总规模有望突破 5000 亿元。

2.各地数据交易所的发展状况

《"十四五"数字经济发展规划》明确提出"加快数据要素市场化配置,培育数据交易主体,规范数据交易行为"。2024 年 1 月,国家数据局等 17 个部门联合印发了《"数据要素 ×"三年行动计(2024—2026 年)》,其中提出要"推动数据交易平台建设,规范数据交易行为,强化数据安全监管"。为实现数据交易活动的规范有序进行,各地均响应国家政策,推动设立数据交易所为数据交易活动提供平台,现有数据交易所大多采取国有全资或国有资本与民营资本共同运营的模式。近年来,随着数据交易场所的不断建立和完善,场内数据交易规模也有了显著增长,公开信息显示,2023 年,贵阳大数据交易所累计上架数据产品达 1480 个,交易规模超过 20 亿元,增长 400%;深圳数据交易所交易规模超 50

---

[1] 参见邱海峰:《海量数据孕育产业新力量》,载《人民日报(海外版)》2024 年 8 月 8 日,第 4 版。

亿元,增长超过300%;上海数据交易所数据交易额突破11亿元,增长达到1000%。[1]

二、数据交易的构成要素

现行法律法规并未对数据交易的概念进行界定,但依据《信息安全技术数据交易服务安全要求》(GB/T 37932-2019)关于数据交易的定义:数据交易是指数据供方和需方之间以数据商品作为交易对象,进行的以货币或货币等价物交换数据商品的行为。结合上述概念及实践中数据交易活动的一般特点,数据交易活动中主要包含交易主体、交易标的以及交易流通过程这几项基本要素。

(一)数据交易主体

数据交易活动的参与主体,包括数据供应方、数据需求方、数据商和数据服务方以及数据交易平台。贵阳大数据交易所在《数据要素流通交易规则(试行)》中主要介绍四类数据交易主体,分别是买方、卖方、数据商以及第三方数据服务中介机构。其中,数据商主要是指具备一定数据、技术和商务资质,可提供标的开发、承销、交易撮合等推介与辅导业务的企业组织;数据服务中介机构是指提供合规认证、安全评估、数据保险、资产评估、人才培训等服务企业组织。而上海市地方标准《数据交易 第1部分:数据流通交易合规指南》(征求意见稿)还将数据交易所列为参与方,并对其合规作出要求。

(二)数据交易标的

数据交易标的包括通过科学研究、产品研发、咨询服务、数据加工、数据分析等多项创新创业活动中产生的交易产品,各地法规或数据交易所规则中对交易标的的分类也有所不同。

《深圳市数据交易管理暂行办法》将交易标的划分为数据产品、数据服务、数据工具以及经主管部门同意的其他交易标的。

1. 数据产品主要包括用于交易的原始数据和加工处理后的数据衍生产品,

---

[1] 参见中国信通院:《数据交易场所发展指数研究报告(2024年)》,第15页。

最典型的数据产品包括数据集、数据分析报告、数据可视化产品、数据指数、应用程序编程接口(Application Programming Interface,API)数据、加密数据等。

2. 数据服务是指卖方提供数据处理(收集、存储、使用、加工、传输等)服务能力,包括但不限于数据采集和预处理服务、数据建模、分析处理服务、数据可视化服务、数据安全服务等。

3. 数据工具是指可实现数据服务的软硬件工具,包括但不限于数据存储和管理工具、数据采集工具、数据清洗工具、数据分析工具、数据可视化工具、数据安全工具。

《贵州省数据流通交易管理办法(试行)》则采用数据产品和服务、算力资源、算法工具、其他与数据相关的产品类型的分类方式:

1. 数据产品和服务:是指适用数据开发形成的核验接口、数据集及其他应用,或开展加工、清洗、标注、建模等数据处理服务;

2. 算力资源:包括云存储、云安全等衍生服务;

3. 算法工具:包括数据可视化、数据预测、机器学习工具等。

上海数据交易所则将数据产品标的分为:(1)数据集:数据资源经过加工处理后,形成有一定主题的、可满足用户模型化需求的数据集合;(2)数据服务:数据资源经过加工处理后,可提供定制化服务,为用户提供满足其特定信息需求的数据处理结果;(3)数据应用:数据资源经过软件、算法、模型等工具处理,或经过工具处理后可提供定制化服务,形成的解决方案。

值得关注的是,除了数据产品交易市场之外,随着数据价值的挖掘和实现,数据资产交易市场也逐渐发展:2024年6月28日,上海数据交易所上线数据资产交易服务系统,参与主体可以通过上海数据交易所进行数据资产转让、融资等价值利用行为,截至2024年10月底,公开数据显示通过该平台的数据资产交易总规模为13,760万元;[1]贵阳大数据交易所也将数据资源列入交易标的中。

此外,《上海市数据条例》《深圳市数据交易管理暂行办法》《贵州省数据流

---

[1] 资料来源:https://dam.chinadep.com/home。

通交易管理办法(试行)》等现有法规还通过负面清单的方式规定了不可交易的标的类型,包括但不限于侵犯国家安全、公共利益、商业秘密、个人隐私或其他法律法规明确规定禁止交易的标的类型。

(三)数据交易行为

数据交易涵盖交易准备、交易协商、交易合同的签订、交付与结算,以及争议处理等多个环节。

在交易准备阶段,数据卖方需基于实际情况详细披露交易标的的描述性信息、适用范围、更新频率、计费方式等,并向数据交易平台的运营机构提供具体的产品或服务样例。同时,数据买方需提供其所属行业、所需数据的具体内容、数据的使用目的等信息。数据交易平台的运营机构须对数据卖方和买方提供的信息进行严格的审核,以确保双方信息的及时性和准确性。

在交易协商环节,数据卖方和买方将针对交易的具体时间、数据的使用目的、使用期限、交付质量、交付方式、交易金额、交易参与方的安全责任、保密条款等细节进行深入讨论和协商。在此期间,数据交易平台的运营机构应提供线上撮合服务,并为数据买方提供一个安全的测试环境,以便其能够对样例数据进行充分的测试,从而确保交易过程中的数据质量和安全。

交易完成后,双方履行完毕数据产品的交易和结算义务,但鉴于数据交易的特殊性,交易结束后,双方仍需对数据安全保障义务分配等事项进行责任分配,对于某些使用方式受限的交易标的,即使在交易完成后,数据卖方也需要对数据买方的数据处理方式或标的使用方式进行持续监督。

三、数据交易的合规审查

各地数据交易所出台的管理规则文件大多按照主体、标的、流程三要素确定数据交易活动合规性的评估要点;如贵阳大数据交易所发布的《数据要素流通交易规则(试行)》分章对交易主体、交易标的、交易场所、交易流程及规则等作出明确规定;深圳数据交易所发布的《深圳数据交易所交易标的上市合规审核指引(试行)》则明确规定了交易标的上市合规审核的维度包括主体合规、标的合规、流通合规;上海数据交易所发布的《数据交易 第1部分:数据流通交易合规指南》将数据流通交易合规分为参与方合规、数据产品的合规以及场内数据流通交易过程的合规。

(一)对交易标的的合规审查重点

不同类型的交易标的内容及特点均有所不同,在进行合规审查过程中需依据不同交易标的的特定确定审查的侧重点。

1. 数据产品

从数据产品的角度看,数据产品大多为原始数据加工形成的含有数据内容的产品或衍生品,如数据集、API数据、数据分析报告等。其特点在于具有实际的数据内容,评估的要点应侧重于对数据产品涉及的数据内容、数据来源的合法性评估。

(1)针对数据内容的合法性评估

首先,数据产品类的交易标的大多包含实际的数据内容,其中以各类数据集最为常见。在对此类交易标的进行审查时,应首先审查交易标的中是否包含禁止采集的数据类型或是限制、附条件采集的数据类型。典型如相关法律法规规定禁止征信机构采集个人宗教信仰、基因、指纹、血型、病史信息等个人信息,那么这类个人信息当然不能包含在相关交易标的的内容中。

其次,应对数据内容是否侵犯其他主体的合法权益进行审查,数据内容不应存在危害国家安全、公共利益、侵犯第三方合法权益的内容,包含侵犯他人知识产权、商业秘密、隐私权或个人信息权益的数据。

最后,交易标的涵盖的数据内容应当符合信息管理相关法律法规的规定,不得包含血腥暴力、恐怖等负面信息的内容。

(2)针对数据来源的合法性评估

对于数据来源合法性的评估是数据产品合规评估的重点和难点。根据数据来源不同,主要有以下几种类型:第一,公开数据的收集:在一般情况下,公开数据所有人都有访问的权利,审核的重点在于数据的性质、获取相关数据内容的手段以及使用目的。尤其需关注数据爬虫等技术措施的使用情况。第二,自行生产的数据:主要是企业在经营生产研发及日常运营活动中产生的数据,这些数据主要包括工业和信息化数据、电信数据、金融数据等具有行业特性的数据,主要需审查数据产生及应用的独立性问题,以及是否按照相关法律规定做好管控措施。第三,直接采集的数据:包括通过互联网应用平台直接收集用户个人信息及由用户主动提交、上传的个人信息,或通过传感器等设备直接采集的数据,这类数据中如涉及个人信息,应重点审查个人信息主体授权的链路是否完整;在通过设备采集的情况下,还需要关注数据采集主体是否需要具备相关资质要求,是否存在超越权限采集的问题。第四,通过交易或授权间接获取的数据:在交易主体通过数据采购等方式获取数据的情况下,应注意审查数据采购的相关证明或取得数据授权的合法性;此外,目前公共数据授权也是很多交易产品数据来源的重要方式,应当按照相关规定审核公共数据授权的主体、程序以及授权内容是否符合法律法规的要求,避免因授权无效导致产品数据来源不合规。

2. 数据服务

针对此类交易标的,应重点审查其数据处理活动的合规性以及在数据处理过程中采取的安全保障措施。深圳市地方标准《数据交易合规评估规范》(DB4403/T 564-2024)及贵阳市大数据交易所发布的《数据交易合规性审查指南》均要求在交易标的的数据处理活动过程中需设置一定的数据安全保护措施,包括但不限于:

(1)在交易标的所在的存储区域与其他区域之间应采取可靠的技术隔离手段;

(2)对服务过程中系统中自产的数据如网络日志等保留至少6个月,对用户相关的个人信息、数据应满足存储最小化的要求;

(3)对访问交易标的进行身份标识和鉴别,身份鉴别信息具有复杂度要求并定期更换等;

(4)对于算法模型等特殊的数据服务,还需依法进行算法备案,并按照对应保护措施要求部署管理措施和技术措施。

3. 数据工具

数据工具一般是在数据处理过程中使用,包含数据采集工具、数据存储工具、数据清洗工具以及数据安全工具等。在对此类交易标的进行审查时,应重点关注相关主体对算法工具使用方式的合规性以及数据卖方对其是否享有合法权益。以贵阳市大数据交易所《数据交易合规性审查指南》对算法工具的审查要求为例，审查的重点主要包含以下几点。

一是数据卖方对算法工具的利用应当合法合规。不得利用算法服务从事危害国家安全和社会公共利益、扰乱经济秩序、侵犯他人合法权益的活动；不得利用算法实施屏蔽信息、过度推荐、操控榜单等行为，不得妨碍、破坏互联网信息服务的正常运营等。

二是要求数据卖方落实算法安全主体责任，建立健全算法机制机理审核，依法进行科技伦理审查，履行数据安全保护义务等。

（二）对流通行为合规审查要点

1. 流通对象

在审查流通对象时，需根据数据的类型和使用条件、约束机制等评估数据产品的应用场景，判断是否属于限制流通对象的产品。例如，《测绘法》第 8 条规定，外国的组织或者个人在中华人民共和国领域和中华人民共和国管辖的其他海域从事测绘活动，应当经国务院测绘地理信息主管部门会同军队测绘部门批准，并遵守中华人民共和国有关法律、行政法规的规定。那么，如果数据产品的来源为数据卖方自行采集的测绘数据，一方面，需要审核数据买方是否需要具备相关的资质和条件，从而判断数据来源的合法性；另一方面，该产品在上架前需要对流通对象进行限定，如果数据买方包含境外资本，则需要特别关注其是否能够作为流通对象进行交易。

此外，对于在限制流通场景下，数据买方在取得交易标的后，也不得再向不符合流通对象资质条件的主体进行转售。

2. 流通内容

对流通内容的审查本质上是对交易标的可流通性的审查。交易标的不得具有不可交易的内容，如可能危害国家安全、公共利益，可能侵犯第三方合法权益或具有不借助其他数据可识别特定自然人的内容。上海数据交易所《数据交易 第 1 部分：数据流通交易合规指南》还要求交易标的符合实质性加工或创新劳动的要求，即交易标的对采集和存储的数据进行实质性的筛选和处理，包括但不限于对原始数据筛选、对数据质量进行校验,对数据进行清洗、融合等或是对交易标的进行个性化、创新性、知识性劳动等。除合规性和创造性外,交易标的还应具备开展交易活动最基本的可流通性及可交易性条件,能够被合理定价和交易。

3. 流通程序

对交易标的的流通方式及流通程序的审查应当重点关注交易标的的流通是否需要取得行政许可或备案评估手续。依法需要行政许可才能流通的数据产品,应对数据交易参与方依法取得行政许可的情况进行调查,如涉及跨境流通的数据产品,还应通过相关的安全评估。此外,还需关注数据交易方内部对交易标的流通的审批流程,以保证流通程序符合其内部管理规范。

(三)对交易合同的合规审查重点

数据交易合同是在数据交易活动中用于约定双方权利义务的重要文件。数据交易各方达成交易磋商后,应在数据交易所完成线上或线下签约,合约内容应包括但不限于数据交易供需方基本信息、数据交易供需方权利和义务、保密义务、权利义务终止、违约责任、通知与送达、争议解决、应用场景限制、交付方式等。除一般合同应具备的常规条款外,数据交易合同中需要特别关注以下问题。

第一,各方可在协议中明确数据权益的归属,目前我国现行法并未对数据所有权作出明确规定,"数据二十条"将数据权属分为数据持有权、数据加工使用权以及数据产品收益权,建议交易主体在合同中对使用数据后产生的衍生数据或知识产权等权益的归属进行划分。明确数据权属对企业实现数据资产入表具有重要意义,如数据产品买方采购数据产品并进行加工处理形成数据资源,那么该数据资源在满足一定条件下是可以计入数据产品买方的资产负债表中确认为资产的。对于该数据产品买方而言,数据资产的来源其中之一就是交易采购获取,如在数据交易合同中能够明确相关的数据权益情况,则可以避免后续因数据权属问题产生纠纷。

第二,由于数据交易参与方负有数据安全保护义务,在协议中应明确:(1)交易各方在数据安全保护方面的具体要求,可列举具体应采取的安全措施或应达到的安全标准,如履行安全评估、应急预案、达到三级等保要求等;(2)权利义务及责任划分,如果发生数据安全风险事件,相互之间以及向第三方如何承担责任,承担责任的一方如何向另外一方进行追偿;(3)设定违约责任以及承担方式。

第三,针对不同交易标的的特点,在数据交易合同中应当明确该交易标的相关的特殊约定,如流通对象限制、转售限制、使用方式限制等。

第四,数据交易合同签订后,对于交易参与方负有需长期履行的义务的,应当不定期对对方的义务履行情况进行审查,存在不合规行为的应当及时要求对方改正或按照合同约定要求对方承担违约责任。对于交易流通存在限制交易对象、限制使用场景或限制流通程序的交易标的,在交易完成后,数据卖方应当对数据交易标的的情况进行持续跟踪和监督,保证交易标的的流通情况符合相应的限制要求;对于数据买方来说,可对标的的合法性情况、使用质量情况等进行性持续监督,在产品或服务和产品的质量情况不达标时及时提出改进要求,实现交易标的质量的提升。

第六节 数据资产入表实践观察与分析

2019年10月,数据正式作为新型生产要素的地位得到确认。[1] 2022年,中共中央、国务院"数据二十条"对数据的产权、流通、交易、治理、安全等做出了基础制度安排。自2024年1月1日起,财政部会计司发布的《企业数据资源相关会计处理暂行规定》(以下简称《暂行规定》)正式施行,明确数据资源可作为无形资产、存货或开发支出等资产类别纳入财务报表;配套文件《数据资产评估指导意见》为数据资产的入表和评估提供指引。至此,各地政府与企业均开始开展数据资产入表的相关实践。

---

[1] 参见《中共中央关于坚持和完善中国特色社会主义制度推进国家治理体系和治理能力现代化若干重大问题的决定》,2019年10月31日中国共产党第十九届中央委员会第四次全体会议通过。

数据资产入表引入了新的资产类型,可以有效地量化数据存在的商业价值,优化财务报表,增强企业的融资能力,进一步促进数据的流通与交易。然而,在实践中数据资产入表涉及会计、法律、合规、技术、管理、金融等多方面的问题,能否入表以及怎样入表还需要结合个案具体分析。本书对目前的入表案例进行梳理,总结入表案例特征,分析及说明企业数据资产入表的条件、基本流程以及该项工作存在的难点。

一、数据资产入表相关法律规定

(一)数据资产入表制度层面

"数据二十条"提出要构建数据基础制度,激活数据要素潜能,探索建立数据产权结构性分置制度,即"数据资源持有权、数据加工使用权、数据产品经营权",为后续数据产权制度的构建奠定基础。

《暂行规定》在会计方面明确了数据资产入表的适用范围:对于按照企业会计准则相关规定确认为无形资产或存货等资产类别的数据资源,以及企业合法拥有或控制的、预期会给企业带来经济利益的但由于不满足企业会计准则相关资产确认条件而未确认为资产的数据资源,可实现数据资产入表。如需计入"无形资产",需满足《企业会计准则第6号——无形资产》(财会〔2006〕3号)相关规定;如需计入"存货",需满足《企业会计准则第1号——存货》(财会〔2006〕3号)相关规定;对于企业正在进行数据资源研究开发项目满足资本化条件的支出金额,应当记录在"开发支出"项目下增设的"数据资源"项目中。企业应当按照企业会计准则相关规定,根据数据资源的持有目的、形成方式、业务模式,以及与数据资源有关的经济利益的预期消耗方式等,对数据资源相关交易和事项进行会计确认、计量和报告。

(二)数据资产入表操作指引层面

在数据资产入表工作的具体操作层面,目前暂无统一的法律规范指引,但随着实践的不断探索,浙江省、广东省等地也出台了相关地方或团体标准,为企业开展数据资产入表工作提供指引。

1.数据资产实现入表的前提是完成数据资产的确认。浙江省市场监督管理总局于2023年11月5日发布《数据资产确认工作指南》,明确了数据资产确认工作的工作框架、识别条件、识别确认流程等内容。

2.2023年11月,上海数据交易所在2023全球数商大会上发布《数据资产入表及评估实践与操作指南(2024)》,聚焦入表难点及评估方法,编制形成实践路线。

3.广州市南沙区粤港澳标准化和质量发展促进会于2022年12月28日发布《资产管理 数据资产确权登记导则》,对数据确权、数据认责、数据资产确权登记等内容作出指引,明确了数据资产登记的方式。

4.浙江省总会计师协会于2024年5月6日发布《资产管理 数据资产登记导则》,明确数据资产登记的相关工作指引,包括数据资产财务登记、数据资产产权登记、数据资产交易登记等。

5.2024年8月,为规范行业执行数据资源入表审计业务行为,引导数据资源入表业务的审计程序,有效防范业务风险和提升执业能力,深圳市注册会计师协会编写《企业数据资源入表会计核算流程指南》和《企业数据资源入表审计程序指导意见》,并向会计师事务所发布。

二、数据资产的形成与入表条件

(一)数据资产形成机制

1.数据要素

2020年3月,国务院发布《关于构建更加完善的要素市场化配置体制机制的意见》,将数据作为新的生产要素,数据要素已经成为全球经济增长的新引擎。

对于数据要素概念的理解,也经历了从理论研究到重视实践应用的过程。根据中国信息通信研究院2022年发布的《数据要素白皮书(2022年)》[1]对于

---

[1] 参见中国信息通信研究院:《数据要素白皮书(2022年)》,载http://www.caict.ac.cn/kxyj/qwfb/bps/202301/P020230107392254519512.pdf? eqid = fc0d948c0005d2a4000000056476a282。

数据要素的定义,"数据要素"一词是面向数字经济,在讨论生产力和生产关系的语境中对"数据"的指代,是对数据促进生产价值的强调,即数据要素指的是根据特定生产需求汇聚、整理、加工而成的计算机数据及其衍生形态,投入生产的原始数据集、标准化数据集、各类数据产品及以数据为基础产生的习题、信息和知识均可被纳入数据要素讨论的范畴。

而《数据要素白皮书(2023年)》[1]则进一步强调,数据要素概念聚焦于数据价值释放,数据要素概念的内核是提高生产效率与资源配置效率。为推动数据要素价值释放,可将具体过程分解。例如,按照供应链可分解为数据供给、数据流通、数据应用、数据安全等阶段;按照数据价值增值的阶段性目标,可分解为数据资源化、数据资产化、数据资本化或产品化等阶段,分类推进数据要素探索已经成为共识。

2. 数据资源

数据需要积累到一定规模后才能形成数据资源,数据资源不是指单一的一条或几条数据,只有当信息的广度和深度达到一定水平后,数据才能形成数据资源。相对于原始数据,数据资源已经过一定的加工处理,现时或未来会带来经济价值的数据。数据资源重要性凸显,已经成为国家重要的战略性资源,对于数据资源的开发有利于驱动社会发展,提高生产效率。

3. 数据资产

数据资产化是数据要素价值实现的核心,对数据资源进行开发利用,挖掘其价值,使其转化为数据资产,逐渐成为企业的迫切需求。2023年2月27日,中共中央、国务院印发《数字中国建设整体布局规划》,明确指出"加快建立数据产权制度,开展数据资产计价研究,建立数据要素按价值贡献参与分配机制"。

大数据技术标准推进委员会(CCSA TC601)在《数据资产管理实践白皮书(6.0版)》对"数据资产"作出定义:"由组织(政府机构、企事业单位等)合法拥有或控制的数据资源,以电子或其他方式记录,如文本、图像、语音、视频、网页、

---

[1] 参见中国信息通信研究院:《数据要素白皮书(2023年)》,载http://www.caict.ac.cn/kxyj/qwfb/bps/202309/P020230926495254355530.pdf。

数据库、传感信号等结构化或非结构化数据,可进行计量或交易,能直接或间接带来经济效益和社会效益。"

从数据资产形成的机制来看,企业数据从原始状态转化为数据资产化,具有一定的形成机制。有研究将数据资产的形成机制归纳为数据资源化、数据产品化以及数据资产化三个阶段。其中,在数据资源化过程中,企业将分散的原始数据通过采集、清洗、整合、存储等过程,构建成可供业务系统直接使用的规模化数据资源;数据产品化是在数据资源的基础上,对数据的深度开发与加工,形成可直接为用户提供价值的产品或服务的过程;数据资产化的前提是数据产品价值化,即数据产品持续服务内部或外部客户经营或决策,从而给企业带来可持续的经济利益的过程。[1]

(二)入表条件

从数据资产入表的条件来看,依据《企业会计准则——基本准则》(2014年修改)的规定,资产是指企业过去的交易或者事项形成的、由企业拥有或者控制的、预期会给企业带来经济利益的资源。符合资产定义的资源,在同时满足与该资源有关的经济利益很可能流入企业,以及该资源的成本或者价值能够可靠地计量的条件时,确认为资产。参考上述定义,企业数据资源被确定为数据资产需要满足以下要求:(1)企业过去的交易或事项形成的;(2)由企业拥有或控制的;(3)预期会给企业带来经济利益;(4)成本或价值能够可靠地计量。

综合上述对于数据资产的定义以及《暂行办法》的规定,数据资产是由企业合法拥有或控制的,预期能够给企业带来经济利益的,以物理或电子方式记录的可以进行计量或交易的数据资源。数据资产具有非实体性、依托一定的介质、表现形式多样、可加工性以及数据资产价值可能会不断变化等特点。

根据《暂行规定》的规定,计入企业资产负债表的数据资产应具备以下三个基本条件。

第一,数据由企业合法拥有或控制,即数据资产必须是企业能够合法合规控制和管理的数据资源。在实践中,常见的典型不合规情形如企业获取数据的

---

[1] 参见赵治纲编著:《数据资产入表:理论与实务》,中国财政经济出版社2024年版,第71~73页。

来源不合法(如未获得数据主体的合法授权;通过技术手段不合法地爬取获得等)或者对于数据处理和加工运营的权利并未约定或约定不明导致可能在权利归属方面存在巨大争议的数据资源,不能确认为数据资产。

第二,数据资产成本可计量,企业会计准则规定,企业应当以实际发生的交易或者事项为依据进行会计确认、计量和报告,如实反映符合确认和计量要求的各项会计要素或者其他相关信息,保证会计信息真实可靠、内容完整。

第三,数据资产可为企业带来预期经济利益。需要企业能够证明该数据资源所形成的数据产品自身存在市场;如果数据资产属于内部使用的,也需相应证明其有用性。在实践中,对于确认相关经济利益流入企业也是数据入表的一大难点,特别是针对企业内部产生使用的数据资源,经济利益流入的可能性论证往往存在困难。

《暂行规定》的出台,给企业带来了巨大的利好,企业将数据资源确认为资产,实现数据资产入表,存在以下益处:第一,可以优化企业资产负债表,在财务报表中准确反映企业数据资源的价值,第二,在企业对外融资环节能够有利于企业估值调整以及尝试更多融资方式;第三,推动数据资源向数据资产转化,有利于企业加大对数据挖掘的投入,推动数据产业的发展。同时,数据资产入表也有很多问题有待明确和解决,比如,数据资产的确权、估值以及数据安全和个人信息保护等合规问题。

三、数据资产入表流程

企业推进数据资源入表是一个系统性工作,主要包括以下步骤。

(一)数据盘点

并非所有的数据资源都可以入表,企业应首先应当对经营过程中收集或产生的数据进行数据盘点,经过数据识别、数据分类等工作确认可使用的数据资源内容,形成初步拟入表数据资源清单。

数据的盘点可以从不同维度进行,如从数据来源的维度,区分数据是自行采集、运营产生、爬取获得或者通过第三方获取;从业务的维度,是公司提供哪些产品或服务过程中所产生的数据;从系统的维度,数据的产生和存储分别是在哪些系统中；甚至是从数据权属的维度，哪些数据是自行开发收集以及加工处理且权属结构比较单一的，哪些数据涉及和第三方的共享或者委托处理，权属可能存在争议的等。

数据盘点的维度可以多样化，以求能够全面地了解数据资源的情况，也便于后续挑选合适的数据资源与商业场景进行结合，从而开发数据产品。

（二）构建数据产品化路径

数据产品化是数据商业价值实现的关键环节，也是衡量是否能够实现数据资产化的核心标准。有些企业在业务运营过程中会积累大量的原始数据，但并不一定具有很强的数据价值挖掘或数据管理经验和能力，并不清楚数据资源如何才能产生价值以及产生多大价值。因此，需要找到合适的资产以及合适的路径把数据资源转化为数据产品。

在构建数据产品化路径时，可以同时考虑数据的自用以及对外交易两个维度，企业自用提供内在价值，主要体现在为企业降本增效上；对外交易则主要是形成可以对外部客户提供的产品或服务上。

为实现数据产品化，企业应在数据盘点的基础上，综合考虑市场需求、自身的业务模式和数据开发管理能力，评估具有资产潜力的数据，明确构建数据产品化的具体模式以及路径，也是后续入表工作的前提。

（三）数据合规与确权登记

1. 数据合规

数据合规与确权是入表工作必不可少的环节，完善的数据合规体系可以有效地支撑企业数据资源持有权、数据加工使用权以及数据产品经营权的认定。在一般情况下，主要可以从三个方面进行合规性评估。

第一，数据来源的合规性。数据来源合规是合规审查的重点，在数据盘点中，各类数据的来源情况就需要如实进行说明。目前，企业数据的主要来源包括自行收集的数据（如通过 App 网站等互联网应用收集，或通过各类硬件产品收集等）；通过第三方授权或采购获得；公开数据爬取获得等，针对不同的数据来源要审核相关收集行为的合规性。

第二,数据治理的合规性。目前,我国有关数据合规与个人信息保护的法律规范繁多,基本的数据处理行为需要符合《民法典》《刑法》《数据安全法》《网络安全法》《个人信息保护法》以及具体行业规定在内的各项合规要求。

第三,数据运营的合规性。这里主要是指数据产品在运营以及对外提供产品和服务过程中的合规性,包括是否需要具备相关的运营资质(典型的如涉及征信或者金融服务的数据产品)、运营过程中的安全保障机制以及对数据产品应用上下游主体的合规监管机制及风险防范与应急机制等。

2. 数据确权

根据"数据二十条"的规定,数据资源持有权、数据加工使用权以及数据产品经营权分置,企业需确认对数据资产所享有的合法权属,进而确认企业可通过拟入表资产获得的经济收益为合法收益。

在权属方面,需要重点关注:(1)主要是指企业是否合法有效控制地对数据进行自主管控,对于控制性的体现,可通过管理权限、访问权限以及加密等技术手段的实现等方式进行实现;(2)权利内容是否清晰,是否可能与第三方发生冲突:在实践中,很多企业收集获得原始数据的时间要远远早于数据入表相关政策的出台时间,企业在前期并没有意识到数据的价值,更没有在与第三方的合同中作出明确的约定,甚至是在合同中放弃了相关潜在的权利,这就需要评估确权可能存在的风险,抑或通过事后追认的方式弥补对权属约定的空白。

3. 登记

在实践中,不少地区已通过数据资产登记、数据知识产权登记、数据产品在数据交易所上架等方式确认企业对数据资产的合法拥有或控制。目前,浙江省、广东省、山东省、江苏省、天津市等地均已出台数据知识产权登记办法;北京市、上海市、广东省等地则已出现数据资产登记的实践,由当地的数据交易所或政务服务数据管理局颁发数据资产登记证书;郑州数据交易中心则已颁发过数据产权登记证书,对数据资产的名称、类型、产权类型、登记主体等进行明确。

(四)会计核算处理及确认

相关成本能够可靠计量是数据资产入表的三大前提条件之一,由于数据资源具有特殊性,在会计层面需要合理地归集和分摊成本,保证数据资源成本的准确性和完整性。对于完成会计核算及资产入表的数据资产,需要遵循《暂行规定》的要求对数据资源相关会计信息进行披露。

四、数据资产入表实践案例盘点与分析

《暂行规定》颁布至今,已有不少企业完成了数据资产入表从 0 到 1 的探索,对此,本部分通过对目前公开披露的已入表的案例情况进行盘点,对目前数据资产入表实践情况进行分析。

（一）企业类型

本次检索范围为 2024 年 1 月 1 日至 2024 年 7 月 8 日经公开资料收集渠道检索可得数据。[1] 数据入表的主体主要有以下三种:(1)上市公司:依据上市公司 2024 年一季度报表及网络披露信息,目前有 19 家上市公司已完成数据资产入表工作;(2)国有资本控股或参股企业:目前已有 72 家国有资本控股或参股企业完成数据资产入表,均属城投类企业,不少入表企业还依据数据资产获得了融资;(3)民营企业:5 家民营企业已完成或正在开展数据入表工作(见表 9-5)。

表 9-5 已完成数据资产入表企业类型分布

类型	数量(家)
上市公司	19
城投公司	72
民营企业	5

从入表企业的类型来看,国资控股或参股企业是数据资源入表的先行者,其依靠海量的数据资源、完善的合规体系以及各地的政策支持等优势迅速开展数据入表工作。

---

[1] 本书所统计案例均来源于网络公开渠道披露信息,信息源包括但不限于各地方政府、各地相关监管部门(网信办、数据管理局、市场监督管理局等)、数据资源入表企业以及行业协会等的官方网站、官方微信公众号、各类媒体新闻报道等。

(二)行业类型

目前已经开展数据资源入表的企业所在行业相对分散。以上市公司为例,第一批数据资产入表的19家上市公司分布在13个行业中:计算机行业有8家,主要为IT服务类企业、软件开发类企业以及计算机设备类企业;此外,在交通运输、建筑装饰、传媒、医药生物、钢铁、通信、基础化工、电子等行业也均有入表的代表性企业,由此可见,上市公司入表案例,其行业分布具有一定分散性,也显示出数据资源涉及的领域非常广泛。

值得注意的是,在涉及计算机服务的行业中,与人工智能、智慧城市相关领域的数据资产入表情况更为普遍(如开普云、恒信东方、每日互动、佳华科技、海天瑞声等),而这类企业往往也属于数据驱动型企业,数据资产已经成为企业关键的核心资产,数据深度融入企业决策运营和业务中,能够实现数据持续对企业驱动并创造价值(见表9-6)。

表9-6 已完成数据资产入表上市公司的行业分布

行业类型	公司	数量(家)
计算机	海天瑞声、每日互动、中远海科、航天宏图、拓尔思、佳华科技、开普云、神州数码	8
交通运输	青岛港、山东高速	2
建筑设计	浙江交科、中交设计	2
传媒	卓创资讯、中文在线	2
医药生物	美年健康	1
钢铁	南钢股份	1
通信	恒信东方	1
基础化工	平安电工	1
电子	博敏电子	1

从国有企业的入表实践情况来看,截至2024年7月初,完成数据资产入表

的均为城投公司或类城投公司。[1] 大量城投公司开启数据资产化进程,拟通过数据资产化为公司优化财务报表,以期获取融资,而完成数据资产入表正是为城投公司以数据资产授信融资奠基的关键。

(三)入表数据类型

在已完成入表工作的上市公司中,只有4家公司在报表中披露了数据资产的具体类型和产品情况(见表9-7)。

其他上市公司虽然在资产负债表中体现了数据资产价值,但并未披露具体产品情况。结合其主营业务来看,可能涉及的企业数据资源类型包括:工业相关领域数据生产流程数据、质量控制数据、基建工程项目数据、施工管理数据、养护维护数、数字阅读数据、IP开发数据、教育数据等、大宗商品市场数据、交易价格数据、行业分析数据;交通流量数据、收费数据、路况监测数据等;勘察设计数据、工程项目数据、项目管理数据等;港口物流数据、货物处理数据、金融服务数据等;环境监测数据、智慧城市运行数据、用户行为数据;智能网联汽车数据等。

表9-7 已披露数据资产的具体类型和产品情况

名称	数据产品
美年健康 (002044.SZ)	【健康类数据集】报告期内,公司的数据资源进一步落地应用,基于独有的累计过亿人次的影像数据及2亿人次的结构化健康数据和流量

---

[1] 根据国务院《关于加强地方政府融资平台公司管理有关问题的通知》(国发〔2010〕19号)、国家发展改革委办公厅《关于进一步规范地方政府投融资平台公司发行债券行为有关问题的通知》(发改办财金〔2010〕2881号)规定,城投平台是指由地方政府及其部门和机构等通过财政拨款或注入土地、股权等资产设立,从事政府制定或委托的公益性或准公益性项目的融资、投资、建设和运营,拥有独立法人资格的经济实体。由于缺乏更具体的判断标准,此处认为满足以下两个条件则为城投平台:第一,公司实际控制人为地方国企;第二,公司所从事业务是帮助地方政府完成某项职能。在本定义下,"城投公司"指城市投资平台及其关联公司;"类城投公司"指由地方国资委或地方财政厅控股并服务于公益性、准公益性项目的公司。

续表

名称	数据产品
中远海科 (002401.SZ)	【航海类数据产品】 公司"船视宝"系列产品是以船舶航行全生命周期行为的智能识别技术为基础推出的数字化产品,构建一系列面向船舶、港口、航线的分析、预测和预警模型,"船视宝"系列产品在全球船舶位置数据基础上,对船舶、港口、船期、气象及相关业务系统信息进行数据集成,建立高质量的航运大数据集作为关键生产要素。 面向不同用户研发出调度宝、港口宝、航安宝、低碳宝、搜救宝、应急宝等13个PC端SaaS产品,准时宝、查船查港、台风气象、港口日历等42个小程序,71个智能场景应用,可以通过SaaS、API(应用编程接口)、半定制化等方式提供服务
航天宏图 (688066.SH)	【航空类信息服务】继续建设女娲星座,通过SAR卫星星座和无人机数据采集,实现空天数据融合,拓展数据要素市场和"一带一路"国家的空天信息服务市场
海天瑞声 (688787.SH)	【AI类数据集】"大语言模型中文对话预训练数据集""语音大模型(声音复刻、歌曲)微调数据集""视觉大模型(图文生成)预训练及微调数据集"等方向的数据能力建设
神州数码 (000034.SZ)	【"神州数码金服云"数据应用】,通过"科技+产业+金融"三方优势融合,实现资金资产多向赋能

目前,城投公司及类城投公司入表的数据资产来源主要为:一是政府部门及相关单位拥有的公共数据,企业可通过特定的公共数据授权经营机制获取相关数据;二是自身业务经营积累的企业数据;三是来自集团业务数据的授权经营。

从数据资产的具体内容来看,主要包括公用事业(包括智能城市、供水、供热、供气、城市公交、排水、污水、垃圾处理、园林绿化、环境卫生等数据)、交通运输、工农业产业数据等。在这些案例中,绝大多数入表数据资源均涉及公共事业管理数据,公共数据的开发利用持续升温。

(四)入表会计科目

目前,中国境内股票市场共有上市公司5346家,其中仅有19家上市公司将数据资源计入资产负债表中。其中,将数据资产计入"存货"的仅有海天瑞声(688787.SH);计入"无形资产"的共有11家企业;计入"开发支出"的共有4家企业,同时计入无形资产、开发支出的共有2家企业(见表9-8)。除此之外,神州数码在一季报中尚未体现入表资源,但于2024年6月成功将金服云数据产品作为无形资产,纳入企业财务报表。[1]

值得注意的是,一季报中中信重工(601608.SH)、金龙汽车(600686.SH)、中闽能源(600163.SH)、山东钢铁(600022.SH)、喜临门(503008.SH)曾经将数据资产计入"流动资产—存货"科目,但均在更正公告中删除。[2] 更正后,上述公司无数据资产入表(见表9-8)。

表9-8 数据资产计入的会计科目统计

会计科目	公司	总数(家)
流动资产—存货	海天瑞声(688787.SH)	1
非流动资产—无形资产	恒信东方(300081.SZ)、平安电工(001359.SZ)、中远海科(002401.SZ)、中文在线(300364.SZ)、每日互动(300766.SZ)、卓创资讯(301299.SZ)、山东高速(600350.SH)、中交设计(600720.SH)、青岛港(601298.SH)、博敏电子(603936.SH)、航天宏图(688066.SH)、神州数码(000034.SZ)	11
非流动资产—开发支出	美年健康(002044.SZ)、浙江交科(002061.SZ)、拓尔思(3000229.SZ)、佳华科技(688051.SH)	4
同时计入无形资产、开发支出	南钢股份(600282.SH)、开普云(688228.SH)	2

---

[1] 参见《深圳卫视特别关注!神州数码打造数据资产入表新典范》,载微信公众号"神州数码集团"2024年7月3日,https://mp.weixin.qq.com/s/9xCem_cbO12JupKl_m6iTw。

[2] 参见详情可见:中信重工2024年第一季度报告(更正后),2024年5月14日;金龙汽车2024年第一季度报告(更正后),2024年5月8日;中闽能源2024年第一季度报告(更正后),2024年5月6日;山东钢铁2024年第一季度报告(更正后),2024年5月10日;喜临门2024年第一季度报告(更正后),2024年5月7日。

(五)入表金额

从金额看,相对于入表企业的总资产规模而言,入表资产金额也比较保守谨慎,这也与会计准则要求以成本法计量有关。根据上市公司的入表金额来看,不同上市公司计入资产负债表中的"数据资源"项目金额自258,518元至24,603,317.34元不等,数据资产在企业总资产中的占比自0.0004%至1.29%不等;而多数城投及类城投公司未公开已入表数据资产金额;根据数据资产获得的融资情况来看,融资金额自500万元至3000万元不等。

(六)数据资产融资利用

数据资产先形成企业财务报表中的资产,再以报表资产为基础推进数据资产的市场价值评估测算,从而进入交易流通市场发挥金融属性,这是数据资产化乃至证券化的一条路径。目前,依据数据资产开展各类融资应用的探索正在进行。

1. 数据作价入股:2023年,青岛华通智能科技研究院有限公司、青岛北岸数字科技集团有限公司、翼方健数(山东)信息科技有限公司三方举行了数据资产作价投资入股签约仪式。[1]

2. 数据资产质押融资:2024年7月,神州数码与中国建设银行深圳分行、深圳数据交易所共同签署合作备忘录,神州数码成功将金服云数据产品作为数据资产纳入企业财务报表,并获得建设银行深圳分行授信融资3000万元。[2]

3. 数据资产无质押融资:柳州市东科智慧城市投资开发有限公司以柳州市车联网先导区项目形成的不同数据资产,分别获得广西北部湾银行柳州科技支行数据资产质押贷款1000万元、柳州银行科技支行数据资产无质押贷款1000

---

[1] 参见青岛市大数据发展管理局:《推动数据资产化 释放数据新价值 青岛率先开展"数据资产作价入股签约"》,载山东省大数据局,http://bdb.shandong.gov.cn/art/2023/9/26/art_76148_10320053.html。

[2] 参见中国金融新闻网:《全国首笔大中型数据资产质押融资落地》,载中国金融新闻网,https://www.financialnews.com.cn/2024-07/08/content_404025.html。

万元。这是广西设区市企业完成的首单数据资产融资。[1]

4. 数据信托:2023 年 4 月"中诚信托数据资产 1 号财产权信托"成为我国首个落地的数据信托制度创新项目。

5. 数据资产损失保险:深圳数据交易所和国任保险联合设计了数据资产损失保险产品,其首张保单的投保方为深圳优钱信息技术有限公司。该保单为优钱科技的环境、社会和治理(ESG 数据)提供累计赔偿限额 100 万元人民币的数据资产损失费用保障。数据损失保险主要覆盖数据资产损失费用或重置恢复的费用。[2]

从目前通过已入表数据资产获取融资的实践案例来看,企业采取的主要融资方式还是以权利质押贷款或无质押贷款融资为主,对于涉及数据资产证券化等新兴融资方式仍然较为谨慎。

五、结语

综合目前的入表实践情况可以看到,从行业类型以及企业类型看,完成数据资源入表的大多属于数据资源较为丰富的行业(如互联网产业、智慧城市、交通等)以及数据驱动型企业,以上市公司或数据资源丰富、有较高融资需求的城投及类城投公司为主。这类企业本身具有大量数据资源且具有一定数据治理的能力,入表条件更为成熟,入表工作开展起来也更为高效。

虽已有成功案例呈现,但总体数量并不多,大部分企业对于数据资产入表还在观望和准备阶段,主要也是因为目前我国大部分企业数据治理能力不够,导致在入表前先需要进行大量的合规梳理、数据治理以及数据价值挖掘等准备工作。此外,数据入表对企业资产起多大的积极效果,也是值得进一步观察的问题,企业在开展入表工作以前,一定会衡量入表工作耗费的时间精力与其对

---

[1] 参见《南国今报》:《广西设区市首单数据资产融资完成 柳州一企业获贷款 2000 万元》,载广西壮族自治区大数据发展局 2024 年 6 月 6 日,http://dsjfzj.gxzf.gov.cn/dtyw/dtywsxzx/t18530486.shtml。

[2] 参见 21 世纪经济报道:《全国首单数据资产损失保险落地 推动数据从资源向资产转化》,载网易 2024 年 6 月 18 日,https://www.163.com/dy/article/J4VLF35O05199NPP.html。

企业财务产生积极效果的投入产出比,这也导致很多企业把"入表"仅仅当成短期宣传任务和面子工程,而非长久的企业数据战略。

在实践中,数据入表工作也是困难重重,在目前仍不具备法律指引明细及标准化数据资产入表范本案例的背景下,数据权属如何确认、如何保障数据主体的合法权益、如何准确进行成本计量等仍是需要审慎对待的问题。期待未来更多的创新实践,也希望市场主体怀着谨慎的态度对待入表工作,为企业数据资产在入表过程中可能遇到的法律和会计层面的挑战积极寻找解决方案。而企业也更应借助数据入表工作,培养企业重视数据开发、合法使用数据的意识和能力,重视企业数字化能力建设,从而真正有助于发挥数据要素价值。

第十章 数据及个人信息权益保护的司法实践

数据的使用和处理活动以及数据的流通交易必然涉及各类主体的权益,我国立法尚未对数据权益的权属和法律性质进行明确界定,学术界对数据权益属于"物权说"、"知识产权说"还是"新型财产权说"等学说也分歧巨大,"数据二十条"创新性地提出了公共数据、企业数据和个人数据三种类型以及数据资源持有权、数据加工使用权和数据产品经营权分置的理念。尽管关于数据权属等问题存在如此多的激烈争议,但面对现实经济中明显需要救济的损害,司法机关也在个案中不断探索各类法益的平衡,本章将结合实践案例,对数据及个人信息保护的实践情况进行分析讨论。

第一节 个人信息权益保护的典型模式

一、个人信息保护公益诉讼

个人信息是数字时代的社会性资源与生产性要素,它不但是政府实现社会治理数字化、科学化、现代化的重要支撑,而且关涉公共安全管理与国家数据安全治理,因此,个人信息同时兼具私人利益和公共利益的属性。随着互联网经济的发展,个人信息处理者往往处理着大量的个人信息数量,涉及的个人信息主体也极为庞大,因此,一旦出现个人信息泄露、非法获取和利用等风险事件或违法事件,将侵害众多个人的合法权益,而在这种情况下,因涉及的人数众多,在个人缺乏直接利害关系或考虑维权成本的情况下,往往不会直接起诉,因此,需要在个人信息保护领域建立公益诉讼制度,从而更好地维护公共利益。

(一)基本概念及法律依据

公益诉讼主要是指由法律规定的特定主体为社会公共利益提起的诉讼活动。依据被诉对象的不同,公益诉讼可进一步分为民事公益诉讼、行政公益诉讼和刑事附带民事公益诉讼。

民事公益诉讼是指个人信息处理者违法处理个人信息,侵害众多个人的权益的,消费者组织和由国家网信部门确定的组织未提起诉讼时,检察机关可以直接起诉;消费者组织和由国家网信部门确定的组织提起诉讼时,检察机关可以支持起诉。

行政公益诉讼是指检察机关发现履行个人信息保护职责的部门未履行职责时,应当向相关机关提出检察建议,督促其依法履行职责。相关机关不依法履行职责的,检察机关可以向人民法院提起诉讼。

刑事附带民事公益诉讼是指检察机关提起刑事公诉时,可以向人民法院一并提起附带民事公益诉讼。

为了保护个人信息公共利益,2021年《人脸识别司法解释》第14条[1]规定了涉及处理人脸信息的民事公益诉讼制度。随后,《个人信息保护法》出台,专门设立第70条[2]为个人信息保护公益诉讼提供了正式的法律依据。2021年8月,《最高人民检察院关于贯彻执行个人信息保护法推进个人信息保护公益诉讼检察工作的通知》发布,明确了个人信息保护公益诉讼办案重点,个人信息保护领域监管及执法力度再次加码,即意味着企业违反个人信息监管要求将会面临更为严格的执法力度以及更重的法律责任。2022年1月1日生效的《深圳经济特区数据条例》在地方立法中首次确立了数据领域的公益诉讼制度,明

---

[1] 《人脸识别司法解释》第14条规定:信息处理者处理人脸信息的行为符合《民事诉讼法》第55条、《消费者权益保护法》第47条或者其他法律关于民事公益诉讼的相关规定,法律规定的机关和有关组织提起民事公益诉讼的,人民法院应予受理。

[2] 《个人信息保护法》第70条规定:个人信息处理者违反本法规定处理个人信息,侵害众多个人的权益的,人民检察院、法律规定的消费者组织和由国家网信部门确定的组织可以依法向人民法院提起诉讼。

确赋予检察机关就数据纠纷提起民事公益诉讼、行政公益诉讼的职能。

(二)提起个人信息保护公益诉讼的条件

提起个人信息保护公益诉讼的条件主要包括以下几个方面。

1. 违法处理个人信息:《个人信息保护法》等相关法律法规对于个人信息处理活动的全生命周期的合规性提出了规范要求,同时,也有相关的标准文件为个人信息处理者提供具体的合规操作指南,如果个人信息处理者未履行法定的合规义务,就存在违法性。

2. 侵害众多个人的信息权益:"众多"一词强调所涉利益的数量,但尚未对多少数量才能达到公益诉讼的起诉门槛作出明确解释。在实践中,有待监管部门出台相关文件予以确定。但对于"众多"的理解也不应仅从数量上机械地认定,应结合公共利益综合考虑,参考发布的《最高人民检察院关于贯彻执行个人信息保护法推进个人信息保护公益诉讼检察工作的通知》,规定各级检察机关在履行公益诉讼检察职责时应当突出重点,可从涉及个人信息主体数量、数据敏感程度、群体的分布情况、弱势或特殊群体情况以及潜在的受害群体、所属行业特性、处理100万人以上的大规模个人信息等情况综合考虑。

(三)提起个人信息保护公益诉讼的主体及被告

1. 个人信息保护公益诉讼的原告包括以下三类主体:

(1)人民检察院:根据《民事诉讼法》第58条的规定,人民检察院在履行职责中发现破坏生态环境和资源保护、食品药品安全领域侵害众多消费者合法权益等损害社会公共利益的行为,在没有前款规定的机关和组织或者前款规定的机关和组织不提起诉讼的情况下,可以向人民法院提起诉讼,这一规定明确了人民检察院可以作为民事公益诉讼的原告。在实践中,有关个人信息保护公益诉讼的案件,绝大部分也是由人民检察院作为起诉主体。

(2)法律规定的消费者组织:《消费者权益保护法》第47条规定,对侵害众多消费者合法权益的行为,中国消费者协会以及在省、自治区、直辖市设立的消费者协会,可以向人民法院提起诉讼。如个人信息处理者违法处理个人信息侵犯众多消费者合法权益,消费者协会组织也可以提起公益诉讼。

（3）由国家网信部门确定的组织：国家网信部门根据法律法规和规章所规定的条件确定的组织才能提起个人信息保护公益诉讼。

2. 个人信息保护公益诉讼的被告：从《个人信息保护法》第70条的规定来看，所有个人信息处理者都可能成为被告。本条并不适用于国家机关，尽管国家行政机关也是个人信息处理者，也应履行个人信息保护的义务，对于国家机关的监督机制主要参考本法第68条。

（四）个人信息权益保护公益诉讼类型及典型案例

2023年3月，最高人民检察院发布8例个人信息保护公益诉讼典型案例，类型包括行政公益诉讼、民事公益诉讼以及刑事附带民事公益诉讼。

1. 民事公益诉讼——浙江省杭州市余杭区人民检察院诉某网络科技有限公司侵害公民个人信息民事公益诉讼案

浙江省杭州市某网络科技有限公司开发经营的一款音乐视频教学类App，存在未经用户同意收集使用个人信息、违反必要原则收集与其提供的服务无关的个人信息、未公开收集使用规则等情形，违法违规收集、存储用户个人信息，侵害了不特定公民的合法权益，致使社会公共利益受到侵害。

2019年5月，浙江省杭州市余杭区人民检察院（以下简称余杭区院）在开展公民个人信息保护专项监督行动中发现，App强制授权、过度索权、超范围收集个人信息等问题突出，针对辖区内企业开发经营的10余款App存在违法违规收集用户个人信息的违法行为，向相关行政机关发出诉前检察建议，督促行政机关依法整治并开展专项治理。在跟进监督过程中，余杭区院发现，对于公民个人信息被App违法收集后的处置问题，众多受侵害用户的合法权益无法通过行政公益诉讼得到维护，遂决定通过民事公益诉讼的路径解决这一问题。2020年6月23日，余杭区院依法向杭州互联网法院提起民事公益诉讼，诉请被告某网络科技有限公司停止违法违规收集、储存、使用个人信息并公开赔礼道歉。

2020年9月9日，法院公开开庭审理本案。在庭审中，公益诉讼起诉人出示案涉App违法违规收集个人信息的电子数据等证据，充分阐述社会公共利益受损的情况，被告同意履行检察机关提出的全部诉讼请求。双方当庭达成调解协议:被告立即删除违法违规收集、储存的全部用户个人信息1100余万条;在《法治日报》及案涉App首页公开赔礼道歉;承诺今后合法合规经营,若存在违反协议约定的行为,将自愿支付50万元违约金用于全国性个人信息保护公益基金的公益支出。

达成调解协议后,余杭区院引入第三方代表评估,由网信部门认可的检测机构对整改情况进行合规检测,确保调解协议执行到位。2020年11月18日,经检察机关跟进监督,调解协议内容已全部履行到位。

在App侵犯公民个人信息权益的情况下,公民面对App侵权行为存在取证难、维权成本高等问题,难以通过私益诉讼获得有效救济。检察机关针对App过度采集并存储大量个人信息的公益侵害问题,通过民事公益诉讼追究App服务提供者的侵权责任,能够有效地维护保护公民个人信息不受继续侵害。

2. 行政公益诉讼——甘肃省平凉市人民检察院督促整治快递单泄露公民个人信息行政公益诉讼案,邮政局负责进行专项整改

2020年6月29日,甘肃省平凉市人民检察院(以下简称平凉市院)收到群众举报:甘肃省平凉市辖区内多家快递企业的快递单未对用户个人信息采取隐匿化等有效保护措施,直接显示客户姓名、电话号码等个人信息,存在泄露公民个人信息重大隐患,于2020年8月11日立案调查。平凉市院通过对快递单拍照取证、走访营业网点、询问相关人员等方式,查明辖区各快递企业的快递单均未对收寄人姓名、手机号等采取隐匿措施,也未进行信息安全提醒。

对此,平凉市院通过微信小程序开展随机问卷调查,在参与调查的群众中,90.59%的人认为快递单可能泄露个人信息;98.82%的人希望对快递单上的个人信息采取隐藏等保护措施;100%的人认为有必要加大对快递行业个人信息保护的监管力度。

在办案过程中,平凉市院与平凉市邮政管理局(以下简称市邮政局)就完善快递单个人信息保护措施进行多次磋商,并组织召开听证会,邀请人民代表大会代表、中国人民政治协商会议委员、人民监督员、律师、公益诉讼志愿者作为听证员。会上播放了快递单泄露公民信息新闻调查短片,讲解了相关法律政

策,进行了多媒体示证,听取了市邮政局和快递企业代表意见。听证员一致认为:平凉市普遍存在快递单泄露公民个人信息风险,市邮政局对快递行业个人信息安全管理不到位,应当加强监管。2020年9月8日,平凉市院向市邮政局发出诉前检察建议,建议其依法全面履行快递市场安全监督管理职责,督促快递企业采取有效手段保护用户信息安全。

收到检察建议后,市邮政局印发《关于切实做好邮政行业用户信息安全保护的通知》并进行专项整改。对快递企业负责人集体约谈,要求快递企业规范管理和定期销毁快递运单,杜绝倒卖用户信息前科人员从事快递行业,对快递单采取隐匿化技术处理等措施;开展公民个人信息安全法治宣传,对快递员进行用户信息安全培训。

2020年10月14日,市邮政局就整改情况向平凉市院进行了书面回复。经抽样调查,有的快递企业在运单加盖了个人信息保护提示印章,有的在快递网点和快递车悬挂了信息安全提醒标语。顺丰快递单和快递员通信终端用户手机号已全部实现隐匿化技术处理。其他快递企业正在参照推进。各快递企业销毁纸质运单105万份,所有快递企业今后不再留存纸质运单。

检察机关聚焦民生关切,依法能动履行公益诉讼检察职能,通过随机问卷调查听取社情民意,通过诉前磋商和公开听证与行政机关和快递企业代表进行会商,共同提出切实可行的保护方案,依法监督行政机关依法全面履行监管职责,督促快递企业多方面完善公民个人信息保护措施。

3. 刑事附带民事公益诉讼——上海市宝山区人民检察院诉H科技有限公司、韩某某等人侵犯公民个人信息刑事附带民事公益诉讼案

H科技有限公司(以下简称H公司)主要从事网络游戏及相关产品研发和技术咨询,韩某某担任经理。2019年2月,该公司设立"数迈网",为数据信息交易提供平台,并雇用杨某某、黄某某、管某某参与运营。其间,韩某某明知用户上传数据中有大量个人信息,仍为非法交易个人信息提供平台。网站涉及确切有用的个人信息共37万余条,交易数量达3万余条。软件工程师管某某明知网站有买卖个人信息行为,仍帮助推送关键字搜索。2019年2月,陈某某注册"数迈网"会员,并上传其在"某公司天猫旗舰店"就职时获取的淘宝买家姓

名、手机号、收货地址等数据信息 5757 条,欲贩卖牟利。

2019 年 11 月 25 日,宝山区人民检察院(以下简称宝山区院)对韩某某等人以侵犯公民个人信息罪向宝山区人民法院提起公诉。同时,宝山区院对 H 公司、韩某某等人侵害社会公共利益的行为提起刑事附带民事公益诉讼。针对本案中网站服务器、QQ 中保存的公民个人信息仍存在被传播、买卖的危险,宝山区院积极探索侵权责任承担方式,除要求被告在国家级新闻媒体上向社会公开赔礼道歉、赔偿损失之外,还向法院提出要求关闭网站、注销侵权用 QQ 号码并永久删除保存在 QQ 内的公民个人信息数据的诉讼请求。

宝山区人民法院经公开开庭审理,于 2020 年 3 月 27 日作出一审判决,在附带民事公益诉讼部分,判决被告 H 公司、韩某某等人连带赔偿损失人民币 3900 元,被告黄某某在上述赔偿款 3600 元范围内承担连带赔偿责任;H 公司关闭"数迈网"网站;H 公司、韩某某等人注销买卖公民个人信息所用 QQ 号码,并永久删除保存在 QQ 内的公民个人信息数据;H 公司、韩某某等人在国家级媒体上向社会公众赔礼道歉。一审判决后,刑事案件被告人提起上诉,二审判决维持原判。

为促进源头治理,宝山区院将案件中"某公司天猫旗舰店"涉嫌违法的线索移送有管辖权的广东省广州市白云区人民检察院(以下简称白云区院),并就调查取证等工作开展跨省协作。白云区院审查线索后以行政公益诉讼立案,并与负有监督管理职责的行政机关进行磋商。行政机关认定"某公司天猫旗舰店"的经营公司在执行网络安全信息制度的防范措施上存在明显漏洞,遂对该公司立案调查,并针对咨询、房地产中介、汽车销售、保险等重点行业发出预警信息公告,开展系统治理。

从该案件的办理可以看到,对刑事附带民事公益诉讼被告的确定不能囿于刑事被告人范围,应结合个案情况具体明确侵权人。通过追究网络运营者的民事侵权责任,警示网络运营主体落实网络安全保护责任,加强内部安全管理、规范操作规程。针对网络侵害的跨地域性等特点,检察机关跨省协作以及协同相关行政机关共同治理侵害个人信息行为,有利于互联网领域损害公益问题的系统治理、综合治理、源头治理。

二、个人信息权益的私法保护

尽管前文已说明目前我国构建了个人信息保护公益诉讼机制,但公益诉讼和行政监管都存在执法力量有限的难题,《个人信息保护法》确定了公法和私法并行保护的路径,第50条和第69条即构成对个人信息的私法保护。

《个人信息保护法》第四章对"个人信息权利"进行了定义,构建了个人在信息处理活动中享有的法定权利,包括知情权、决定权、限制权、拒绝权、查阅权、复制权、可携带权、更正权、删除权等,第50条第1款[1]规定了个人信息处理者应当建立相应的主体响应机制以保护个人信息主体的权益;当个人信息处理者拒不响应或无正当理由拒绝上述权利,个人可依据《个人信息保护法》第50条第2款的规定向法院起诉,保障了个人信息处理中的程序性权利。

《个人信息保护法》第69条[2]主要规定了侵害个人信息权益的侵权责任。近几年,随着公民保护个人信息意识的增强,涉及个人信息维权纠纷的案件数量也显著提高。在个人信息侵权责任方面的认定主要包括几个方面。第一,个人信息处理行为侵害了个人信息权益,侵害个人信息权益的加害行为必须是个人信息处理行为,包括个人信息的收集、存储、使用、加工、传输、提供、公开等行为。这些行为既包括作为,也包括不作为。例如,非法收集个人信息、非法使用和对外提供个人信息、未按照法律和约定采取相应技术和管理措施导致信息被泄露、损毁丢失等。只有当个人信息处理行为侵害了个人信息权益,才构成加害行为,才可能由此产生相应的侵权责任。一方面,侵害个人信息的个人信息处理行为往往违反了法律关于个人信息保护的法律规定,属于违法行为;另一方面,非法的个人信息处理行为并非都侵害个人信息权益。第二,个人信息处

---

[1] 《个人信息保护法》第50条规定:个人信息处理者应当建立便捷的个人行使权利的申请受理和处理机制。拒绝个人行使权利的请求的,应当说明理由。个人信息处理者拒绝个人行使权利的请求的,个人可以依法向人民法院提起诉讼。

[2] 《个人信息保护法》第69条规定:处理个人信息侵害个人信息权益造成损害,个人信息处理者不能证明自己没有过错的,应当承担损害赔偿等侵权责任。前款规定的损害赔偿责任按个人因此受到的损失或者个人信息处理者因此获得的利益确定;个人因此受到的损失和个人信息处理者因此获得的利益难以确定的,根据实际情况确定赔偿数额。

理行为与个人信息权益被侵害之间存在因果关系。第三,个人信息处理者具有过错。第四,信息处理者的行为造成了损害。损害是所有损害赔偿责任的必备要件,没有损害就没有赔偿。在侵害个人信息权益的侵权赔偿纠纷中,原告要求被告承担侵权赔偿责任,就必须证明自己因此遭受的损害。损害既包括财产损失或财产损害,也包括精神损失或精神损害。

以下介绍常见的通过民事诉讼保护个人信息权益的情形。

(一)收集个人信息的侵权行为

个人信息处理者的收集行为是最容易产生侵权的情形,因此,此类侵权行为也是最为常见的侵权纠纷类型。依据《个人信息保护法》等的相关规定,收集个人信息应事先征得个人信息主体同意,或依法取得其他合法性基础,未事先征得个人信息主体同意收集个人信息的,属于侵犯个人信息权益的违法行为。需要注意的是,在实践中,也存在很多经营者通过种种方式变相强制要求用户同意收集个人信息的情况,导致个人信息主体在不自由或不自愿的情况下,强迫或变相强迫地作出,这种"同意"也不能被认定为有效同意。

在"孔某诉北京南锣肥猫餐饮有限公司个人信息保护纠纷案"[1]中,北京南锣肥猫餐饮有限公司(以下简称被告)推出了手机扫码点餐服务,要求消费者使用微信扫描二维码并关注公众号进行线上点餐。若不同意授权获取个人信息,则无法使用该服务。2021年7月,孔某在被告门店用餐时选择了手机扫码点餐,并在此过程中成为公司的会员。后来孔某取消关注公众号,发现个人信息仍被保留在被告处,无法自行删除。孔某因此将被告告上法庭,要求停止侵害个人信息权益、告知信息处理情况、赔礼道歉并赔偿相关损失。2023年10月20日,北京市第三中级人民法院作出终审,判决被告向原告书面告知处理孔某个人信息的范围、方式,向原告进行书面赔礼道歉,赔偿原告公证费5000元。

经营者通过扫码点餐等方式收集和处理个人信息时,应当遵循合法、正当、必要原则,首先,该经营者要求必须扫码关注公众号收集个人信息才能进行点

---

[1] 北京市第三中级人民法院民事判决书,(2023)京03民终10254号。

餐的行为,本身就不具备收集个人信息的必要性,以变相强制的方式收集个人信息已经构成侵权;其次,即便是征得消费者同意,也应在授权同意的范围内处理消费者个人信息,不得过度处理;最后,要保证个人信息主体的删除权,对个人信息的存储时间应限定在必要期限内。

App目前是很多经营者常见的个人信息收集工具,其中也存在很多侵权问题:在"罗某与深圳某科技公司个人信息保护纠纷案"[1]中,原告罗某诉称,被告深圳某科技公司作为某App运营者在未告知隐私政策的情况下,要求用户必须填写"姓名""职业""学习目的""英语水平"等内容才能完成登录,属于强制收集用户画像信息。故诉至法院,要求法院判令被告向原告提供原告的个人信息副本、停止侵权、删除个人信息、赔礼道歉并赔偿损失。被告辩称,根据被告服务的性质,需根据不同用户需求,为用户推荐合适的服务内容,因此,收集相关标签是提供服务所必需,并未违反个人信息收集的必要性原则。法院经审理查明,原告在登录涉案网站和App时,需填写个人基本信息和用户画像信息,上述过程中并无"跳过""拒绝"等选项,也无关于同意收集个人信息的提示。

法院经审理认为,根据已查明的事实,由于被告在未经原告允许的情况下为原告配置了账户和密码,导致原告登录被告网站和软件时与一般用户注册界面不同,未经过勾选个人信息相关知情同意的步骤,直接进入登录页面,因此,被告在原告登录过程中收集用户画像信息,未事先征得原告同意。在此基础上,原告主张,即使勾选了同意界面,被告在登录环节强制收集非必要信息,仍构成侵权。在本案中,涉案软件在用户首次登录界面要求用户提交职业类型、学龄阶段、英语水平等相关信息,未设置"跳过""拒绝"等不同意提交相关信息情况下的登录方式,使提交相关信息成为成功登录、进入功能使用首页的唯一方式。此种同意方式是在信息主体不自由或不自愿的情况下,强迫或变相强迫地作出,不能被认定为有效同意。

(二)处理和使用个人信息的侵权行为

在个人信息的处理和使用环节,也常出现个人信息处理者超越授权范围使

---

[1] 罗某与深圳某科技公司个人信息保护纠纷案——北京互联网法院个人信息保护典型案例之三。

用个人信息或在处理个人信息过程中对个人信息主体造成其他不利影响,并因此导致双方之间产生纠纷。

在"黄某诉深圳某计算机公司等隐私权、个人信息保护纠纷案"[1]中,原告黄某在通过某社交软件账号登录某读书软件时发现,在原告没有进行任何添加关注操作的情况下,原告在读书软件中"我关注的"和"关注我的"页面下出现了大量原告的社交软件好友。此外,无论是否在读书软件中添加关注关系,原告与共同使用读书软件的社交软件好友也能够相互查看对方的书架、正在阅读的读物、读书想法等。原告认为,读书软件及社交软件运营者的上述行为侵犯了原告的隐私权和个人信息权益,请求法院判令社交软件、读书软件的开发者、运营者深圳某计算机公司等停止其侵权行为,解除读书软件中的关注关系、删除好友数据、停止展示读书记录等,并向原告赔礼道歉。

法院经审理认为,虽然社交软件与读书软件均由深圳某计算机公司运营,但同一信息处理者在关联产品中共享个人信息,需要个人信息主体在充分知情的前提下,自愿、明确同意该处理方式。同时,读书信息中可能包括用户不愿意向他人公开的信息,且深圳某计算机公司处理的方式对用户人格权益有较大影响,因此,仅依用户概括性的同意协议,不能认定深圳某计算机公司充分履行了告知和获得用户同意的义务。法院判决停止侵权、删除个人信息、赔礼道歉和赔偿维权费用。

不当处理个人信息的行为常常会涉及对多种权益的影响,除以个人信息权益纠纷进行起诉之外,还包括名誉权、隐私权、肖像权纠纷等。

在"李某诉魏某侵害肖像权、隐私权、名誉权纠纷案"[2]中,因李某不愿上学而哭闹,父母将其绑在树上进行教育,路人魏某使用手机拍摄了上述过程,并将视频在某平台上进行传播,引起广大网友热议。原告李某以拍摄者魏某侵犯其肖像权、名誉权、隐私权为由诉至法院,要求魏某停止侵权、赔礼道歉、赔偿损失。同时,原告李某主张,由于平台的经营者在其父亲向其提出删除视频的时

---

[1] 北京互联网法院民事判决书,(2019)京0491民初16142号。
[2] 北京互联网法院网络权益保护十大典型案件之七。

候没有及时处理,导致侵权损失的进一步扩大,应与魏某承担连带责任。

在本案中,魏某是在公共场所对李某进行拍摄,是否侵犯隐私权呢?虽然隐私强调私密性,但并不意味着在公开场所进行的活动就一定不构成隐私。如果这些在特定公开场所进行的是仅为一部分人所知悉的活动,一旦被大范围公开即会给权利人的人格利益造成重大损害,也应当作为隐私予以保护。因此,认定隐私是否存在及其范围,应当从权利人本身的意愿和社会一般合理认知两个视角共同界定。当涉及权利主体是未成年人的情形时,行为人应当施以更高的注意义务,使未成年人的合法权益得到最大限度的保护。在本案中,首先,未成年人的父母明确反对被告拍摄;其次,被告对视频的传播扩大了原告隐私被人知晓的范围;最后,视频中拍摄到了女童的内裤。因此,法院认定隐私权侵权成立。

(三)未保障个人信息权益的行使

个人信息处理者具有保障权利行使和说明的义务,提供便捷的行使权利的申请受理和处理机制。此即对于用户提出的行使个人信息权益的请求进行积极响应并配合用户进行处理或提供处理方案,如果拒绝个人行使权利的请求,也应当说明理由。在个人信息主体的权利无法得到实现时,允许个人信息主体寻求法律上的救济途径,即提起诉讼,比如,在"周某聪与广州唯品会电子商务有限公司个人信息保护纠纷案"[1]中,周某聪认为广州唯品会电子商务有限公司(以下简称唯品会公司)侵犯了其个人信息查阅权和复制权,遂诉至法院。

在个人信息主体行使相关权益时,也需关注权利行使的边界,如相关权利的行使会侵犯其他主体的合法权益,则需注意权利行使的方式。例如,在"郭某等与深圳某科技公司等个人信息保护纠纷案"[2]中,李某生前为某平台外卖骑手,案件四原告郭某等是其近亲属。2021年李某意外去世,四原告为维护自身合法权益,尝试登录李某在员工端App上的账号,查阅李某的考勤记录等个人

---

[1] 广东省广州市中级人民法院民事判决书,(2022)粤01民终3937号。
[2] 北京互联网法院个人信息保护典型案例之五。

信息,却发现该账号已被停用,相关信息无法查阅。四原告认为,深圳某公司停用李某的账号,导致四原告无法查阅李某的个人信息,进而严重阻碍其维护自身合法权益,侵犯了其享有的个人信息权利请求权。深圳某公司等四被告基于各自的业务需要,均曾处理李某的上述个人信息。因此,四原告要求四被告承担相应的侵权责任。

深圳某公司辩称,在李某去世后停用其账号属于正常管理活动。虽然深圳某公司停用了李某的账号,但在员工端 App 的隐私政策中对于用户及近亲属调取个人信息有清晰指引,已经提供了调取李某个人信息的合理途径。四被告的行为不构成侵权,不应承担侵权责任。

法院认为,《个人信息保护法》虽然规定死者近亲属可以对死者相关个人信息主张权利,但是根据该法第 5 条规定,信息处理者在处理个人信息时应当遵循合法、正当、必要和诚信原则。对于死者生前个人网络账号而言,一方面,该账号内除包含近亲属为维护自身合法权益所必需的信息外,还可能存在死者个人不愿为他人所知悉的隐私;另一方面,因为本案中的死者李某是一名外卖骑手,其个人账号内还可能涉及第三人的隐私及个人信息,直接允许近亲属登录死者账号查阅相关内容可能会侵犯第三人的相关权利,而这与《个人信息保护法》的具体规定和立法宗旨相违背。因此,深圳某公司不允许四原告直接登录李某账号行使查阅权,而且已在 App 的隐私政策中对行使权利提供了合理途径的情况下,未侵犯四原告的权利。四被告也不掌握上述个人信息。法院认为,四原告全部诉讼请求缺乏事实和法律依据,最终判决不予支持。

第二节 企业数据权益保护的基本路径

由于我国目前没有对数据权属作出明确定义,因此,在发生数据权益相关的纠纷时,基于现行法律框架,主要通过以下三条基本路径来解决相关纠纷:一是将相关数据集或数据产品等视为作品,适用《著作权法》给予保护;二是数据的商业秘密保护进路;三是对数据主体通过《反不正当竞争法》的原则条款以及

《反不正当竞争法》第12条的互联网专条进行保护,即在《反不正当竞争法》框架下,将数据视为数据处理者持续投入并承担市场风险的一种竞争性权益进行保护。在司法实践中,对于三类数据权益保护的路径均已有可参考的案例。

一、通过著作权保护

将数据认定为作品,寻求著作权保护是数据保护的传统方式之一,其中又以数据库保护为代表。数据库保护本质上是著作权法对具有独创性的汇编作品的保护,即针对一些作品内容由汇编人收集,汇编人只在数据的选择、整理和编排做出独创性贡献的作品,认可该汇编人能够从整体上对该数据集合享有汇编作品的著作权,因此,享有著作权保护的前提是权利人在数据内容的选择、整理和编排方面必须做出独创性贡献。

在"济南白兔信息有限公司诉佛山鼎容软件科技有限公司著作权权属、侵权纠纷案"[1]中,济南白兔信息有限公司(以下简称白兔公司)利用国家商标总局的商标公告资料汇编了一个商标信息数据库,并开发了查询软件,有偿供用户查询,并对外销售查询系统。佛山鼎容软件科技有限公司(以下简称鼎容公司)的微信公众号"鼎容商标查询"出现的商标查询结果,带有白兔公司加注的暗记。白兔公司认为鼎容公司通过反向破解获取、复制了白兔公司的数据库,用于营利,构成侵权。

对此,法院认为,白兔公司对国家商标局商标公告中的商标信息内容进行提取、分类和整理,并对商标标志中所含的文字、数字等进行进一步提取和整理,同时还对商标信息后续的变更情况进行汇总,加入自定义的字段信息等。《著作权法》第15条规定,汇编若干作品、作品的片段或者不构成作品的数据或者其他材料,对其内容的选择或者编排体现独创性的作品,为汇编作品,其著作权由汇编人享有。白兔公司对商标数据的编排和整理体现出独创性,白兔公司的涉案数据库构成汇编作品,可受《著作权法》保护,白兔公司对涉案数据库享有著作权。而鼎容公司数据库中存在多个含有白兔公司暗记的商标标志,在鼎

---

[1] 广东省佛山市中级人民法院民事判决书,(2016)粤06民终9055号。

容公司不能证明前述数据来源于其他地方的情况下,可以认定鼎容公司实施了复制白兔公司数据库多个商标的数据的行为,侵犯了白兔公司对其数据库享有的复制权。

由于通过汇编作品对数据进行保护,其所保护的不是数据本身,而是选择和汇编这种智力成果,因此,其对数据的保护范围和力度有限,如果创造性空间较小,则通常不宜认为具有独创性。对于那些不具备创造性的单一数据,对其进行简单加工和汇总得到的数据集合也缺乏独创性,不构成作品。大多数数据结合都不能获得独创性,这类数据即使被不正当抓取、使用,《著作权法》亦无法提供相应的保护,这是《著作权法》保护进路的边界或限制,对此类数据,可以寻求其他途径予以保护。[1]

二、通过商业秘密保护

《反不正当竞争法》(2019年修正)第9条规定:商业秘密,是指不为公众所知悉、具有商业价值并经权利人采取相应保密措施的技术信息、经营信息等商业信息。与《反不正当竞争法》(2017年修订)(已被修改)相比,2019年新修正的版本中,扩大了商业秘密的保护范围,将商业信息也纳入商业秘密的保护范畴。

《最高人民法院关于审理侵犯商业秘密民事案件适用法律若干问题的规定》第1条规定:与技术有关算法、数据、计算机程序及其有关文档等信息,人民法院可以认定构成《反不正当竞争法》第9条第4款所称的技术信息。与经营活动有关的客户信息、数据等信息,人民法院可以认定构成《反不正当竞争法》第9条第4款所称的经营信息。前款所称的客户信息,包括客户的名称、地址、联系方式以及交易习惯、意向、内容等信息。该条明确将"数据"纳入商业秘密的保护范围,数据在满足非公开性、价值性、保密性的基础上,可作为商业秘密进行保护。在一些涉及数据的纠纷中,如原告方主张对方实施了侵犯其商业秘密,法院一般会对涉案数据是否构成商业秘密进行审查。

---

[1] 参见宋鱼水主编:《互联网新型竞争案件私法裁判规则》,法律出版社2023年版,第276~277页。

（一）数据与商业秘密的关系

随着数据成为新的生产要素，数据对于企业而言至关重要，数据与商业秘密的关系主要体现在两个方面。一方面，数据竞争力也成为企业竞争力的一部分，很多企业也将数据列为商业秘密进行保护。比如，一些平台型企业，其在经营过程中可能会收集大量原始数据，对这些原始数据所提供的信息内容进行分析加工，可以得出一些预测性、行业性、统计性非公开数据，从而形成数据产品，产生商业价值，这种数据符合商业秘密的构成要件。另一方面，随着技术的发展，商业秘密的载体也呈现电子化和无形化的发展趋势，原本以文件、文稿、档案、照片、图标、信函等形式作为载体的商业秘密，现在也均以电子化形式进行记载。

（二）作为商业秘密进行保护的数据

根据相关定义可知，商业秘密认定的核心需要具备以下三个条件，即"不为公众所知悉"、"具有商业价值"以及"采取相应保密措施"。

1. 非公开性

要求数据持有者所持有的非公开数据需要"不为公众所知悉"，因此，若该信息可通过其他公开渠道获得，或无须一定代价而容易获得则应认定为不具有"秘密性"。

数据是否具有公开性，主要可以考虑数据控制者通过代码限制界定数据可处理的区域。在"惠州市淘卓网络科技有限公司与腾讯科技（北京）有限公司等不正当竞争纠纷案"[1]中，法院认为，获取（处理）数据应当有边界，互联网环境下数据获取（处理）方式有三种：一是对公众开放且不需要授权的数据处理；二是需要授权但已获得授权的数据处理；三是需要授权但未获得授权的数据处理（或者超出授权处理权限的处理）。对于公开开放且不需要授权的数据处理，不存在未经授权或超出授权的问题，则可以认定该种数据具有公开性。

在大量不正当竞争案中，行为人通过网络爬虫等技术手段虽系自动抓取网络数据的程序或脚本。在这类案件中，对于所爬取的公开数据，在一般情况

---

[1] 北京知识产权法院民事判决书，(2022)京73民终1154号。

下不认定为商业秘密,但如果使用爬虫技术绕过安全设置的行为,窃取被访问网站的非公开信息,可能构成侵犯商业秘密。根据《反不正当竞争法》第9条第1款的规定,网络爬虫绕过系统安全设置可能构成以"电子侵入"方式获取商业秘密的行为;情节严重的绕过安全设置的行为甚至可能构成刑事犯罪,根据《刑法》第285条第2款的规定,违反国家规定侵入前款规定(指国家事务、国防建设、尖端科学技术领域的计算机信息系统的)以外的计算机信息系统或者采用其他技术手段,获取该计算机信息系统中存储、处理或者传输的数据,或者对该计算机信息系统实施非法控制,构成非法获取计算机信息系统数据、非法控制计算机信息系统罪。

2. 价值性

商业秘密的价值在于可以给企业带来现实或潜在的经济利益,又或者是维持市场竞争优势。在"重庆某网络科技有限公司与陈某某侵害商业秘密纠纷案"[1]中,被告陈某某系原告重庆某网络科技有限公司的员工。被告工作岗位为"商务",可接触原告公司系统总后台账号及密码。原告认为,其系统总后台的客户信息是由其员工通过网络渠道发帖或跟帖收集的潜在客户信息,属于其商业秘密。被告将上述客户信息窃取后以第三方公司的名义促成客户与第三方签订合同,侵犯了其商业秘密。法院经审理认为,"原告系统总后台的深度客户信息符合商业秘密的构成要件,使得原告取得经营资源上的竞争优势,应按商业秘密进行保护。涉案信息中电话号码、意向项目与原告系统客户信息的电话号码、意向项目、备注信息完全重合,并且客户电话号码、意向项目、备注信息均为原告系统客户信息的核心秘密信息,不为相关人员普遍知悉"。

通过这个案例可以看到,随着数字经济发展及产业结构调整,数据或信息越来越成为企业竞争优势,其体现的经济效益越来越重要。企业付出人力、财力和各种资源所获得的不为相关人员普遍知悉和容易获得的,能为企业带来竞争优势和经济效益的信息,且已采取合理保密措施,应按商业秘密予以保护。

---

[1] 重庆自贸试验区人民法院民事判决书,(2022)渝0192民初716号。

但也并不是所有的数据都能够纳入商业秘密中进行保护。在"贵州筑梦空间信息科技有限公司、西安杨柳网络有限公司不正当竞争纠纷案"[1]中,西安杨柳网络有限公司(以下简称杨柳公司)于2018年1月30日在微信平台注册"高校课后习题"的微信小程序,服务类目为"在线教育"。贵州筑梦空间信息科技有限公司(以下简称筑梦公司)运营"大学答案君"App和"大学答案君"微信小程序。杨柳公司与筑梦公司的软件中均提供了高校教材的课后习题答案,数量及科目有所不同。在本案中,双方对于"课后习题答案是否属于商业秘密"产生争议,法院判决认为,杨柳公司"取得课后习题答案需要付出的仅是对习题答案的搜集,尽管搜集过程中需要付出时间和脑力劳动,甚或通过购买学生劳动的方式获得习题,但这均不能否认习题答案本身是一种不需要进行创造性活动或在原有基础上附加脑力劳动值的深层次产品",因此,该课后习题答案并不能认定为商业秘密。

通过相关司法判例可以看到,作为商业秘密进行保护的数据,不是单纯地处于粗放状态的原始数据,而更多保护的是对上述数据进行加工、提炼和整合,将原本单一且价值有限的碎片化数据,通过云计算、大数据分析处理后产生的,可以提升数据使用价值,提高社会活动能效的数据产品,或者通过原始数据组成的衍生数据、大数据,或根据网络公开数据结合其他未公开数据形成的新的数据信息,此时形成的数据才更容易被认定为商业秘密。

3. 保密性

企业对商业秘密采取保密措施,是使商业秘密受到法律保护的必要条件,这些措施能够使交易相关方或其他竞争者知道权利人具有对相关信息进行保密的意图。《最高人民法院关于审理侵犯商业秘密民事案件适用法律若干问题的规定》第5条规定,"人民法院应当根据商业秘密及其载体的性质、商业秘密的商业价值、保密措施的可识别程度、保密措施与商业秘密的对应程度以及权利人的保密意愿等因素,认定权利人是否采取了相应保密措施"。

在侵犯商业秘密的维权案件中,企业需要举证对主张商业秘密所采取的保

---

[1] 陕西省高级人民法院民事判决书,(2021)陕知民终122号。

密措施从而证明商业秘密的"保密性"。然而，很多企业在日常经营活动中缺乏对商业秘密进行保护的意识，以至于纠纷事件发生后无法有效地证明其对于商业秘密在主观上的保护意愿，从而导致维权困难。

首先，交易双方如果没有约定保密义务，也未明确保密要求的，可能被认定为未采取保密措施。比如，在"浙江好牛食品有限公司诉广州艾来林国际贸易有限公司不正当竞争纠纷案"[1]中，法院认定，"即便本案定价及交易信息属于商业秘密，原告亦并未采取相应保密措施。原告提供的合同版本中，并未在合同中约定保密义务；原告亦从未向被告提出保密要求。综上，本案的定价及交易信息不属于商业秘密"。

其次，企业所采取的保密措施不应是抽象、宽泛、可以脱离商业秘密及其载体而存在的，而应当是具体、特定、与商业秘密及其载体存在对应性的保密措施。在"济南思克测试技术有限公司诉济南兰光机电技术有限公司侵害技术秘密纠纷案"[2]中，虽然原告思克公司向原审法院提交了《公司保密管理制度》《劳动合同》《企业与员工保密协议》《竞业限制协议》《合作保密协议》，以及罗欣公司与济南思克测试技术有限公司（以下简称思克公司）签订的《设备购销合同书》及产品上"私拆担保无效""品质保证撕毁无效"的防拆标签等证据，证明其对涉案技术秘密采取了合理的保密措施，但法院依然认为思克公司并未采取"相应保密措施"。其主要原因在于，（1）思克公司所主张的"对内保密措施"，如与员工签署的《劳动合同》《保密协议》以及对研发厂房、车间、机器等加设门锁，限制来访者进出、参观，均与济南兰光机电技术有限公司（以下简称兰光公司）是否不正当地取得并拆解思克公司 GTR – 7001 气体透过率测试仪产品进而获得涉案技术秘密，不具有相关性，即该等保密措施与其主张保护的涉案技术秘密及其载体不具有对应性；（2）思克公司主张的"对外保密措施"包括双方签订的《设备购销合同》以及特定位置的标签，但该合同并未限制客户公司对所购买的产品进行处分、转让，故不特定第三人可通过市场流通取

---

[1] 浙江省嘉兴市秀洲区人民法院民事判决书,(2022)浙 0411 民初 3492 号。
[2] 最高人民法院知识产权法庭民事判决书,(2020)最高法知民终 538 号。

得该产品,而标签属于安全性提示与产品维修担保提示,并不属于保密防范措施范畴。

最后,保密措施应考虑商业秘密及其载体性质。在上述案例中,涉案技术秘密载体为市场流通产品,根据涉案技术秘密及其载体的性质,思克公司贴附在产品上的标签也并不构成可对抗他人反向工程的物理保密措施,因此也无法认定其采取了适宜的保密措施。对于作为商业秘密的数据而言,一般需要采用密码管理、设置访问控制、采取数据加密技术等措施进行保护。

通过商业秘密对数据进行保护在实践中并不为企业所青睐,主要原因有三个:一是数据类秘密成果,极容易面临爬虫抓取公开内容——通过算法还原原始数据、个人非法获取企业数据等问题,导致数据丧失秘密性,进而无法获得保护;二是在于其保护力度是有限的,重点表现在侵权赔偿数额的限制,《反不正当竞争法》规定的商业秘密侵权赔偿的最高额度为 500 万元,与实践中企业数据所表现出的巨大价值不相匹配,更达不到企业的期望赔偿金额;三是商业秘密条款的适用还可能导致维权方付出比权益受损更多的代价,在具体诉讼过程中,为查清案件事实,可能会出现商业秘密的二次泄露。

三、通过竞争性权益保护

随着大数据技术的发展,商业竞争已经从传统的质量之争、价格之争、服务之争演变为数据竞争、流量竞争、算法竞争,伴随商业模式的创新,竞争行为也不断多样化。与此同时,数据在商业竞争中起到的作用也更为重要,商业竞争中的数据不合规行为也受到司法实践越来越多的关注。

(一)典型案例

从目前司法实践来看,涉及反不正当竞争法领域的数据权益保护最为典型的如数据爬虫、流量劫持等行为。法院在审理此类数据权益争端时,大多以《反不正当竞争法》作为主要的裁判依据,其中主要涉及第 1 章总则第 2 条一般条款和第 2 章不正当竞争行为第 12 条互联网专款。通过适用《反不正当竞争法》解决数据权属相关纠纷的典型案例见表 10 - 1。

表 10-1　反不正当竞争法保护数据权益典型案例

序号	案件名称	案号	案件概述/关键词/法律适用
1	"生意参谋"不正当竞争纠纷案	浙江省杭州市中级人民法院(2018)浙01民终731号	【案件概述】原告系"生意参谋"零售电商数据产品的开发运营者,该产品提供各类商品的参数、交易、流量、排行、人群画像等数据。被告以提供远程登录"生意参谋"数据产品技术服务为由,通过在其运营的"咕咕互助平台"中组织、帮助"生意参谋"产品用户出租、低价售卖其子账户方式牟取商业利益。原告认为被告行为构成不正当竞争。 【关键词】实质性替代/收集使用用户信息正当性评价/原告对其数据产品享有法定权益的界定/"三重授权"原则 【法律适用】《反不正当竞争法》第2条
2	"大众点评与百度地图"不正当竞争纠纷案	上海知识产权法院(2016)沪73民终242号	【案件概述】原告系"大众点评"经营者,被告系某搜索引擎服务提供主体。原告认为被告通过技术手段从大众点评网获取商户信息、用户点评信息等用于充实自己的地图产品,构成不正当竞争。 【关键词】实质性替代/数据爬取(抓取)/robots协议 【法律适用】《反不正当竞争法》第2条
3	"车来了"不正当竞争纠纷案	广东省深圳市中级人民法院(2017)粤03民初822号	【案件概述】原告是实时公交信息查询App"酷米客"的运营主体,相关后台大量公交实时位置数据是通过原告与公交公司合作、在公交上安装定位器来获取。被告通过技术手段获取原告公交数据并在其开发的智能公交App"车来了"中使用,作为自己服务向公众提供。 【关键词】网络爬虫 【法律适用】《反不正当竞争法》第2条
4	"脉脉"不正当竞争纠纷案	北京知识产权法院(2016)京73民终588号	【案件概述】原告系某知名社交平台运营主体,其对平台内数据设定了访问权限。原告认为被告经营的"脉脉"软件及网站未经许可获取并使用了其平台用户头像、名称、职业、教育信息等数据的行为,以及非法获取使用"脉脉"注册用户手机通讯录与原告平台用户对应关系等行为,构成不正当竞争。 【关键词】"三重授权"原则/数据抓取(网络爬虫)/Open Api合作模式 【法律适用】《反不正当竞争法》第2条

续表

序号	案件名称	案号	案件概述/关键词/法律适用
5	"联络易平台管理系统"不正当竞争纠纷案	广州市天河区人民法院（2019）粤 0106 民初 38290 号	【案件概述】原告系某即时通讯社交软件运营主体，该软件主要功能有聊天、通讯录好友、公众号平台、朋友圈等。原告认为被告通过技术手段将其运营的"联络易管理系统"的账号实现与原告产品的信息数据收发结果，导致了原告服务商接收、处理来自非原告产品客户端发送的信息和指令，该行为妨碍了原告产品正常运行，构成不正当竞争。 【关键词】窃取用户信息 【法律适用】《反不正当竞争法》
6	"淘宝诉易车"不正当竞争纠纷案	杭州市中级人民法院（2020）浙 01 民终 8743 号	【案件概述】易车公司将易车 App 客户端中的"URL Scheme"规则中输入了对应淘宝网协议名称的"Taobao"，这使得用户在安装易车 App 后，使用支付宝、各浏览器等访问手机淘宝时，就会弹出仅显示是否打开易车 App 的提示框，且用户只能选择"打卡"或"取消"：若点击打开，则直接跳转到易车 App，若选择"取消"，此时用户虽然可以不用打开易车 App，但也无法选择打开淘宝。 【关键词】流量劫持 【法律适用】《反不正当竞争法》第 12 条第 2 款第 1 项
7	"微博诉蚁坊"不正当竞争纠纷案	北京知识产权法院（2019）京 73 民终 3789 号	【案件概述】蚁坊公司未经许可，通过非法手段擅自抓取、存储、展示新浪微博后台数据，使鹰击系统用户在脱离微博平台的情况下可以实时查看、浏览大量新浪微博内容，并基于对新浪微博数据的整理分析形成数据分析报告后向用户提供。 【关键词】数据爬取 【法律适用】《反不正当竞争法》第 12 条第 2 款第 4 项

（二）认定条件

总体来说，通过《反不正当竞争法》处理保护企业数据的案件时，需要注意以下几个方面的认定。

1. 数据权益的认定

"深圳爱拼信息科技有限公司等诉北京市海淀区学而思培训学校等不正当竞争纠纷案"的裁判结果体现出,经营者在维护其数据权益时,需要证明其对数据享有《反不正当竞争法》所保护的利益。在该案一审判决中,[1]法院认为:第一,涉案数据属于原告公司付出了相关成本和智力劳动的经营成果;第二,涉案数据为消费者和社会公众的决策提供了参考,具有一定社会价值,且给原告带来了经济利益;第三,涉案数据本身不涉及任何用户主体信息和特征,不会与特定用户发生关联,综合来看,原告使用涉案数据获取经营收益、市场份额及竞争优势,该种合法权益应受到《反不正当竞争法》的保护。

一般来说,在司法实践中往往从以下几个方面对经营者是否具有数据权益进行认定:第一,数据来源的合法性,比如是否经过合法授权,是否会违反《网络安全法》《数据安全法》《个人信息保护法》等方面的规定;第二,相关数据是经营者的劳动和智力成果且数据处理的过程合法,如在上述案例中,原告就主张对涉案数据进行了匿名化处理,不会识别出个人信息等,在确认企业数据权益时,劳动财产权理论是支撑保护企业数据的重要理论,法院更倾向于认为企业对衍生数据即经过加工处理的数据享有受保护的权益;第三,数据具有经济价值,能够带来经济收益,属于企业的重要资产,只有这样才能构成具有竞争优势,才有通过《反不正当竞争法》保护的必要。

2. 竞争关系的认定

存在竞争关系往往是认定不正当竞争的条件之一,目前,在大部分司法案例中,裁判者也首先对竞争关系进行了认定。根据相关研究表明,随着新业态新商业模式兴起,竞争关系的认定从总体上已经突破了传统的同业竞争关系,将跨行业的竞争关系纳入其中。具体来说,竞争关系不仅发生在提供相同或类似商品或服务的经营者之间,对交易机会、经营资源的争夺、彼此间竞争优势的消长,也成为竞争关系认定的一部分。[2] 比如在"北京微梦创科网络技术有限

---

[1] 北京市海淀区人民法院民事判决书,(2017)京0108民初51904号。
[2] 参见孙晋、冯涛:《数字时代数据抓取类不正当竞争纠纷的司法裁判检视》,载《法律适用》2022年第6期。

公司诉上海复娱文化传播股份有限公司不正当竞争纠纷案"[1]中,法院在认定竞争关系时就考虑双方经营对象、范围的高度重叠以及对于流量和数据的争夺。结合《反不正当竞争法》的立法价值来看,其保护的是包括经营者、消费者和市场秩序在内的多种利益,"竞争关系"并不仅指直接竞争,经营者的行为可能会损害所保护的法益,即可以认定竞争关系的存在。

3. 不正当行为的认定

《反不正当竞争法》第2条对于不正当竞争行为做了原则性界定,2017年修订的《反不正当竞争法》以概况加列举的方式设置了互联网专款,对数据抓取行为的不正当竞争认定主要以《反不正当竞争法》第2条的一般条款作为法律适用基础。通过司法判例可以看到,对于不正当行为的认定大多从是否违反诚信原则和公认的商业道德以及是否对经营者产生损害来进行判断。

在"北京链家房地产经纪有限公司等与北京神鹰城迅科技股份有限公司等不正当竞争纠纷案"[2]中,法院主要从违反房产经纪行业的商业道德、抓取数据以及传播行为本身的可问责性与不正当性、损害消费者权益及破坏竞争秩序等方面认定了被告的不正当竞争行为。简言之,认定数据抓取行为是否为不正当竞争行为,需要就数据获取和利用的具体手段和方式、相关行业的商业道德和商业惯例,并就该行为是否对消费者以及市场竞争秩序造成影响来进行综合分析判断。

(三)商业数据的保护

考虑到数据权益保护适用《反不正当竞争法》案件裁判尺度的不统一,在总结吸收实践经验的基础上并参考商业秘密体系,国家市场监督管理总局在2022年11月发布的《反不正当竞争法(修订草案征求意见稿)》(以下简称《反不正当竞争法草案》)新增第18条——商业数据专条。《反不正当竞争法草案》的出台在极大增强对企业商业数据的保护同时,对公开数据的使用给予一定程度和

---

[1] 北京市海淀区人民法院民事判决书,(2017)京0108民初24510号。
[2] 北京市海淀区人民法院民事判决书,(2021)京0108民初9148号。

范围的宽容。

虽然2024年12月25日公布的《中华人民共和国反不正当竞争法(修订草案)》将《反不正当竞争法草案》新增的第18条删去,第13条规定为"经营者不得利用数据和算法、技术、平台规则等,通过影响用户选择或者其他方式,实施下列妨碍、破坏其他经营者合法提供的网络产品或者服务正常运行的行为",但《反不正当竞争法草案》第18条的内容仍可为理解"经营者利用数据实施不正当竞争行为"提供参考,同时为如何从反不正当竞争角度进行数据保护提供思路。

1. 什么是商业数据

《反不正当竞争法草案》第18条第3款规定:"本法所称商业数据,是指经营者依法收集、具有商业价值并采取相应技术管理措施的数据。"该条借鉴了商业秘密的立法技术,以构成要件的方式对商业数据进行了定义:(1)由经营者依法收集;(2)具有商业价值;(3)采取相应技术管理措施。在实践中,数据类型纷繁复杂,包括原始数据与衍生数据、公开数据与非公开数据、个体与数字资源整体等,在满足上述构成要件的基础上,均可获得保护。

由于商业数据包括公开及非公开数据,针对公开数据,如何理解"采取相应技术管理措施"呢?在"杭州阿里巴巴广告有限公司、阿里巴巴(中国)网络技术有限公司等诉南京码注网络科技有限公司等不正当竞争纠纷案"[1]中,法院认可原告通过网站做出法律声明,禁止未经许可使用爬虫软件获取、使用涉案数据的措施为合理的技术管理措施。除此之外,常见的技术措施还包括防火墙、访问限制、保密协议、保密制度等。由此可见,尽管相关数据已经公开,也不能毫无节制地任意爬取。

2. 商业数据不正当竞争行为

数据要素市场化发展进程中,数据的收集、生产、分析、利用等活动日益活跃,商业数据的价值和不言而喻,企业主体对于数据资源的争夺导致商业数据纠纷不断涌现,将商业数据纳入《反不正当竞争法》中进行规制,根据《反不正当

---

[1] 浙江省杭州市滨江区人民法院民事判决书,(2019)浙0108民初5049号。

竞争法》的立法价值取向规范数据竞争行为，可以满足当下企业对于数据权益保护的需求。

《反不正当竞争法草案》第 18 条规定，商业秘密的不正当竞争行为包括："（一）以盗窃、胁迫、欺诈、电子侵入等方式，破坏技术管理措施，不正当获取其他经营者的商业数据，不合理地增加其他经营者的运营成本、影响其他经营者的正常经营；（二）违反约定或者合理、正当的数据抓取协议，获取和使用他人商业数据，并足以实质性替代其他经营者提供的相关产品或者服务；（三）披露、转让或者使用以不正当手段获取的其他经营者的商业数据，并足以实质性替代其他经营者提供的相关产品或者服务；（四）以违反诚实信用和商业道德的其他方式不正当获取和使用他人商业数据，严重损害其他经营者和消费者的合法权益，扰乱市场公平竞争秩序。"

从上述规定中不难看到，商业数据不正当竞争主要体现在数据的获取和数据的使用两个方面：对于数据获取行为而言，要审查获取的手段是否合法，是否对获取对象的运营和正常经营造成侵害，数据爬取的方式和范围是否超过合理限度等；从数据使用行为来看，应当遵循"合法、正当、必要"的原则，审查数据使用行为产生的实质性后果是否足以替代其他经营者的产品或服务等。

3. 商业数据与商业秘密

从上述分析可以看到，商业数据与商业秘密具有一定的交叉重合，商业数据在满足商业秘密构成要件的条件下，可认定为商业秘密，且在实践中很多企业的非公开数据也是作为商业秘密进行保护的。

然而，商业数据和商业秘密具有一定的区别：首先，商业秘密具有不为公众所知悉的特征，但商业数据可以是公开数据，也可以是非公开数据，从这个角度看，商业数据的外延要大于商业秘密；其次，从采取措施的严格性来看，商业秘密具有保密性，应采取相应保密措施，该保密措施应具有针对性，但商业数据仅要求采取一定技术管理措施，两者对保护措施的要求不同；再次，从保护力度来看，侵犯商业秘密的法律责任会更重，《刑法》明确规定了侵犯商业秘密罪，而对于商业数据只能根据相关行为的性质以"侵犯公民个人信息罪""非法获取计算机信息系统数据、非法控制计算机信息系统罪"相关罪名追究行为人刑事法律责任;最后,商业数据适用于经营者之间,而商业秘密可及于经营者以外的其他自然人、法人和非法人,可以对在实践中常见的员工非法获取或使用数据的行为进行规制。

数据保护的立法体现了多元化的价值取向,如果《反不正当竞争法草案》最终落地,可将商业数据和商业秘密作为两种不同的对象进行认定,形成反不正当竞争和商业秘密各有侧重、交叉保护双重路径。

第三节 网络和数据犯罪

伴随数字经济产业的蓬勃发展,网络和数据犯罪也开始滋生与变异,网络与数据安全风险成为关涉个人利益、公共利益以及国家利益的新型社会风险因素。结合司法实务,近年来,网络与数据犯罪呈现不断上升趋势,网络犯罪呈现多元化、复杂化、隐蔽化、技术性强等特点,严重危害国家安全、社会秩序以及人民的合法权益。一方面,基于互联网的广泛性、多变性,导致诈骗、开设赌场等犯罪行为与互联网相结合,衍生出全新的犯罪形式;另一方面,数据的安全性和数据内容价值性至关重要,针对数据的侵害行为也越来越多,尽管目前法律规定及司法解释中尚未对数据犯罪有明确的界定,但不可否认的是,数据犯罪在数据要素市场化发展中有其独立的研究价值。

一、网络犯罪

根据 2019 年最高人民法院官网发布《司法大数据专题报告之网络犯罪特点和趋势(2016.1 – 2018.12)》中对于网络犯罪的界定,网络犯罪是指以互联网为工具或手段实施的危害社会、侵害公民合法权益的行为,或是对计算机系统实施破坏的行为。从广义来讲,网络犯罪既包括以信息网络、计算机系统作为犯罪对象而实施的犯罪,也包括以信息网络作为犯罪工具、手段或场所而实施的犯罪,还包括相关的上下游犯罪。

《司法大数据专题报告之网络犯罪特点和趋势(2016.1－2018.12)》统计，2016年至2018年，全国网络犯罪案件共涉及258个罪名，其中诈骗案件量占比最高，为31.83%；其次为开设赌场罪，案件量占比10.45%。由此可见，网络犯罪的主要占比还是传统罪名，这些传统犯罪行为正在逐渐向互联网迁移，依托于互联网平台及各种网络工具，将诈骗、开设赌场、非法吸收公众存款等常见犯罪行为衍生出新型表现形式，本节主要介绍网络犯罪中，以网络和数据为工具的传统犯罪行为。

(一)电信网络诈骗

2022年12月，《反电信网络诈骗法》正式实施，电信网络诈骗，是指以非法占有为目的，利用电信网络技术手段，通过远程、非接触等方式，诈骗公私财物的行为。近年来，公安部聚焦电信网络诈骗犯罪，持续组织开展"云剑""断卡""断流""拔钉"和打击缅北涉我电信网络诈骗犯罪等一系列打击行动。

2023年6月，公安部发布十大高发电信网络诈骗类型，据统计，2023年，电信网络诈骗受害者的平均年龄为37岁，18岁至40岁的占比62.1%，41岁至65岁的占比33.1%。十大电信网络诈骗类型分别为：刷单返利类，虚假网络投资理财类，虚假网络贷款类，冒充电商物流客服类，冒充公检法及政府机关类，虚假征信类，虚假购物服务，冒充领导熟人类，网络游戏产品虚假交易类，网络婚恋、交友类。其中，刷单返利类诈骗是发案量最大和造成损失最多的诈骗类型，虚假网络投资理财类诈骗的个案损失金额最大，虚假购物服务类诈骗发案量明显上升，已位居第三。[1]

电信网络诈骗犯罪往往关联其他的犯罪行为，《最高人民法院、最高人民检察院、公安部关于办理电信网络诈骗等刑事案件适用法律若干问题的意见》(以下简称《电信网络诈骗若干意见》)明确提出要全面惩处关联犯罪，关联犯罪包括：扰乱无线电通讯管理秩序罪，侵犯公民个人信息罪，招摇撞骗罪，妨害信用

---

[1] 参见《公安部公布十大高发电信网络诈骗类型》，载公安部官网2023年6月15日，https://www.mps.gov.cn/n2253534/n2253535/c9077804/content.html。

卡管理罪,掩饰、隐瞒犯罪所得、犯罪所得收益罪,拒不履行信息网络安全管理义务罪,非法利用信息网络罪,帮助信息网络犯罪活动罪等。

在"邓某辉等六人诈骗、侵犯公民个人信息案"[1]中,被告人邓某辉、林某明共谋采用"猜猜我是谁"的方式骗取他人钱财。二人共同出资,邓某辉购买手机、电话卡等作案工具,纠集被告人陈某、张某坤等人,利用邓某辉购买的涉及姓名、电话、住址等内容的公民个人信息,拨打诈骗电话,让被害人猜测自己的身份,当被害人误以为系自己的某个熟人后,被告人即冒充该熟人身份,编造理由让被害人转账。

本案被告人借助非法获取的公民个人信息,拨打诈骗电话,通过准确说出被害人个人信息的骗术,骗得被害人信任,实施精准诈骗。侵犯公民个人信息系电信网络诈骗的上游关联犯罪,二者合流后,使得电信网络诈骗犯罪更易得逞,社会危害性更重。《电信网络诈骗若干意见》规定,使用非法获取的公民个人信息,实施电信网络诈骗犯罪,构成数罪的,应依法数罪并罚。法院对被告人邓某辉以诈骗罪和侵犯公民个人信息罪予以并罚,是从严惩处、全面惩处电信网络诈骗犯罪及其关联犯罪的具体体现。

(二)网络赌博

简单概括,网络赌博的类型包括两种:第一种,组织开设或参与赌博平台,这类情形主要依托于赌博平台,赌博平台又设置了不同的赌博模式,如彩票类、棋牌类、捕鱼类、盲盒及一元购等新型模式;第二种,利用网络工具或网络平台的输赢结果另外组织外围赌博活动,较为典型的就是利用微信红包赌博,即在聊天群中通过发红包并押注所抢红包金额尾数大小等方式赌博;或者基于体育竞技、彩票的结果等进行赌博,如赌球网站等。

近年来,越来越多的网络游戏平台在玩法中加入了概率玩法,吸引玩家用游戏币参与概率玩法,并通过平台或专门负责游戏币兑换的"银商"实现游戏币和法定货币的双向兑付,网络游戏也成为网络赌博的"重灾区"。下面主要就网络游戏涉赌博的问题进行分析探讨。

---

[1] 四川省泸州市纳溪区人民法院刑事判决书,(2019)川0503刑初90号。

1. 网络游戏和网络赌博的区别

在互联网游戏中存在大量的概率性玩法，如抽卡、抽奖、开盲盒等，游戏的结果都多少存在一定的偶然性成分，但并不意味着所有概率性玩法都是赌博。认定网络赌博的关键在于以下几点。

第一，游戏参与者的主要目的是营利，并非单纯的娱乐，无论是用户充值购买游戏币还是装备，目的都是进行游戏，而不是为了获取经济利益，这需要结合行为人的主观认知和客观行为来看。在实践中，很多网络游戏平台以及平台玩家为了进一步吸引用户，会通过直播、各类社交平台发布引流广告，这些文案中往往都会涉及"赌客""赌狗"此类表述，也会暗示通过玩游戏可以获得收益，这种情况下，用户参与游戏就并不仅仅为了娱乐，更有可能是为了获得收益。

第二，玩法具有"以小搏大"的特点，即输赢具有概率性。在"王某某等人开设赌场案"[1]中，被告人王某某、李某某筹备、搭建"857skins"网站（以下简称857网站），玩家在网站上注册充值后以1∶1比例兑换成游戏币参与赌博，且充值兑换的游戏币只能用于赌博游戏而不能直接到网站商城购买道具。网站设置有"盲盒""幸运饰品""拼箱"三种赌博方式。玩家参与赌博游戏后可获得《反恐精英：全球攻势》（CSGO）游戏道具，网站通过回收将游戏道具兑换成商城币，经兑换获得的商城币可继续在平台上进行开盲盒等赌博游戏，或到网站商城上选购道具；玩家可以将游戏道具提取到自己的蒸汽平台（steam）账号上到网易BUFF等游戏资产交易平台上进行交易变现。法院认为，涉案网站运营的"盲盒""幸运饰品""拼箱"等开盲盒获取CSGO游戏道具的抽奖活动，实际上是向玩家提供以小搏大的中奖机会，博取中奖结果由偶然性决定，属于射幸行为，具有赌博性质。玩家在平台能实现"付费投入—随机抽取—放弃奖品获得折价虚拟货币—再次抽盒"的方式，属于赌博行为。

第三，也是最重要的一点，具备"上下分"的功能，在网络赌博中，游戏币往往成为赌资投入和结算的媒介，上分即帮助赌博人员充值游戏币，下分即帮助

---

[1] 浙江省松阳县人民法院刑事判决书，(2023)浙1124刑初156号。

赌博人员将游戏币兑换为人民币,形成资金双向兑付的闭环。就游戏币的规范而言,《文化部关于规范网络游戏运营加强事中事后监管工作的通知》明确规定,"网络游戏运营企业不得向用户提供网络游戏虚拟货币兑换法定货币或者实物的服务……";"网络游戏运营企业不得向用户提供虚拟道具兑换法定货币的服务……"

大量网络赌博平台设置直接提现的功能,通过第三方支付支持用户将游戏币提现,或者通过"银商"实现上下分功能:在"陈某某、陈某波、楼某某与何某荣开设赌场罪案"中[1],被告人在明知"金手指捕鱼"App系网络赌博平台的情况下,仍利用"金手指捕鱼"网络赌博平台(以下简称"金手指捕鱼")的专门账号(以下简称银商账号),成立帮助该网络赌博平台进行"上下分"的工作室。"金手指捕鱼"与银商工作室具体合作方式为:"金手指捕鱼"专门开通"捕鱼来大家"超级账号,专供赌博平台向银商账号大额低价出售游戏金币;"金手指捕鱼"违规设置用户间游戏金币转账功能,以供银商账号帮助赌博人员进行"上下分";"金手指捕鱼"专门开通小喇叭功能,帮助银商账号招揽赌博人员进行"上下分";"金手指捕鱼"在运营过程中,长期纵容银商账号帮助赌博人员进行"上下分";"金手指捕鱼"通过何某荣、何某剑(另案处理)直接领取银商账号的利润分成;等等。法院认为,被告人明知是赌博网站,仍提供资金支付结算服务,帮助收取赌资,其行为均已构成开设赌场罪。

2. 网络游戏平台避免涉赌风险的合规要求

依法取得游戏版号及其他资质:通过信息网络提供网络游戏服务的,应当依法申请并取得游戏版号,且不得以任何形式转借、出租、买卖、套用版号,否则可能受到有关监管部门的行政处罚。除版号外,还应关注ICP许可证或ICP备案、《网络出版服务许可证》及软件著作权登记的情况。游戏版号的前置审批程序也有助于游戏平台强化合规工作。

游戏币或游戏积分的使用方面,注意以下问题:不得收取或以"虚拟货币"等方式变相收取与游戏输赢相关的佣金;开设使用游戏积分押输赢、精彩等游

---

[1] 浙江省嘉善县人民法院刑事判决书,(2023)浙0421刑初740号。

戏的,要设置用户每局、每日游戏积分输赢数量;不得提供游戏积分交易、兑换或以"虚拟货币"等方式变相兑换现金、财物的服务;不得提供用户间赠与、转让等游戏积分转账服务;不得利用网络游戏开设网上赌局、坐庄设赌"抽水"等网络赌博活动;不得以营利为目的,利用网络游戏为网络赌博活动提供网上赌博场所、赌具和网络赌博筹码交易、兑换现金等便利条件;游戏内容存在射幸类玩法的,应当在游戏内的显著位置刊登禁止利用网络游戏进行赌博活动的公告和提示信息。

(三)网络传销

传销活动主要是以从事商品、服务推销等经营活动为名,诱骗他人参加,要求参与者缴纳入门费或者购买商品或服务的方式获得加入资格,形成一定的层级,以发展人员的数量作为计酬或者返利的依据。网络传销是一种新型的、综合的、更为隐蔽、传播范围更广、传播速度更快、危害性更大的传销方式,主要特点如下。

1. 以新业态新模式为噱头,随着数字经济的发展,更多新兴产业出现并发展,在电商平台、社交平台、互联网金融投资理财以及虚拟货币等产业方面,都出现了传销活动的身影。

2. 传播工具从传统的线下拜访、开会、网络论坛等方式,拓展到以各类新媒体及互联网平台及工具为依托,从传统的线下拓展发展为线上线下相结合,通过微信、社群等方式进行精准传播。所吸引的人员也从传统的熟人推荐,到大范围的陌生人群体。

3. 传销媒介由实物商品向虚拟产品变化。从传统的如保健品商品的推广,到目前通过传销方式推广各类虚拟货币、互联网积分甚至游戏道具。

4. 网络传销平台及组织者逐渐有一定的风险防范意识,会从宣传用语、平台机制、资金支付及结算、返利层级、法律关系调整等方面进行风险规避。比如,在返利层级方面由传统的多层级返利制度演变为多种返利方式结合平台奖励的形式。这也给办案人员在平台定性、追缴资金以及抓捕同案犯等方面带来侦查上的难度。

总体来说,网络传销活动是一种新型的、综合的、更为隐蔽、传播范围更广、传播速度更快、危害性更大的传销方式。最为常见的网络传销活动类型如下。

1. 网络购物及消费型：这类传销行为主要涉及电商及微商平台，涉及商品交易，适用于拼团、裂变、消费返利、销售奖励等场景，也适用于招聘、旅游、教育等行业，这类购物平台往往也具有合法注册的公司主体及必要的平台资质，所销售的商品或服务也往往是通过正规经销商渠道获得，且也都具备平台规则、合作协议、资金往来及税务等方面。在这类模式下，往往不太容易区分行政违规和刑事犯罪，《直销管理条例》(2017年修订)和《禁止传销条例》对于直销与传销的界定标准从2005年施行起未进行过修改，《国务院2024年度立法工作计划》将直销管理条例、禁止传销条例的修改提上日程，也希望相关法规的修订能够进一步回应实践中的难题。

2. 投资理财型：这类传销活动模式多样，高额返利、零撸赚钱、股权分红、积分购物、上市承诺等，都是这类传销活动的常见口号和套路，这类伴有理财投资和传销模式相结合的犯罪行为，是目前网络传销案件中占比数量最大的，涉及的参与主体数量大、资金规模大且往往存在多种的犯罪行为，在罪名认定以及证据查实方面存在难点。

比如，近年来非常火爆的虚拟货币的投资，网络传销组织者利用虚拟货币建立交易平台，结合比特币等数字货币价格上涨的事例，引导大量投资者参与。在"叶某方、尹某进等组织、领导传销活动案"[1]中，2017年7月，被告人张某、刘某注册成立公司，以经营活动为名发行"帮呗币"，通过互联网和现实人拉人方式按层级发展会员，吸引全国各地会员投资，实现网络传销活动。该传销组织要求参加者购买200枚"帮呗币"成为有效会员，并按照一定顺序组成层级，有效会员直接或间接发展人员可以获得对应的静态和动态返利。

除虚拟货币投资外，利用股权投资、电影票房投资、创业、上市等噱头组织领导传销的活动也很常见：在"曾某军、李某源组织、领导传销活动案"[2]中，被

---

[1] 湖南省澧县人民法院刑事判决书，(2020)湘0723刑初51号。
[2] 湖南省娄底市娄星区人民法院刑事判决书，(2019)湘1302刑初337号。

告人以云长购网络商城为托底,建立宗圣文化创富平台进行网络传销活动,运营模式为:新加入的会员缴纳100元"激活币"激活会员账号,购买"排单币"(购股币,每个币100元)获取购股资格,随后进行"购买股权"(2000元、5000元、8000元、20,000元、30,000元、50,000元不等)操作,首期支付10%的预付款,7天后支付全额余款,同时会员按公司规定必须进行第二次下单,支付第二单10%预付款后,再经过半个月"冻结期"后会员之间可以进行匹配"出售股权"回收本金及利息,收、付款的方式为银行或支付宝转账。会员可以通过"静态投资"获得投入本金20%~30%的投资收益,以此诱导会员持续投资。同时,注册后会员可以推荐发展自己的下线会员,向自己推荐的下线销售"激活币""排单币"获利,并按照隔代收取下线团队计酬奖(动态投资)。

根据最高人民法院、国家市场监督管理总局联合发布依法惩治网络传销犯罪典型案例中,案例三[1]为被告人利用投资电影票房的模式开展传销活动的行为:被告人李某经他人介绍下载"某某影视"App,明知该App以投资电影票房可获得高额回报为诱饵吸收会员,要求会员缴纳入会费,并按会员投资金额和发展会员数量形成层级,直接或间接以发展会员数量作为计酬返利的依据,其仍通过微信、熟人间宣传等方式推广该App并吸收会员。法院经审理认为,被告人李某以投资电影票房可获得高额回报为名,宣传推广"某某影视"App,要求会员缴纳入会费获得加入资格,并按会员投资的数额和发展会员的数量形成层级,直接或间接以发展会员的数量作为计酬返利的依据,骗取财物,扰乱经济社会秩序,其行为已构成组织、领导传销活动罪。

除此之外,网络传销还会以资金互助、慈善名目筹措资金。近年来,一些犯罪分子打着"爱心慈善""共同富裕"等幌子,利用互联网的跨地域性大肆组织网络传销,以筹集"善款"等名义非法敛财。

---

[1] 参见《最高人民法院、国家市场监督管理总局联合发布依法惩治网络传销犯罪典型案例》,载国家市场监督管理总局官网,https://www.samr.gov.cn/jjj/gfzxydjcx/art/2024/art_e649ac68ef744d518978566e03442dd3.html。

(四)网络洗钱

洗钱是指将非法所得以及非法所得产生的利润,通过各种手段掩饰、隐瞒收益来源和性质,逃避法律监管。目前,常见的新兴网络洗钱方式包括以下类型。

1. 通过虚拟资产交易洗钱

伴随网络平台和信息技术的发展,逐渐出现了多种网络洗钱的方式。《最高人民法院、最高人民检察院关于办理洗钱刑事案件适用法律若干问题的解释》(以下简称《洗钱若干解释》)于2024年8月20日起施行,明确将通过"虚拟资产"交易列为洗钱方式之一。利用虚拟货币跨境兑换,将犯罪所得及收益转换成境外法定货币或者财产,是洗钱犯罪新手段,常见的主流货币包括比特币(BTC)、以太坊(ETH)、泰达币(USDT)等,具备了去中心化和匿名化、易于流通等特点,难以监管,近年来被频繁地使用到跨境网络犯罪及洗钱活动中。

在"天津蓝天格锐电子科技有限公司(以下简称蓝天格锐)非法吸收公众存款案"中,2014年至2017年,蓝天格锐非法吸收金额就高达400亿元,2017年产品爆雷,犯罪嫌疑人钱某敏将非法所得转换为比特币转移至海外,并利用假护照逃至英国,近13万名投资者损失惨重,尽管犯罪嫌疑人在海外因跨国洗钱犯罪落网,但受害者却需要面对6.1万个比特币的跨境追缴以及虚拟货币司法处置的双重困境。

在最高人民检察院、中央人民银行联合发布惩治洗钱犯罪典型案例之三——"陈某枝洗钱案"中,陈某波将非法集资款中的300万元转账至陈某枝个人银行账户,陈某枝明知陈某波因涉嫌集资诈骗罪被公安机关调查、立案侦查并逃往境外,仍将上述300万元转至陈某波个人银行账户,供陈某波在境外使用。另外,陈某枝按照陈某波指示,将陈某波用非法集资款购买的车辆以90余万元的低价出售,随后在陈某波组建的微信群中联系比特币"矿工",将卖车钱款全部转账给"矿工"换取比特币密钥,并将密钥发送给陈某波,供其在境外兑换使用。

该案的典型意义主要有以下几点:(1)认定洗钱数额以兑换虚拟货币实际

支付的资金数额计算;(2)利用虚拟货币洗钱犯罪的交易特点收集运用证据,查清法定货币与虚拟货币的转换过程;(3)上游犯罪查证属实,尚未依法裁判,或者依法不追究刑事责任的,不影响洗钱罪的认定和起诉;(4)人民检察院对办案当中发现的洗钱犯罪新手段新类型新情况,要及时向人民银行通报反馈,提示犯罪风险、提出意见建议,帮助丰富反洗钱监测模型、完善监管措施。人民银行要充分发挥反洗钱国际合作职能,向国际反洗钱组织主动提供成功案例,通报新型洗钱手段和应对措施,深度参与反洗钱国际治理。

2.网络直播打赏洗钱

2023年5月,上海市公安局通报介绍成功侦破全国首例利用网络直播"打赏"实施洗钱犯罪案件的有关情况:犯罪嫌疑人在2018年1月至2020年7月,先后设立多家公司,以新能源车辆融资租赁收益权转让的名义,通过线下门店向社会公众承诺高额收益,销售各类理财产品,非法募集资金。

集资诈骗犯罪嫌疑人为转移隐匿犯罪所得,结识了在网络直播平台担任主播的李某等人,提用巨额赃款在直播间内打赏,抬高李某等主播的人气和曝光率,赚取直播平台榜首奖励,李某等人事后再将收取的打赏钱款返还。事成后,李某等人还可从中收取佣金作为报酬。为了帮这些犯罪嫌疑人清洗和转移犯罪赃款,李某工作室的范某等人还充当打赏币中介,以原价6折至7折不等的价格购买犯罪嫌疑人使用赃款充值了大量打赏币的平台账户,再以原价7折至8.5折不等的价格将平台账户转手对外销售,从中赚取差价。李某等人明知打赏钱款是集资诈骗犯罪所得,仍在收取后通过提现、转账等方式洗兑,为犯罪嫌疑人清洗和转移赃款,其行为已经构成洗钱罪。

3.跑分平台洗钱

跑分平台主要面向个人参与者,个人在系统后台缴纳相应保证金后,即可开始接单,利用大量个人账户为非法平台收款。其主要模式为,平台发布若干个任务给众多跑分人员,跑分人员通过个人账户购买虚拟货币,在扣除保证金后将虚拟货币转移给平台,平台支付一定佣金给跑分人员,再将虚拟货币转移给犯罪分子。在此种模式中,众多跑分人员间接参与洗钱环节,使案件资金链混乱,难以查实。

在"司某、何某侵犯公民个人信息罪、帮助信息网络犯罪活动"[1]中就是采用跑分方式,犯罪嫌疑人通过"三国志"平台"跑分"的方式为:平台注册用户用充值换取的 Q 币购买平台派发的任务,任务金额不超过其持有的代币数目,购买任务后,平台将钱转账至该注册用户绑定在该平台的银行卡,该注册用户再将该笔钱转账至平台指定的个人银行账户,转账完成后截图上传审核确认,即完成一项任务。每完成一次任务,平台会给用户一定比例提成,如果能够用平台分配给其的邀请码邀请新用户来"跑分",这个新用户就算其下线。

4.话费慢充洗钱

行为人通过非法渠道从话费充值渠道商处获取正常开展话费充值活动的用户订单信息,利用技术手段将上游网络犯罪平台的充值订单与话费订单匹配,掩盖非法资金流水,让网络犯罪平台用户为正常话费用户充值,拦截正常用户的话费结算给上游网络犯罪平台。

在"项某某帮助信息网络活动犯罪案"[2]中,被告人项某某的行为就是典型的通过经营话费慢充业务协助上游犯罪进行资金结算。其主要模式为,在明知他人资金涉嫌网络赌博、色情播放等违法犯罪的情况下,将获取的话费充值订单提供给上游话费渠道商王某某(另案处理)、吴某某(另案处理),后用于与网络赌博、色情平台充值订单进行匹配,从而实现将非法资金转化为合法资金目的,在此过程中,项某某使用持有的银行卡账户为他人提供非法资金结算服务。

除洗钱罪之外,上述行为也常常可能涉及帮助网络信息活动罪以及掩饰、隐瞒犯罪所得、犯罪所得收益罪(以下简称掩隐罪)。除《刑法》有特殊规定的外,所有犯罪所得及其收益均可能成为掩隐罪的犯罪对象,而洗钱罪的上游犯罪,为七类特殊的犯罪类型:毒品犯罪、黑社会性质的组织犯罪、恐怖活动犯罪、走私犯罪、贪污贿赂犯罪、破坏金融管理秩序犯罪、金融诈骗犯

---

[1] 甘肃省白银市白银区人民法院刑事判决书,(2021)甘 0402 刑初 202 号。
[2] 四川省广元市中级人民法院刑事裁定书,(2024)川 08 刑终 17 号。

罪。洗钱罪有"洗白"过程,通过采取提供资金账户、将财产转换为其他形式、通过转账或者其他支付结算方式转移资金、跨境转移资产等方式将资金性质表面合法化;而掩隐罪只是改变了赃款赃物的场所,并无本质改变赃款性质。

而对于帮信罪而言,行为人是在犯罪进行时提供互联网介入等帮助,而掩隐罪规制的行为系上游犯罪已经完成后才施行的窝藏等行为,并非上游的帮助行为。如在"葛某青、陈某掩饰、隐瞒犯罪所得、犯罪所得收益罪案"[1]中,由于营业厅可以把销户的手机号码账户余额换成充值卡和少量零钱退给客户,该案中被告通过"话费慢充+销户退款"的方式进行获利:先把自己的手机号码提供给对方,需要多少钱的话费先把钱转给对方,对方就按照折扣计算话费并转到被告的手机号上,被告再拿着手机号码去营业厅销户。通过购买低价的慢充话费,进行销户后获得营业厅退费从而获取利润空间。在本案中,被告明知是犯罪所得而予以收购并销售,但收购话费的行为其实已经发生在上游犯罪实施完成后,并非如项某某一样是在犯罪平台充值时提供帮助,因此,所定罪名为掩隐罪。

二、数据犯罪

网络犯罪涉及的罪名很多,既包括网络诈骗、网络赌博,还有假借创新名义在网络上实施的各类金融犯罪活动,也包括网络诽谤等严重扰乱网络社会公共秩序的行为,还包括侵犯公民个人信息、非法利用信息网络、帮助信息网络犯罪活动等犯罪等上下游关联犯罪。网络犯罪与数据犯罪目前没有一个明确的划分,但结合数据要素市场的发展,数据安全以及数据价值的挖掘与保护是核心内容,本节主要介绍以数据为核心的犯罪行为(见表10-2)。

---

[1] 河南省南阳市卧龙区人民法院刑事判决书,(2020)豫1303刑初375号。

表 10-2 常见数据领域刑事罪名

罪名	法律规定	《刑法》条款
侵犯公民个人信息罪	违反国家有关规定,向他人出售或者提供公民个人信息,情节严重的,处 3 年以下有期徒刑或者拘役,并处或者单处罚金;情节特别严重的,处 3 年以上 7 年以下有期徒刑,并处罚金。违反国家有关规定,将在履行职责或者提供服务过程中获得的公民个人信息,出售或者提供给他人的,依照前款的规定从重处罚。窃取或者以其他方法非法获取公民个人信息的,依照第一款的规定处罚。单位犯前 3 款罪的,对单位判处罚金,并对其直接负责的主管人员和其他直接责任人员,依照各该款的规定处罚	第 253 条之一
侵犯著作权罪	如抓取他人网络著作权信息,对他人作品进行复制;如通过爬虫非法获取著作权信息进行传播或使用等	第 217 条
侵犯商业秘密罪	如使用爬虫技术获取他人已采取保护措施的商业秘密,披露、使用或者允许他人使用以上述手段获取的权利人的商业秘密	第 219 条
非法侵入计算机信息系统罪	违反国家规定,侵入国家事务、国防建设、尖端科学技术领域的计算机信息系统	第 285 条
非法获取计算机信息系统数据、非法控制计算机信息系统罪	违反国家规定,侵入国家事务、国防建设、尖端科学技术领域以外的计算机信息系统或者采用其他技术手段,获取该计算机信息系统中存储、处理或者传输的数据,或者对该计算机信息系统实施非法控制	第 285 条
提供侵入、非法控制计算机信息系统程序、工具罪	提供专门用于侵入、非法控制计算机信息系统的程序、工具,或者明知他人实施侵入、非法控制计算机信息系统的违法犯罪行为而为其提供程序、工具	

续表

罪名	法律规定	《刑法》条款
破坏计算机信息系统罪	违反国家规定,对计算机信息系统功能进行删除、修改、增加、干扰,造成计算机信息系统不能正常运行;违反国家规定,对计算机信息系统中存储、处理或者传输的数据和应用程序进行删除、修改、增加的操作;故意制作、传播计算机病毒等破坏性程序,影响计算机系统正常运行	第286条
拒不履行信息网络安全管理义务罪	网络服务提供者不履行法律、行政法规规定的信息网络安全管理义务,经监管部门责令采取改正措施而拒不改正,有下列情形之一的,处3年以下有期徒刑、拘役或者管制,并处或者单处罚金:(1)致使违法信息大量传播的;(2)致使用户信息泄露,造成严重后果的;(3)致使刑事案件证据灭失,情节严重的;(4)有其他严重情节的。单位犯前款罪的,对单位判处罚金,并对其直接负责的主管人员和其他直接责任人员,依照前款的规定处罚	第286条之一
非法利用信息网络罪	利用信息网络实施下列行为之一,情节严重的,处3年以下有期徒刑或者拘役,并处或者单处罚金:(1)设立用于实施诈骗、传授犯罪方法、制作或者销售违禁物品、管制物品等违法犯罪活动的网站、通讯群组的;(2)发布有关制作或者销售毒品、枪支、淫秽物品等违禁物品、管制物品或者其他违法犯罪信息的;(3)为实施诈骗等违法犯罪活动发布信息的。单位犯前款罪的,对单位判处罚金,并对其直接负责的主管人员和其他直接责任人员,依照第1款的规定处罚	第287条之一
帮助信息网络犯罪活动罪	明知他人利用信息网络实施犯罪,为其犯罪提供互联网接入、服务器托管、网络存储、通讯传输等技术支持,或者提供广告推广、支付结算等帮助,情节严重的,处3年以下有期徒刑或者拘役,并处或者单处罚金	第287条之二

(一)以数据内容为犯罪对象

数据成为生产要素是数字经济发展的客观规律和内在要求,数据作为新型生产要素是数字经济深化发展的核心引擎。数据是信息的载体,数据价值的挖掘就在于人们能从海量的数据中挖掘有用的信息、知识甚至智慧,通过使用数据创造了信息价值。数据的信息载体属性也导致很多犯罪行为本质上是以数据内容为犯罪对象,被侵犯的数据信息所指向的具体内容,基本决定了刑事犯罪的类型。

1. 涉及国家安全

数据被我国视为基础性战略资源,数据的安全已经上升到国家安全的层面。据相关媒体报道,2023年5月,上海警方在上海凯盛融英信息科技上海股份有限公司(以下简称凯盛融英)逮捕了从事间谍活动的违法犯罪嫌疑人40多人。据国家安全机关调查掌握,凯盛融英大量接受境外公司对我国敏感行业的咨询项目,其中一些企业与外国政府、军方、情报机关关系密切,仅2017年至2020年,凯盛融英就接受上百家境外公司汇款2000多次,金额高达7000多万美元。报道称,该公司通过聘请重点领域的专家为大量境外机构提供咨询服务,在过程中隐瞒境外客户真实信息并鼓励专家泄密以促成合作;并在承担境外咨询项目过程中,频繁联系接触国内党政机关、重要国防科工等涉密人员,以高额报酬咨询专家非法获取国家各类敏感数据,对国家安全构成重大风险隐患。[1]

2022年4月,国家安全机关公布破获一起为境外刺探、非法提供高铁数据的重要案件。该案是自《数据安全法》实施,首例涉案数据被鉴定为情报的案件,也是中国首例涉及高铁运行安全的危害国家安全类案件。某境外公司以"为进入中国市场,需对中国的铁路网络进行调研"为由,委托上海某信息科技公司采集中国铁路信号数据包括物联网、蜂窝和GSM-R等轨道使用的频谱等数据。在合作过程中该公司将中国铁路信号数据等关键数据信息转移到境外,

---

[1] 参见央视新闻:《沦为境外情报机构帮凶,知名公司被查!》,载微信公众号"央视新闻"2023年5月9日,https://mp.weixin.qq.com/s/x5LR0c5ThLOYA4kb8uBhYQ。

仅1个月采集的信号数据就已经达到了500个G。该案件已被国家安全机关侦查,调查显示,该境外公司从事国际通信服务,长期合作的客户包括某西方大国间谍情报机关、国防军事单位以及多个政府部门。[1]

2023年4月26日,第十四届全国人民代表大会常务委员会第二次会议通过了《反间谍法》的修订,新《反间谍法》将于2023年7月1日起正式生效,从《反间谍法》的修订内容看,窃密对象范围已从国家秘密扩大到"其他关系国家安全和利益的文件、数据、资料、物品",反间谍行为与数据安全保护合规义务重叠。数据内容涉及国家秘密的,可能涉及危害国家安全类犯罪。

2. 涉及个人信息

公民个人信息的买卖和侵害是网络黑产中最臭名昭著也是最难以根治的环节,公民身份信息的非法交易作为上游犯罪产业,为其他犯罪团伙实施各种诈骗和滥用提供了前提条件。

侵犯公民个人信息罪主要包括"向他人出售或者提供""窃取或者以其他方法非法获取"两种行为模式,从行为人的角度,涵盖了对公民个人信息的"非法获取"与"非法提供"两种类型。本罪中的公民个人信息可以参照《个人信息保护法》第4条的定义。关于侵犯公民个人信息的犯罪主体和行为方式,侵犯公民个人信息罪"出售或者提供公民个人信息"有"以违反国家有关规定"为前提,所以必须满足"非法性"的要件。对于在履行职责或者提供服务过程中,将获得的公民个人信息出售或者非法提供给他人,被他人用以实施犯罪,造成被害人人身伤害或者死亡,或者造成重大经济损失、恶劣社会影响的,或者出售、非法提供公民个人信息数量较大,或者违法犯罪所得数额较大的,均应当以侵犯公民个人信息犯罪追究刑事责任。对于窃取或者以购买等方法非法获取公民个人信息数量较大,或者违法所得较大,或者造成其他严重后果的,应当以侵犯公民个人信息罪追究刑事责任。

对于罪名的认定,主要有以下两种情形。

---

[1] 参见网易新闻:《上海一公司向境外出售高铁数据:1个月采集数据500个G》,载微信公众号"网易新闻"2022年4月5日,https://mp.weixin.qq.com/s/qJDTtJzc1f2Ezix111Rw6g。

第一种是单独认定为侵犯公民个人信息罪。在广东省高级人民法院发布个人信息保护典型案例——"蔡某某等人非法买卖个人信息案"中,某网络科技公司的实际经营者蔡某某与尹某共谋,通过该公司向上游某软件公司购买含有电话号码、登录平台名称和次数等内容的公民个人信息,再以每条0.35元或0.5元的价格转卖给尹某。蔡某某指派员工刘某、李某具体负责信息买卖业务,至案发前累计出售公民个人信息741,238条,获利约50万元。尹某将上述公民个人信息转售给刘某中、刘某翠等人。刘某中、刘某翠利用购得的公民个人信息组建"股民微信交流群",后致被害人海某被骗。

在本案中,蔡某某和尹某的行为主要是非法获取以及出售公民个人信息,而并非直接利用这些个人信息进行诈骗,其获取的收益也主要是买卖个人信息的获利,因此主要以侵犯公民个人信息定罪;此外,本罪的犯罪主体既包括个人,也包括单位。在本案中,法院对公司直接负责的主管人员和直接责任人员以侵犯公民个人信息罪追究其刑事责任,同时对涉案单位处以刑罚,全方位严厉打击侵犯个人信息犯罪行为。

第二种是数罪并罚。在"吕某、吴某等诈骗罪、侵犯公民个人信息罪案"[1]中,被告人即按照诈骗罪和侵犯公民个人信息罪进行数罪并罚。2019年10月,被告人吕某、吴某开始实施电信网络诈骗,具体诈骗方式是通过购买或从上线处获取有过贷款经历的公民个人信息,冒充虚假的"快分期"等贷款平台工作人员打电话给被获取个人信息的人员,谎称对方在其平台有贷款逾期,并提供由上线制作的虚假"快分期"等贷款平台链接,骗取被害人将钱款支付到上线提供的银行或支付宝等账户。在本案中,被告人吕某通过网络购买或者从上线接收的方式非法获取公民个人信息,除用于电信诈骗外,还进行出售获利,其以每条3角的价格在网上购买公民信息后,以每条5角的价格转卖给段某。

尽管本案辩护人提出,侵犯公民信息行为与诈骗行为是手段与目的的关系,不能数罪并罚的辩护意见,但根据《电信网络诈骗若干意见》第3条的规定,

---

[1] 江西省萍乡市安源区人民法院刑事判决书,(2021)赣0302刑初79号。

使用非法获取的公民个人信息,实施电信网络诈骗犯罪行为,构成数罪的,应当依法予以并罚。

在此罪名的认定过程中,有以下几点问题需要予以关注。

(1)关于"情节严重"和"情节特别严重的认定"。侵犯公民个人信息罪系情节犯,定罪量刑标准为情节严重、情节特别严重。对于这一概括性的定罪量刑情节,2017年5月8日,《最高人民法院、最高人民检察院关于办理侵犯公民个人信息刑事案件适用法律若干问题的解释》(以下简称《公民信息解释》)发布,根据司法实践的情况从信息的类型、数量、用途、非法所得额、主体身份等多个角度加以区别考量。

(2)信息类型和信息数量。不同类型的信息对公民的价值和意义是不同的。一般而言,信息保护的重要性和紧迫性越大,成立犯罪的标准就应当越低。因此,《公民信息解释》对信息进行分类,分别设定了侵犯不同类型信息构成"情节严重"和"情节特别严重"的具体标准。如非法获取、出售或者提供行踪轨迹信息、通信内容、征信信息、财产信息50条以上的,非法获取、出售或者提供住宿信息、通信记录、健康生理信息、交易信息等其他可能影响人身、财产安全的公民个人信息500条以上的,非法获取、出售或者提供该款第3项、第4项规定以外的公民个人信息5000条以上的,均可认定为"情节严重"。而"数量或数额达到前款第三项至第八项规定标准十倍以上的",为"情节特别严重"。

(3)信息的用途。公民个人信息既可能被用于合法活动,也可能被用于违法犯罪活动,二者的危害程度显然有区别。《公民信息解释》对此进行了区别:一是行踪轨迹信息被用于犯罪的,在此情形下,构成"情节严重"并无信息数量上的要求;二是个人信息用于合法经营的,则对于情节严重设立了较高的入罪门槛,即"利用非法购买、收受的公民个人信息获利五万元以上的"或"曾因侵犯公民个人信息受过刑事处罚或者二年内受过等下处罚,又非法购买、收受公民个人信息的"。

(4)主体身份。在犯罪主体方面有两类主体值得特别关注:一是互联网经营机构的人员,由于他们直接从事互联网运行技术方面工作,能够直接接触和获得大量公民个人信息;二是电信、银行、房产中介、医院等有关机构和单位的内部人员,在履行职责或者提供服务过程中,也可以正当合法获得大量公民个人信息。针对特定主体侵犯公民个人信息,《公民信息解释》降低了入罪门槛。依据《公民信息解释》第 5 条第 1 款第 8 项的规定,将在履行职责或者提供服务过程中获得的公民个人信息出售或者提供给他人,数量或者数额达到第 3 项至第 7 项规定标准一半以上的,为"情节严重"。降低入罪门槛的理由是,在实际发生的公民个人信息泄露案件中,有不少系内部人员作案或者参与作案,若不就此设置特殊标准,往往难以惩治此类源头行为。

(5)主观要素。依据《公民信息解释》第 5 条第 1 款第 2 项的规定,知道或者应当知道他人利用公民个人信息实施犯罪,向其出售或者提供的,构成"情节严重"。"知道或者应当知道"表明的是行为人的主观认识,即"明知"他人利用公民个人信息实施犯罪而向其出售或提供公民个人信息。

3.涉及知识产权及商业秘密

在信息化时代背景下,企业的知识产权以及商业秘密往往也以数据为载体,非法使用数据爬取等技术手段获取他人合法知识产权和商业秘密的犯罪行为也更为常见。

侵犯著作权罪的行为多发生于罪犯主体采用非法手段获取他人享有著作权的数据或是未经授权将他人享有著作权的数据集用于使用或交易。2020 年度北京法院知识产权司法保护十大案例"'网络爬虫非法抓取电子书'犯侵犯著作权罪案"就是使用网络爬虫抓取电子图书,从保护著作权的角度按照侵犯著作权罪进行定罪。本案被告单位北京鼎阅文学信息技术有限公司(以下简称鼎阅公司)自 2018 年开始,在覃某某等 12 名被告人负责管理或参与运营下,未经掌阅科技股份有限公司、北京幻想纵横网络技术有限公司等权利公司许可,利用网络爬虫技术,爬取正版电子图书后,在其推广运营的"鸿雁传书""TXT 全本免费小说"等 10 余个 App 中展示,供他人访问并下载阅读,通过广告收入、付费阅读等方式进行牟利。法院经审理认为,被告单位采取爬虫技术抓取涉案电子图书行为非法,认定被告单位及其相关责任人以营利为目的,未经著作权人许可,复制发行他人享有著作权的文字作品,情节特别严重,其行为均已构成侵犯著作权罪。

我国《刑法》第219条规定了侵犯商业秘密罪,《刑法修正案(十一)》增加了"电子侵入"作为侵犯商业秘密的行为方式。在实践中,实施"电子侵入"行为也可能造成侵犯商业秘密罪和非法获取计算机信息系统数据罪的竞合,需要进一步甄别数据内容和类别,首先需要评价数据内容是否可以被认定为"商业秘密",是否符合"商业秘密"的构成要件;此外,行为人实施"电子侵入"行为后,所获取的信息可能不仅是商业秘密,如果获取到不同类型的企业数据,需要对一罪或者数罪、此罪或者彼罪进行判断,常见的是,在构成侵犯商业秘密罪的同时,可能构成如侵犯公民个人信息罪、非法获取计算机信息系统数据罪、侵犯知识产权犯罪等。尽管多数网络犯罪可以以电子侵入的方式获取数据实现侵害,但根据侵害对象以及数据权益的不同,可能构成不同的独立罪名。

(二)以信息与数据安全为犯罪对象

保护网络和数据本身的安全至关重要,当前立法对于计算机信息系统运行安全保护比较全面,但数据犯罪和计算机犯罪不是包含与被包含的关系,在特定场景下两者具有交叉性。前者侵害的是数据安全,而后者侵害的是计算机信息系统安全。

早期数据大多在计算机信息系统中运行,通过对计算机信息系统的保护达到数据安全的效果。然而,随着大数据时代的到来,一方面,数据的安全更强调对数据价值的挖掘以及对独立数据权益的保护(如个人信息保护、商业数据知识产权及商业秘密的保护等);另一方面,在某些特定条件下对数据价值的侵害并不以破坏计算机系统安全为前提,这也使探索对数据安全法益的保护,构建数据犯罪刑法规制体系的重要性更为突出。

1. 危害信息系统及数据安全的犯罪

破坏计算机信息系统罪,如非法侵入计算机信息系统罪、非法控制计算机信息系统罪,以及提供侵入、非法控制计算机信息系统程序、工具罪等罪名。

● 破坏计算机信息系统罪

《刑法》第286条对破坏计算机信息系统行为采取概括列举的方式,根据实质特征可以分为两类。

(1)删除、修改、增加、干扰行为,指对计算机信息系统功能或计算机信息系统存储、处理、传输的数据、应用程序进行清除、篡改或添加的行为。在"邓某破坏计算机信息系统罪案"[1]中,被告人邓某伙同邝某(另案处理)通过使用抢号软件修改北京协和医院挂号系统人机验证和人脸识别程序的方式,抢占北京协和医院号源,使用非法抢号软件,对计算机信息系统功能进行了修改,造成计算机信息系统不能正常运行,其行为构成破坏计算机信息系统罪。

(2)制作、传播破坏性程序:破坏性程序是指能够损坏数据、程序或破坏计算机系统的程序。在"张某涛破坏计算机信息系统罪案"[2]中,被告在互联网上以找工作、买房等名义添加企业招聘人员或房产中介商等受害人微信,以发送个人简历或户型图等资料为名,向受害人发送含有电脑木马病毒的压缩包(以下简称毒包),诱导受害人使用电脑打开该毒包,使受害人的电脑被植入木马病毒(以下简称投毒)。涉案毒包为恶意木马病毒文件,具有从恶意 IP 下载文件到计算机目录 C://Users//wegame.exe 的功能,具有在计算机 tmp 目录创建软连接执行功能,具有向 360 软件的两个核心文件 360Tray.exe 和 360Safe.exe 发送 0x12 消息,绕过 360 软件的安全防护功能,具有增加、修改、干扰及破坏计算机信息系统的行为。被告的行为为典型的故意传播计算机病毒等破坏性程序行为。

- 非法侵入计算机信息系统罪

《刑法》第 285 条规定非法侵入计算机信息系统罪,本罪的设定主要出于对国家事务、国防建设、尖端科学技术领域的计算机信息系统安全的特殊保护。在"岑某强非法侵入计算机信息系统罪案"[3]中,被告人岑某强为赚取非法利益,非法侵入国家市场监督管理总局电子营业执照管理系统,通过非法篡改网络传输数据,向他人非法授权下载使用其他公司电子营业执照,非法获利共计361,196 元。国家市场监督管理总局登记注册局认定电子营业执照系统属于"国家事务"领域的计算机信息系统,法院最后认定其构成非法侵入计算机信息系统罪。

---

[1] 北京市东城区人民法院刑事判决书,(2024)京 0101 刑初 231 号。
[2] 河南省新乡市卫滨区人民法院刑事判决书,(2024)豫 0703 刑初 201 号。
[3] 广西壮族自治区梧州市长洲区人民法院刑事判决书,(2023)桂 0405 刑初 206 号。

- 非法获取计算机信息系统数据、非法控制计算机信息系统罪

《刑法》第285条第2款规定,本罪的具体犯罪构成包括:第一,违反国家规定;第二,手段行为包括侵入计算机信息系统(涉国家安全等特殊计算机信息系统除外)获取该系统存储、处理或者传输的数据,以及采用其他技术手段获取上述数据;第三,犯罪对象是计算机信息系统存储、处理或者传输的数据。

该犯罪行为方式,主要分为三种形态,第一种为"侵入",本质是未经授权擅自进入;第二种为其他技术手段,爬虫这一自动抓取互联网信息的工具是目前使用最多的手段;第三种比较特殊,所谓超越权限,即合法进入,但非法获取,这种情况非常常见,比如,公司很多员工,在离职前进入公司数据系统,将数据私自复制下载,并在离职后带出到其他公司或者自己非法使用,在这种情况下,在登录系统时,并不构成侵入,是合法有权登录,但并无权将属于公司的数据非法获取用于非工作目的,对于该种情况,若情节严重仍然构成犯罪。

"上海晟品网络科技有限公司等非法获取计算机信息系统数据案"[1]为全国首例爬虫行为入罪案。在该案中,上海晟品网络科技有限公司的主管人员,成功破解北京字节跳动公司的防范措施,采用爬虫技术抓取北京字节跳动公司服务器中存储的视频数据,造成北京字节跳动公司损失技术服务费人民币2万元。法院认为,"tt_spider"文件中包含通过头条号视频列表、分类视频列表、相关视频及评论3个接口对今日头条服务器进行数据抓取,并将结果存入数据库中的逻辑。在数据抓取的过程中使用伪造device_id绕过服务器的身份校验,使用伪造用户账号及互联网地址绕过服务器的访问频率限制,构成非法获取计算机信息系统数据罪。

除数据爬虫外,数字经济领域常见的"流量劫持"行为也可能触发刑事犯罪。在"殷某新非法获取计算机信息系统数据、非法控制计算机信息系统罪

---

[1] 北京市海淀区人民法院刑事判决书,(2017)京0108刑初2384号。

案"[1]中,被告人殷某新从网络下载木马程序并添加自动回传获取的目标网站控制权限数据的后门,通过QQ群、电报群提供给他人,用于侵入、非法控制目标网站,并将获取的网站控制权限数据对外出售,此外,其还利用上述获取的网站控制权限数据及他人提供的网络漏洞扫描工具对网站进行筛查的方式,侵入目标网站后台并植入具有自动跳转功能的劫持代码,为"狼友社区""开云体育"等淫秽、赌博网站进行引流,该行为已经构成非法控制计算机信息系统罪。

2. 非法利用数据和信息的犯罪

● 非法利用信息网络罪

2015年,《刑法修正案(九)》增设《刑法》第289条之一,规定了非法利用信息网络罪,以有效规制与违法犯罪相关的设立网站、通讯群组和发布信息行为。《最高人民法院、最高人民检察院关于办理非法利用信息网络、帮助信息网络犯罪活动等刑事案件适用法律若干问题的解释》(以下简称《非法利用信息网络罪解释》)就非法利用信息网络罪的适用作出规定,对于司法实践具有积极的指引作用。

非法利用信息网络罪主要规制两类行为:一是设立用于实施违法犯罪活动的网站、通讯群组的行为;二是发布违法犯罪信息的行为。两类行为都是利用信息网络实施的犯罪类型中带有"准备工具、制造条件"意味的预备性质的行为,且这两种行为的目的不限定于某一种犯罪,而是所有犯罪。如果犯罪嫌疑人后续行为构成其他犯罪的,则依照处罚较重的规定定罪处罚。因此,在实务中,只有在后续犯罪难以查清或者不构成其他犯罪的情况下,才会考虑适用非法利用信息网络罪定罪处罚。

通过近年的裁判文书数量分析,目前司法机关以非法利用信息网络罪定罪的案件并不多,其原因一方面是在"全链条""一体化"打击网络犯罪的政策指导下,司法机关在定罪量刑时一般将符合该罪的行为认定为被其他重罪所吸收;另一方面是因为本罪的法条规定内容笼统,可操作性不强,导致要件的认定

---

[1] 天津市南开区人民法院刑事判决书,(2023)津0104刑初446号。

存在疑难。本罪四个构成要件"情节严重"、"违法犯罪"、"网站、通讯群组"以及"发布信息"的认定和解释是适用本罪的关键。

在此类案件中，最常见的是因网络刷单行为构成犯罪的情形，在"孟某、晁某非法利用信息网络罪案"[1]中，许某某（另案处理）、李某某（另案处理）、吴某某（另案处理）从事电信网络诈骗，主要通过引流方式，以做手工活为诱饵，让被害人下载"义乌手工""卓佳工艺"等App，使用诈骗话术，设置刷单任务，诱使被害人充某至其大额充值无法提现的方式，实施电信网络诈骗。被告人孟某、晁某组建多个团队，在明知吴某某利用信息网络实施违法犯罪的情况下，仍根据吴某某提供的手机号码通过添加不特定对象为微信好友，并将其拉入微信群的方式，帮助吴某某设立用于实施诈骗活动的通讯群组，其行为正属于设立用于实施诈骗的通讯群组并为实施诈骗等违法犯罪活动发布消息。

- 帮助信息网络犯罪活动罪

《刑法修正案（九）》首次将帮助他人利用信息网络犯罪的行为设立为独立罪名，也是信息网络服务提供者帮助犯正犯化的表现。根据最高人民检察院发布2021年1月至9月全国检察机关主要办案数据，从起诉罪名看，帮助信息网络犯罪活动罪（以下简称帮信罪）起诉人数为79,307人，排名上升至第四位，已然成为国家重点打击的高频罪名。

从本罪的构成要件上看，有如下几点。第一，此罪的犯罪主体为一般主体，自然人和单位都可以构成本罪。第二，主观要求上明知他人利用信息网络实施犯罪而提供帮助，在实务中对于明知的认定不需要认识到正犯实施的具体的犯罪行为，只需要认识到正犯实施的犯罪行为是通过信息网络即可。第三，客观方面常见的违法模式包括：（1）为他人实施网络犯罪提供技术支持，包括互联网接入、服务器托管、网络存储、通讯传输等；（2）为他人实施网络犯罪提供广告推广的帮助活动；（3）为他人实施网络犯罪提供支付结算的帮助行为。

---

[1] 江苏省扬州市广陵区人民法院刑事判决书，(2023)苏1002刑初513号。

在实践中,比较常见的构成帮信罪的行为包括:

(1)两卡类:指明知他人利用信息网络实施犯罪,向他人出租、出售银行卡(含银行账户、非银行支付账户等)、手机卡(含流量卡、物联网卡等),用于接收、转移信息网络犯罪相关款项的行为,这也是帮信罪中最多的案件;

(2)跑分类:指明知他人利用信息网络实施犯罪,登录特定平台为网络犯罪团伙提供转账帮助从而将赃款"洗白"的行为;

(3)吸粉类:指明知他人利用信息网络实施犯罪,为他人提供推广帮助,以"刷单""抢红包""投资指导""特殊服务"等名义邀请被害人进群或下载 App,后由电信诈骗团伙对被害人实施诈骗的行为;

(4)技术类:指明知他人利用信息网络实施犯罪,通过架设虚拟拨号设备(网络电话、GOIP、多卡宝、络漫宝等)为电诈团伙搭建远程机房、开发网络程序、制作、维护运营网站等方式提供技术支持的行为。

企业在经营过程中,其经营模式以及提供的商业服务,也完全有可能为他人的信息网络提供帮助,但这是否会构成犯罪,需要结合主客观情况来看。在一般情况下,如果只是正常开展经营活动,提供服务行为,在客观行为不满足推定明知的情形下,不应以帮信罪论处。但企业也需要履行相关的互联网平台和网络经营者的监管义务,完善举报机制,及时发现交易价格或者方式明显异常的情况并对相关合作主体进行处理。通过完善自身合规工作杜绝可能的违法行为。

3.不履行信息网络安全管理义务的犯罪

《刑法》第286条之一规定了拒不履行信息网络安全管理义务罪。

本罪侵犯的法益是社会管理秩序所涵盖的信息网络安全管理秩序,《网络安全法》是网络安全秩序的细化。本罪的行为主体限于网络服务提供者,指通过信息网络向社会公众提供信息,或者为获取网络信息等目的提供服务的机构或个人,包括信息网络上的一切提供设备、信息和中介、介入等技术服务的个人,网络服务商以及非营利网络服务提供者。单位可构成本罪的犯罪主体,此外,直接负责的主管人员和其他直接责任人员也要承担相应责任。

本罪的设置旨在要求网络服务提供者应依法履行信息网络安全管理义务,

包括对网络平台内的违法信息进行管制,对于用户信息进行保护,防止泄露,要对数据进行备份、保留日志等技术措施,确保网络平台遭到侵入等犯罪行为时,能依法调取案件证据,否则可能涉嫌犯罪。

本罪的构罪要件必须同时满足以下三个要件:一是拒不履行信息网络安全管理义务;二是经监管部门责令采取改正措施而拒不改正;三是主观上要具备直接故意。此即首先要监管部门作出书面的整改意见,其次要网络服务提供者拒不整改。目前,对于不履行信息网络安全管理义务,主要是实施行政处罚,尚未有知名的网络平台被认定构成此罪名,现有为数不多的案例主要包括私自提供 VPN 服务拒不整改,还有涉及电信行业从业人员未履行电话卡实名制审查义务引发刑事犯罪。

在"李某全拒不履行信息网络安全管理义务罪案"[1]中,被告李某全作为远特(北京)通信技术有限公司(以下简称远特公司)的高级运营总监,在远特公司连续被监管部门处罚以及要求公司进行整改的情况下,仍然未履行相关安全合规义务,导致下游不法分子盗取回收卡上绑定的用户微信账号。

法院认为,被告人李某全负有查验、评估、审核行业卡使用情况的职责,在明知违反实名制管理规定的情况下,仍然将大量带有公民个人信息的回收卡交给亚飞达信息科技股份有限公司,违反用户实名制进行挑卡,造成严重后果,且作为网络服务提供管理者,在 2 年内经监管部门多次责令改正而拒不改正,其行为已经构成拒不履行信息网络安全管理义务罪。

---

[1] 云南省昆明市盘龙区人民法院刑事判决书,(2020)云 0103 刑初 1206 号。